KB199851

당신을 위한 에베소서

교회다움

Ephesians For You

©Richard Coekin/The Good Book Company, 2015

Originally Published in English by The Good Book Company, Epsom, Surrey, UK
All rights reserved. www.thegoodbook.co.uk

Korean translation edition ©2021 by Duranno Ministry, Seoul, Republic of Korea
This Korean edition published by arrangement with The Good Book Company.

당신을 위한 에베소서

교회다움

지은이 | 리처드 코킨
옮긴이 | 장성우
초판 발행 | 2021. 6. 23
3쇄 발행 | 2024. 3. 12
등록번호 | 제1988-000080호
등록된 곳 | 서울시 용산구 서빙고로65길 38
발행처 | 사단법인 두란노서원
영업부 | 02)2078-3333 FAX | 080-749-3705
출판부 | 02)2078-3330

책값은 뒤표지에 있습니다.
ISBN 978-89-531-4035-6 04230
       978-89-531-2122-5 (세트)

독자의 의견을 기다립니다.
tpress@duranno.com http://www.duranno.com

두란노서원은 바울 사도가 3차 전도 여행 때 에베소에서 성령 받은 제자들을 따로 세워 하나님의 말씀으로 양육
하던 장소입니다. 사도행전 19장 8-20절의 정신에 따라 첫째 목회자를 돕는 사역과 평신도를 훈련시키는 사역,
둘째 세계선교™와 문서선교단행본·잡지 사역, 셋째 예수문화 및 경배와 찬양 사역, 그리고 가정·상담 사역 등을
감당하고 있습니다. 1980년 12월 22일에 창립된 두란노서원은 주님 오실 때까지 이 사역들을 계속할 것입니다.

당신을 위한 에베소서

교회다움

리처드 코킨 지음

장성우 옮김

두란노

에베소서를 위한
나침반

나는 저자의 설교를 좋아한다. 명쾌함으로는 워렌 위어스비(Warren W. Wiersbe)를 닮았고, 감동으로는 찰스 스펄전(Charles H. Spurgeon)을 생각나게 한다. 저자는 내가 만난 목회자들 중 가장 성경을 사랑하고 해박한 지식을 가진 분이다.

에베소서는 바울의 신앙과 신학이 매우 원숙해진 때에 기록되었다. 6장으로 된 서신이라고 얕보지 말라. 내 경험에 의하면 에베소서는 신약성경 중 가장 넓은 바다와 같은 책이다. 이 책은 세상과 교회, 우주와 인간에 대한 심오한 사상을 담고 있다. 항상 그러했듯이 사도 바울은 이 장엄한 교리를 실제의 삶에 연결시킨다. 실제적이지만 이론적이고 우주적 사상을 담고 있지만 구체적인 지침을 포함하고 있다.

이 책은 에베소서라는 바다를 항해하는 데 꼭 필요한 나침반이다. 스펄전이 당시에 출판된 어느 학자의 성경 주석을 서평하면서 "딱히 잘못된 해석은 없지만, 감동을 불러일으키기에는 충분하지 않은 책이다"라고 한 말을 반대로 해 주고 싶은 책이다.

매우 탁월한 이 책은 "성경에 대한 간결하고 탁월한 해석과 함께 하나님의 사랑에 감동을 받게" 한다.

저자는 아직 한국 독자들에게 잘 알려지지 않았으나, 영국에서는 널리 알려진 복음주의 지도자이며 던도날드교회(Dundonald Church)를 견실하게 목회하고 있는 유능한 목회자이다. 더불어 그리스도와 교회를 뜨겁게 사랑하는 겸손한 목회자이다. 나는 그의 책을 한국에 소개하는 일을 기쁘게 생각하며, 펼쳐진 에베소서 옆에 이 책을 두고 함께 읽기를 진심으로 추천한다.

김남준_ 열린교회 담임목사

내가 에베소서를 좋아하는 이유는, 교리적으로 풍부하고 종합적인 내용을 다루면서도 로마서보다 훨씬 짧고 간결하기 때문이다. 설교자라면 꼭 다루어 보고 싶은 성경이 에베소서일 것이다. 실제로 에베소서의 모든 구절을 설교하는 일에는 긴 시간이 걸리지 않는다. 그처럼 작은 분량이지만 복음과 신앙생활 전반에 필요한 내용을 포괄적으로 다루기에 일종의 교리문답과 같다. 이러한 이유로 에베소서를 좋아하고, 그에 관한 좋은 책이 출간되어 설레고 기쁘다.

팀 켈러(Timothy Keller)_ 리디머교회 설립목사

에베소서는 처음부터 큰 주제를 다룬다. 그 전개 방식을 보면 에베소서를 좋아하지 않을 수 없다. 예를 들면 하나님이 우리를 선택하고 예정하여 자녀로 삼으시는 거대한 이야기가 펼쳐진다. 이 책을 통해 설교자가 이러한 요점만 잘 짚어도, 말씀을 경청하는 성도들의 삶에 큰 변화가 있을 것이다. 에베소서의 모든 내용을 해설하며 감동을 주는 이 책이 에베소서를 설교하고자 하는 이들에게 먼저 읽혀지기를 바란다.

존 파이퍼(John Piper)_ 베들레헴침례교회 은퇴목사,
desiringGod 미니스트리즈 설립자

성경 주석이 계속 쏟아지고 있다. 문제는 그러한 주석 중에 본문을 주의 깊게 다루면서도 대중이 이해할 수 있는 수준으로 해설을 제공하는 경우가 거의 없다는 것이다. 그런 면에서 볼 때, 이 책은 최상급에 속하는 작품이다. 당신이 누구에게나 자신 있게 추천할 수 있는 책이다. 리처드 코킨이 세부적인 내용에 맞는 관심과 뛰어난 진술과 매끄러운 논의를 한데 모아 어떻게 에베소서의 메시지가 우리 삶에서 열매를 맺을 수 있는지 그 선명한 비전을 제시하기 때문이다.

D. A. 카슨(Donald A. Carson)_ 트리니티복음주의신학교 신약학 명예교수,
TGC(The Gospel Coalition) 설립자

에베소서를 다루고 있는 이 책은 필독서이다. 저자가 오랫동안 설교를 준비하며 에베소서라는 위대한 서신을 붙들고 사투를 벌였는데, 그 과정에서 뽑아낸 정수와 같은 메시지가 바로 이 책에 담겨 있다. 이에 마음을 다해 적극적으로 추천한다.

필립 젠슨(Philip Jensen)_시드니대성당 선임사제,
Two Ways To Live 미니스트리즈 설립자

에베소서에는 진귀한 보화가 감추어져 있다. 바로 그리스도인의 용기를 북돋아 그 걸음을 재촉하며 교회의 성장을 이끌어내는 복음의 진리가 숨겨져 있다. 이 책에서 저자는 이러한 보화를 한 번에 하나씩 볼 수 있도록 인도한다. 말하자면 독자들이 은혜 가운데 마음을 두고 시선을 들어 하늘의 영광을 바라보며 세상 문화에 대항하는 소명을 확인할 수 있도록 돕는다. 처음부터 끝까지 명료하고 이해하기 쉬우면서도 주의 깊게 성경신학을 담아 낸 이 책은 목회자와 교사들에게는 물론이고 하나님을 알아가며 성장하길 바라는 모든 이들에게 훌륭한 자료가 될 것이다.

헬렌 손(Helen Thorne)_ 영국 '비블리컬 카운슬링' 트레이닝 & 리소스 디렉터

리처드 코킨(Richard Coekin)의 에베소서 강해집을 추천하게 된 것을 매우 기쁘게 생각한다. 코로나 팬데믹 가운데 한 권의 에베소서 강해집이 출판되는 것에 일말의 희망을 걸게 된다. 에베소서가 지닌 힘이 단순히 바울의 13개의 편지 중 하나라는 사실 이상을 의미하기 때문이다. 개인적으로 저자의 에베소서 강해집이 한국에서 출판되는 것이 선물처럼 여겨진다. 왜냐하면 코로나가 인간 문명과 우리 시대에 던진 물음에 대해서 에베소서가 주는 답이 있기 때문이다. 저자의 에베소서 강해는 교리적, 윤리적, 목양적으로 매우 튼튼하다. 나는 이 책을 통해 한국 교회에 다시 건강한 교회론이 정립되고, 혼탁한 시대를 살아가는 많은 그리스도인들이 성경의 원리를 따라 살아가겠다는 거룩한 결단을 일으키기를 소망해 본다. 기꺼이, 그리고 매우 기쁘게 이 책의 일독을 권한다.

임종구_푸른초장교회 담임목사,
세계개혁주의협의회(WRF) 이사, 《칼빈과 제네바 목사회》 저자

선교사 바울은 에베소서를 통해 현대의 선교사들에게 교회의 선교적 야성을 회복하라고 도전한다. 에베소서는 오늘날 교회가 당면하고 있는 세속적 가치관, 정치적 기독교, 물질주의, 다원주의, 분파주의, 실용주의, 편의주의를 따끔하게 지적하고 냉철하게 대응한다는 점에서 시대를 초월한 서신서이다. 저자는 에베소서의 주제가 그리스도 안에서 만물을 통일시키고자 하시는 하나님의 계획과 그 계획의 중심에 서 있는 교회의 본질과 역할이라고 말한다. 더 나아가 현대를 살아가는 교회가 당면하고 있는 이 세상 가치관과의 싸움에 대응하는 명쾌한 지혜를 준다. 이 책은 선교사들이 선교지에서 현지인들에게 선교적 열망과 비전을 심어 주지 않았던 직무유기를 깨닫게 해 준다. 그리고 교회의 선교적 야성이 회복되어 이 세상이 신속히 복음화 되길 기대하게 해 준다. 저자의 입을 통해 듣는 바울의 선교적 교회의 본질과 하나님의 놀라운 계획은 복음의 능력을 경험하길 원하는 많은 그리스도인들의 길잡이가 되어 준다. 교회를 향한 바울의 강력한 연합의 메시지와 복음의 외침은 오늘날 우리가 회복해야 할 교회의 모습을 알게 한다. 이 시대를 향한 강한 도전의 메시지를 듣고 그 벅찬 감동에 빠져들어 실감나고 생생한 승리를 누리고 맛볼 것을 기대한다.

이승일_바울선교회 해외훈련원장

Contents

추천의 글 4

한국어판 서문 14

머리말 하나님의 영원한 계획이 교회를 통해 펼쳐지다 17

PART 1

교회를 향한 하나님의 마음

바울, 교회다움을 생각하다

1. 하늘에 속한 복(1:3-14)

　　하늘에 속한 모든 신령한 복을 우리에게 주시다 28

2. 성도를 향한 기도(1:15-23)

　　하나님을 알고, 그 부르심의 소망을 깨닫다 56

3. 은혜로 말미암는 구원(2:1-10)

　　죄로 말미암아 죽었던 인생이 생명을 얻다 82

4. 새로운 인류(2:11-22)

　　이방인과 유대인이 하나되어 거룩한 성전을 이루다 112

5. 계시된 비밀(3:1-13)

　　교회를 통해 하나님의 지혜가 드러나다 142

6. 하나님의 충만한 사랑(3:14-21)

　　흘러넘치는 하나님 사랑으로 인생을 세우다 170

PART 2

하나님을 향한 교회의 실천

교회의 '하나 됨'을 힘써 지키라

7. 교회의 성장 원리(4:1-16)

  하나님이 주신 은사로 교회를 섬기다 198

8. 숨길 수 없는 정체(4:17-32)

  부르심에 합당한 삶을 살다 226

9. 빛 가운데 사는 인생(5:1-20)

  성령의 능력으로 '적당히 타협하는 삶'에서 벗어나다 254

10. 천상에서 맺는 결혼(5:21-33)

  주께 하듯, 존경과 배려로 가정을 만들다 282

11. 가정과 직장(6:1-9)

  삶의 자리에서 그리스도를 영화롭게 하다 310

12. 흔들리지 않는 싸움(6:10-20)

  굳게 서서 '하나 됨'을 깨뜨리는 것에 맞서 싸우다 338

13. 맺음말(6:21-24)

  당신에게 허락하신 교회를 사랑하며 기뻐하라 366

  부록 1 생각해 보기 위한 질문들 370
  부록 2 용어해설 379
  부록 3 에베소서 개요 386
  참고문헌 390
  주 391

한국어판 서문

　　어려운 시기를 지날 때 모든 그리스도인 앞에는 선택의 길이 놓여 있습니다. 그 선택에 따라 하늘에 계신 우리 아버지와 이 땅에 있는 그분의 자녀를 향해 한 걸음 더 나아가게 될지 아니면 그로부터 멀어지게 될지가 결정됩니다.

　　어떤 이들은 하나님과의 관계에 인생을 투자합니다. 비록 사는 게 힘들지라도 그 아버지가 그리스도 안에서 하늘에 속한 모든 신령한 복을 주셨다는 사실을 믿으면서 말입니다. 그 결과 교회 안에 있는 형제자매를 사랑으로 끌어안고 진리를 전하는 사명에 더욱 헌신하게 됩니다.

또 어떤 이들은 시련의 한복판에서 표류하다가 결국에는 옛 자아가 다시금 기승을 부리도록 놔둡니다. 그리하여 성경 공부나 기도는 물론이고 주변에 있는 그리스도인을 돌아보는 데도 인색한 태도를 지니게 됩니다.

지나간 1년 반의 세월은 참으로 어려운 시간이었습니다. 팬데믹이 물리적으로, 재정적으로, 정치적으로, 또한 신앙적으로 광범위하게 영향을 미쳐 우리의 삶을 속속들이 바꾸어 놓았기 때문입니다. 그 변화의 현장에서 신앙을 저버리고 교회로부터 멀어지는 이들이 있었는가 하면, 오히려 가까워지기 위해 애쓰는 자들도 있었습니다.

이러한 때야말로 에베소서가 전하는 아름다운 진리를 묵상하기에 좋은 시간이라 생각합니다. 각 구절을 읽으며, 하나님이 영원한 교회로 우리를 인도하여 한량없이 쏟아 부어 주신 은혜의 깊이를 맛볼 수 있기 때문이고, 또한 믿음의 삶을 살아가기 위해 교회를 바로 세우는 일이 얼마나 중요한지 그 놀라운 가치를 깨달을 수 있기 때문입니다. 이러한 교회가 지향하는 화평과 연합, 겸손한 섬김과 세상 문화에 대항하는 증인의 삶, 그리고 그리스도를 더욱 닮아갈 수 있는 길을 제시하는 본 서신은 모든 그리스도인에게 내려지는 일종의 긴급 소집이라 할 수 있습니다. 하나님이 각자의 역할을 감당하도록 부르신 공동체 안에서 그분이 의도하신 모습을 이루라고 요청하는 부르심 말입니다.

저는 소망하며 기도합니다. 바울이 에베소에 보낸 편지를 해설한 이 책이 한국 독자들에게 감동을 주어 한국 교회를 향한 열정을 불러일으키고, 교회 안에 있는 형제자매의 유익을 위해 각자에게 주어진 은사를 사용하도록 준비시키기를 바랍니다. 그리하여 하나님의 이름이 높임을 받고 그분의 나라가 더욱 확장되기를 바랍니다.

끝으로 한국어판이 출판될 수 있도록 도와주신 모든 분들에게 감사의 뜻을 전합니다. 특별히 지칠 줄 모르는 수고로 영국에서부터 한국까지 이 책을 전달하고 소개해 주신 김성태 목사님께 고마운 마음을 전합니다. 또 늘 모범적인 자세로 섬겨 주시는 두란노 분들에게도 감사하다는 말씀을 드립니다.

"우리 가운데서 역사하시는 능력대로 우리가 구하거나 생각하는 모든 것에 더 넘치도록 능히 하실 이에게 교회 안에서와 그리스도 예수 안에서 영광이 대대로 영원무궁하기를 원하노라 아멘"(엡 3:20-21).

하나님의 영원한 계획이
교회를 통해 펼쳐지다

에베소서는 장엄한 서신(epistle)이다. 지난 10여 년 동안, 나는 이 서신을 두 차례 설교한 적이 있는데, 그때마다 교회는 하나님의 주권 아래 놀랍게 개혁되고 연합되었을 뿐 아니라 그리스도를 사모하는 성도의 마음에도 새로운 불길이 일어났다. 그래서인지 나는 위대한 신학자인 존 칼빈(John Calvin)이 성경의 다른 책보다 에베소서를 소중히 여겼다는 데 십분 공감한다. 이 책은 바로 그 위대한 서신을 통해 바울이 무엇을 가르쳤는지 소개한다.

에베소서에는 놀라운 본문이 가득 들어차 있다. 각 장은 새로운 보화를 우리 앞에 전시해 놓는다. 먼저 바울은 그리스도 안에서 주어진 복에 감탄하며 웅장한 찬송을 쏟아 낸다. 이는 역사를 다스리시는 전능하신 하나님에 대한 우리의 이해를 심화시킨다(엡 1:1-14). 또한 그리스도 안에서 우리를 살리신 하나님의 은혜에 대한 고백은 우리로 하여금 겸손한 마음으로 그분을 예배하게 만든다(엡 2:1-10). 나아가 측량할 수 없는 그리스도의 사랑에 대한 깨달음은 그분 안에서 누리는 평강을 새롭게 맛보게 한다(엡 3:14-19). 그뿐 아니라 모든 성도가 사역에 참여하여 교회를 성장시켜야 한다는 가르침은 교회 전체에 역동성을 가져다준다(엡 4:1-16). 또 결혼을 영광스럽게 묘사하는 대목은 천상에서 이루어질 결혼을 기대하게 만든다(엡 5:22-33). 끝으로 복음에 대한 확신 가운데 하나님의 전신 갑주를 입고 견고히 서서 맞서 싸우라는 소명은 영적 전쟁을 바라보는 우리의 시선을 밝혀 준다(엡 6:10-20).

이처럼 이 책을 통해 우리의 영혼을 깨우는 보화를 하나씩 발굴하다 보면, 어느새 우리의 신앙은 더욱 부요해지고 그 진리를 다른 이와 나누고자 하는 확신도 더욱 깊어진다.

나의 경우를 돌아보면, 에베소서에서 펼쳐지는 영광스러운 본문은 공예배의 설교를 위해서도 유익했지만, 제자 훈련 프로그램으로 진행된 개인의 경건 생활이나 소그룹 나눔에도 이상적인 가르침을 제공해 주었다. 그런 점에서 이 서신은 당신이 섬기는 교회의 영적 상태와 그곳에서 행해지는 모든 사역에도 근본적인 발전을 가져다줄 하나님의 처방책이 될 수 있다. 물론 올바로만 가르쳐진다면 말이다.

바울의 인사

에베소서는 저자인 바울이 자신의 편지를 소개하는 인사말로 시작된다.

> "하나님의 뜻으로 말미암아 그리스도 예수의 사도 된 바울은 에베소에 있는 성도들과 그리스도 예수 안에 있는 신실한 자들에게 편지하노니 하나님 우리 아버지와 주 예수 그리스도로부터 은혜와 평강이 너희에게 있을지어다"(엡 1:1-2).

여기서 저자는 스스로를 "사도(apostle)된 바울"이라고 밝힌다. 역사의 정황에 따르면, 탁월한 선교사이자 교회 개척자였던 바울은 61-62년경 로마에 있는 한 감옥에서 이 편지를 작성한 것으로 보인다. 그는 자신에 대해 "그리스도 예수의 사도"라고 칭한다.

이는 그리스도의 권위와 능력을 받은 증인으로서 하나님이 계시하신 영원하고도 전 우주적인 뜻을 선포하기 위해 편지를 쓰게 되었음을 강조하는 표현이다. 이제부터 우리가 확인하게 되겠지만, 그 뜻이 바로 에베소서에 기록되어 있다.

바울은 이 편지를 "에베소에 있는 성도들과 그리스도 예수 안에 있는 신실한 자들"에게 보내고 있다. 사실 이 편지의 가장 이른 사본을 보면, '에베소'라는 이름이 포함되어 있지 않음을 알 수 있다. 어느 특정 지역의 사람이나 문제를 언급하지 않고 단지 일반적인 편지 양식을 따르고 있는 특징을 고려해 볼 때, 이 서신은 에베소로부터 잇따라 개척되기 시작한 지역(곧 현재의 터키 서부 지방)에 있는 모든 교회가 회람할 수 있도록 작성된 편지로 보인다. 바울은 그 에베소에서 2년 반 동안 목회를 했다.

사도행전 19장을 살펴보면, 당시의 에베소가 세계적인 상업 도시였음을 알 수 있다. 특히 그리스 여신 아르테미스(Artemis)의 신전에 바쳐진 이교도(pagan) 도시가 에베소였다. 이런 배경은 왜 마귀나 악한 영들보다 뛰어나신 그리스도의 주권이 에베소서에서 자주 강조되는지 이해할 수 있게 해 준다. 바울은 독자들을 "그리스도 예수 안에 있는 신실한 자들"이라고 부르는데, 이는 믿음으로 "그리스도 안에" 함께 살게 된 자들이 누리는 복을 기념하고 찬양하는 데 편지의 목적이 있기 때문이다.

바울은 독자들에게 "은혜와 평강"이 있기를 기원한다(2절). 이 두 가지 복은 이방인과 유대인을 함께 염두에 두고 건네는 인사일 뿐 아니라, 이 편지에서 매우 중요한 역할을 하는 주제이기도 하다. 가령 바울은 하나님의 은혜를 찬양하며 감사하는데, 이 은혜는 아무 자격 없는 자가 그리스도 안에서 누리는 하나님의 호의로서 모든 복의 근원이 된다(엡 1:6; 2:7). 또한 평강은 그리스도 안에서 하나님과 화목하고 다른 이들과 화목하게 된 결과로 누리는 복이 무엇인지를 보여 준다(엡 2:14-15, 17). 다시 말해 그리스도 안에서 우리로 하여금 교회가 되도록 부르신 소명의 '원인'이 은혜에 있다면, 평강은 그 '결과'라고 할 수 있다. 그리스도의 십자가를 선포하는 복음은 영적 세계에 울려 퍼지는 승리의 소식으로서 바로 그 평강을 우리에게 가져다준다.

에베소서의 구조와 내용

이 편지는 크게 두 부분으로 나누어지며, 각 부분은 3장으로 구성되어 있다(좀 더 자세한 내용은 부록을 참조하라). 먼저 1-3장에서는 복음의 교리를 다룬다. 1장에서는 그리스도 안에서 만물이 통일되게 하시려는 하나님의 우주적인 계획을 선포한다. 2장에서는 바로 그 통일이 그리스도의 죽음과 부활을 통해 하나님과 다른 이들과 더불어 화목할 때 이루어진다는 사실을 밝힌다. 3장에서는 그러한 과정에서 다름 아닌 십자가에 달리신 그리스도의 복음이 모든 민족에게 선포되어 그 비밀이 교회와 영적 세계 속에 드러나게 되는 역사를 설명한다.

다음으로 4-6장에서는 교회의 실천을 다루는데, 특히 그리스도 안에서 이루어진 우리의 연합을 지키라고 요구한다. 4장에서는 각각의 성도가 성숙하게 자라 사역을 위해 준비되고 사랑 가운데 진리를 말함으로써 그리스도 안에서 계속해서 모일 때 연합이 이루어진다는 사실을 설명한다. 5장에서는 우리의 마음이 새로워져 교회와 가정과 직장에서 그리스도를 영화롭게 하는 삶을 사는 데 연합의 목적이 있음을 밝힌다. 마지막으로 6장에서는 하나님이 복음 가운데 허락하신 전신 갑주를 입고 하나님과 다른 이들로부터 우리를 분열시키려는 사탄의 거짓에 대항해 굳게 서기를 촉구한다. 그러면서 모든 민족에게 복음을 전하기 위해 성령 안에서 깨어 기도하며 교회가 치르는 영적 전쟁에서 승리하기를 당부한다.

다음의 다섯 항목은 에베소서에 나오는 독특한 강조점과 표현을 정리한 내용으로서 바울의 핵심적인 메시지가 무엇인지를 잘 보여 준다.

첫째, '죄'와 심판의 문제와 그리스도 안에서 주어지는 해결책이 로마서와는 다른 방식으로 설명된다. 로마서에서는 그 문제와 해결책이 하나님의 진노를 피할 수 없는 불의와 그리스도 안에서 믿음을 통해 주어지는 칭의(justification)로 제시된다. 그러나 에베소서에서는 하나님과 분리되어 백성의 자리에서 벗어난 노예 상태, 곧 영적으로 죽어 있는 상태가 문제이며, 그리스도 안에서 하나님과 다른 이들과 더불어 화목하게 되는 일이 해결책이라고 제시한다.

둘째, 복음은 이전에 감추어져 있다가 드러나게 된 하나님의 '비밀'이다. 바로 이 계시된 비밀인 복음을 통해 모든 민족은 하나님과 화목하고 그리스도 안에서 새로운 인류에 속하게 된다.

셋째, '하늘'은 그리스도가 부활하신 후 사탄과 그의 권세를 초월하여 영광스러운 보좌에 앉게 되신 영원한 영적 세계를 가리킨다. 이 세계 속에서 교회는 십자가에 달리신 그리스도의 복음을 선포하며 하나님의 지혜를 드러낸다. 그리하여 모든 민족으로부터 사람들이 모여 그리스도의 말씀 안에 굳게 서서 마귀의 거짓에 대항하며 복음의 확신으로 무장하고 싸울 때 그 지혜가 나타난다.

넷째, '교회'는 단지 그리스도의 제자를 모으는 데 필요한 수단이 아니다. 하나님께 교회는 그보다 더 큰 의미를 지닌다. 각 지역에 있는 교회는 천상의 모임을 지상에서 보여 주는 역할을 한다. 그 모임은 하나님이 아들에게 주시는 기업이자 몸이며 신부이다. 또한 그에 대해 아들은 머리와 모퉁이돌과 남편이 된다. 이 관계에서 교회는 자신을 구원하신 하나님의 은혜를 드러낸다. 그리고 하늘에 있는 대적을 향해 십자가의 지혜를 보여 준다.

다섯째, 우리의 모든 복은 '그리스도 안에' 있다. 그렇다고 해서 그리스도가 단지 복의 통로라는 의미는 아니다. 오히려 우리는 그분 안에 거하고 있다. 이를테면 믿음으로 그분과 연합되어 죄와 사망과 사탄을 이기신 그분의 부활을 공유한다.

결국 에베소서에서 우리의 마음을 일깨우는 핵심 메시지는 이렇게 요약될 수 있다. 곧 "하늘에 있는 것이나 땅에 있는 것이 다 그리스도 안에서 통일되게 하"시려는 하나님의 계획이 바로 승리의 부활을 통해 악의 권세를 정복하신 그리스도 안에서 실현되기 시작했다는 것이다(엡 1:10). 이로써 구원을 얻게 된 교회는 그분의 죽음과 부활을 통해 하나님과 화목하고 성도 간에도 화목하게 되었다. 나아가 모든 민족이 그리스도의 놀라운 복을 공유할 수 있는 길이 열려 "이제 교회로 말미암아 하늘에 있는 통치자들과 권세들에게 하나님의 각종 지혜를 알게 하"시려는 "복음의 비밀"이 드러나게 되었다(엡 3:10; 6:19). 그리하여 우리는 이 세상에서 빛의 자녀로 살기 위해 새롭게 사고하는 존재가 되었다. 또 이러한 지식 가운데 우리는 복음의 확신을 품고 굳게 서서 끊임없이 기도하고 복음을 전파하며 마귀의 거짓된 공격에 오늘도 맞서고 있다.

혹 그리스도의 복음을 가르치는 지역 교회의 사역을 우리가 평범하게 느낄지 모르지만, 각각의 사역은 그분의 죽음과 부활을 통해 쟁취된 승리를 영적 세계에 선포하는 일이나 다를 바 없다. 이런 점에서 교회는 하나님 앞에서 너무나도 중요한 존재이다. 그리고 에베소서는 바로 그 교회를 섬기는 이들을 위한 편지이다.

Ephesians
for you

part 1

교회를 향한 하나님의 마음

바울,
교회다움을
생각하다

하늘에 속한 복(1:3-14)

하늘에 속한
모든 신령한 복을
우리에게 주시다

이 영광스러운 본문에서 사도 바울은 억누를 수 없는 기쁨으로 하나님을 찬양한다. 헬라어 원문은 쉬지 않고 이어지는 하나의 긴 문장으로 구성되어 있다. 그는 다음과 같이 입을 열어 자신이 무엇에 대하여 그토록 감격하는지 고백한다. "찬송하리로다 하나님 곧 우리 주 예수 그리스도의 아버지께서 그리스도 안에서 하늘에 속한 모든 신령한 복을 우리에게 주시되"(엡 1:3).

그는 사슬에 매여 투옥된 상황임에도(엡 6:20), 믿을 수 없을 만큼 큰 복을 받았다는 사실에 감격하면서 현재만이 아니라 앞으로도 편지를 받아 보게 될 모든 성도가 얼마나 큰 특권 가운데 있는지 알려 주고자 한다. 이런 면에서 그는 우리를 향해서도 마음을 다해 하나님을 찬양하라고 요구한다. 그분은 찬양받기에 합당하신 분이기 때문이다. 또 그렇게 하여 우리가 받은 복을 분명히 알아야 그 복을 깊이 누릴 수 있기 때문이다.

그리스도인이 누리는 복은 어디서 오는가

이처럼 시련과 고난의 현장에서도 성도에게 평안과 확신을 가져다주는 복은 다름 아닌 '하늘에 속한' 특권이라고 설명된다(엡 1:3). 이 표현은 에베소서에서 여러 차례 반복된다. 따라서 그 의미를 알아야만 서신의 내용을 제대로 이해할 수 있다.

여기서 말하는 '하늘'은 하나님과 다른 모든 영적 세력이 자리하고 있는 영계(the spiritual dimension)를 의미한다. 다시 말해 이 하늘은 단순히 물리적인 하늘을 가리키지 않는다(말하자면 악한 세력도 물리적인 하늘이 아니라 영적 세계에 존재하고 있다는 뜻이다). 또한 지상을 가리키지도 않는다(여기서 바울은 혈과 육에 관한 문제를 다루고 있지 않기 때문이다). 나아가 미래에 속한 영역만을 의미하지도 않는다(가령 6장 12절을 보면, 현재 우리는 하늘에 있는 악의 영들을 상대하고 있다고 설명된다). 이 하늘은 다음과 같은 영적 세계를 의미한다고 볼 수 있다.

- 우리에게 복이 주어진 세계(엡 1:3).
- 모든 악한 권세를 다스리기 위해 예수님이 보좌에 앉으신 세계(엡 1:20).
- 우리가 그리스도와 함께 일으키심을 받아 보좌에 앉게 된 세계(엡 2:6).
- 그리스도의 주권과 그분의 말씀 아래 지상 교회가 하나 되어 모일 때 십자가에서 악한 권세를 정복하신 그분의 승리가 드러나는 세계(엡 3:10).
- 모든 민족에게 담대히 복음을 선포하기 위해 수시로 기도하며 악한 권세의 영적 공격에 맞서 싸워야 하는 세계(엡 6:10-20).

한마디로 우리는 그리스도의 부활에 참여함으로써 이처럼 '하늘에 속한' 모든 복을 받게 되었다. 그러므로 바울이 말하고 있는 복은 인생을 치장하는 장신구처럼 사소하고 일시적인 재물이나 소유물 또는 그 자신이 감옥으로부터 해방되는 일을 말하지 않는다. 여기서 말하는 복은 영적 세계에서 하나님과 화목할 때만 누리게 되는 영원한 보화를 의미한다. 다시 말해 그리스도를 믿는 모든 자에게 처음부터 주어지는 복을 가리킨다. 비록 우리는 마지막 날 영광 가운데 누리게 될 만큼 현재 그 복을 다 누릴 순 없지만, 이미 우리의 마음은 그로 인한 기쁨으로 채워져 있다.

여기서 우리를 놀라게 하는 단어가 등장한다. 바로 '모든'이라는 수식어다(엡 1:3). 즉 그리스도 안에서 모든 신령한 복을 한 명 한 명의 성도가 받는다는 뜻이다. 그중 유보되는 복은 하나도 없다. 그리스도인은 서로 다른 은사를 가지고 서로 다른 사역을 하며 서로 다른 상황 속에 살아가지만, 우리는 다 그리스도 안에서 모든 신령한 복을 소유하고 있다. 따라서 다른 사람이 누리는 복을 부러워할 필요가 없다. 이미 모든 복을 그리스도 안에서 소유하고 있기 때문이다. 또한 다른 성도와 비교하면서 자신이 그보다 덜 혹은 더 복을 받았다고 생각해서도 안 된다. 하나님이 각각의 성도가 영원히 누릴 수 있는 복을 주셨기 때문이다.

그렇다면 '신령한 복'이란 무엇을 의미하는가? 이는 영적 세계에서 우리가 하나님을 알아갈 때 성령님이 적용하시는 모든 유익을 가리킨다. 따라서 우리는 이 땅에서 자신의 십자가를 지고 예수님을 따르며 다른 이의 구원을 위해 고난을 감수해야 하지만(막 8:34), 그와 동시에 그리스도의 부활에 참여하는 복을 경험하게 된다. 그러면서 훗날 새롭게 변화될 세상에서 그분과 함께 거하며 본향의 기쁨을 누리며 살아간다.

과연 이러한 복에 어떻게 이를 수 있을까? 간단히 말하면, 그 모든 복은 오직 그리스도 안에서만 온전히 발견된다(엡 1:3). 곧 3절에서 14절까지 이어지는 문장에서 우리는 총 11번에 걸쳐 '그리스도 안에서' 또는 '그리스도로 말미암아' 믿음으로 소유하게 된 복이 무엇인지를 알게 된다(예를 들면 3, 4, 5, 6, 7, 9, 10, 11, 12절에 각각 한 번과 13절에 2번 언급된다). 이로써 하나님은 우리가 받은 모든 복이 자신의 아들, 곧 그리스도에게 속했다는 사실을 가르쳐 주신다. 여기서 우리는 단지 그리스도를 통해 기계적으로 복을 얻게 된 게 아니라, 믿음으로 연합된 그리스도 안에서 인격적으로 복을 받게 되었음을 알게 된다. 바로 이러한 복이 놀랍게도 그분의 부활로 말미암아 주어졌기에, 우리가 회개하고 그분을 신뢰한다면 바로 그 복을 누릴 수 있다.

만약 친구에게 고급 스포츠카가 있다고 할 때, 직접 레이싱 경기장을 달리는 차에 타 보지 않는 이상은 멀찌감치 바라보며 부러워할 수밖에 없다. 마찬가지이다. 운전자가 동승자와 함께하고, 지휘관이 부대와 함께하고, 남편이 아내와 함께하듯, 그리스도 역시 함께하는 이와 특권을 나누신다. 우리는 하늘에 속한 모든 신령한 복을 바로 그분 안에서 함께 누리게 되었다. 심지어 죽음 이후에도 그 복을 누리므로, 아니 더욱 온전히 누리게 되므로, 우리는 죽음조차 두렵지 않다.

이처럼 그리스도인이 되어 누릴 수 있는 복이 구체적으로 무엇인지, 우리는 바울이 제시하는 세 가지 사실에 근거하여 다음과 같이 요약해 볼 수 있다.

첫째, 성부 하나님이 선택하셔서 자녀가 된 복(4-6절).
둘째, 성자 하나님이 속량하셔서 서로가 연합된 복(7-10절).
셋째, 성령 하나님이 인치셔서 기업이 보장된 복(11-14절).

이러한 세 가지 사실은 매우 놀라운 복을 내포하고 있지만, 각각의 내용을 바르게 이해하기 전에는 바울처럼 그에 대해 감격할 수가 없다. 그러므로 이제 각각의 내용을 들여다보며, 그 안에 담긴 엄청난 보화를 알아보고자 한다.

성부 하나님이 선택하시다

우리가 예수님을 따르려고 마음을 정하기 전에 성부 하나님이 우리를 택하셨다(엡 1:4). 이를 선택 내지는 예정이라고 부른다(엡 1:5). 수많은 그리스도인이 이 사실을 이해하는 데 어려움을 겪는다. 어떤 이들은 그에 대해 무자비한 교리라고 생각한다. 그런데 바울은 왜 이 선택(예정)을 우리에게 주어진 최고의 복으로 여겼을까?

19세기의 위대한 설교자 찰스 스펄전(Charles Spurgeon)은 이렇게 기록했다. "선택은 우리 영혼에 불을 붙여 하나님에 대한 뜨거운 기쁨으로 타오르게 한다." 또한 역사상 수많은 개혁신학자(Reformed theologians)의 가르침처럼, 성공회 39개 신조(The Anglican 39 Articles of Faith) 역시 다음과 같이 진술하고 있다. "그리스도 안에서 이루어진 예정과 선택을 경건하게 묵상하는 일은 신앙이 깊은 자들에게 참으로 달고 기쁘며 형언할 수 없는 평안을 가져다준다." 실로 놀라운 고백이 아닐 수 없다.

더 나아가 예수님도 선택과 예정을 들어 복음을 가르치셨다. "아버지께서 내게 주시는 자는 다 내게로 올 것이요 내게 오는 자는 내가 결코 내쫓지 아니하리라"(요 6:37). 여기서 예수님은 하나님이 먼저 선택하여 자신에게 오도록 하지 않으신다면 누구도 구원을 받을 수 없다고 가르치신다.

이처럼 하나님이 죄인을 구원하기로 선택하신 일은, 우주를 다스리시는 그분의 주권(sovereignty)이 인간의 활동 영역 속에 행사되는 과정으로 나타난다. 왜냐하면 하나님은 "모든 일을 그의 뜻의 결정대로 일하시는 이"시기 때문이다(엡 1:11). 사실 우리는 기도할 때마다 하나님이 만사를 다스리신다는 사실을 인정하는 셈이다. 또 하나님께 누군가를 구원해 달라고 기도할 때마다 특별히 의식하지 않아도 누군가가 구원에 이르기 위해서는 하나님의 주권에 따라 그가 구원에 이르도록 선택받지 않으면 안 된다는 사실을 인정하는 셈이다. 다시 말해 하나님이 죄인을 구원하기로 선택하지 않으시면 누구도 그리스도인이 될 수 없다는 사실을 우리는 직관적으로 알고 있다. 그럼에도 하나님이 누군가는 구원에 이르도록 선택하시고 누군가는 선택하지 않으셨다는 가르침에 대하여 적어도 세 가지 정도의 의문이 제기될 수 있다.

첫째, 하나님의 선택은 우리의 복음 전도(evangelism)를 약화시킨다("하나님이 누군가를 선택하셨다면 반드시 구원하실 테니, 우리가 굳이 예수님을 전하며 고생할 필요가 없다").

둘째, 하나님의 선택은 우리의 겸손을 약화시킨다("우리는 선택받은 백성이므로, 다른 이들보다 특별하다").

셋째, 하나님의 선택은 우리의 경건을 약화시킨다("한 번 구원받으면 영원한 구원이므로, 우리는 하나님을 기쁘시게 하기 위해 애쓸 필요가 없다").

이러한 의문은 하찮은 반론이 아니라, 충분히 이해가 되는 반론이다. 그러나 바울이 주의 깊게 설명하는 선택 교리를 살펴보면, 이러한 의문에 대한 답변을 하나씩 찾을 수 있다.

첫째, 하나님의 선택은 복음 전도의 중요성을 약화시키지 않는다. 왜냐하면 하나님이 "그리스도 안에서 우리를 택하"셨다는 말에는(엡 1:4), 우리가 그분 안에서 진리의 말씀 곧 구원의 복음을 들음으로써 그리스도인이 되는 과정까지 포함되어 있기 때문이다(엡 1:13). 하나님은 복음이 전파되는 과정을 통해 이미 선택하신 이들을 그리스도 안으로 부르신다. 곧 선택하신 자를 구원하기 위해 우리의 복음 전도를 사용하신다는 말이다. 만일 하나님이 우리가 전파하는 복음을 통해 그리스도께 나오도록 누구도 선택하지 않으셨다면, 죄인에게 복음을 전파하는 일은 헛수고나 다름없다. 죄인은 영적으로 죽어 있어 반응을 못하기 때문이다(엡 2:1). 그러나 하나님은 많은 이들을 선택하셨다. 때문에 우리는 하나님이 우리를 인도하여 선택하신 자들에게 다가가게 하신다는 확신을 품고 복음을 전파할 수 있다. 따라서 하나님의 선택은 복음 전도에 큰 동기를 부여한다.

이런 차원에서 예수님도 바울을 향해 고린도에 남아 복음을 계속 전하라고 명령하시며 "이는 이 성중에 내 백성이 많음이라"라고 말씀하신 것이다(행 18:10). 이처럼 하나님이 그리스도 안에서 구원에 이르도록 많은 이들을 선택하셨기 때문에, 오히려 교회는 확신을 가지고 기도하며 쉬지 않고 깨어 복음을 전파해야 한다. 만일 하나님이 누구도 선택하지 않으셨다면, 우리의 복음 전도는 무의미한 일이 되고 만다. 그러나 실제로는 많은 이들을 선택하셨기 때문에, 우리의 전도 활동은 복음을 통해 선택받은 백성을 찾아내는 즐거운 특권처럼 여겨질 수 있다. 금이 있는 광산에서 금을 캐는 광부처럼 말이다.

둘째, 하나님의 선택은 우리의 겸손을 약화시키지 않는다. 왜냐하면 우리는 창세전에 선택받았기 때문이다(엡 1:4). 다시 말해 우리는 다른 이들보다 똑똑하거나 가치 있는 존재이기 때문에 구원받은 게 아니다. 그 선택은 우리가 태어나기도 전에, 심지어 하나님이 세상을 창조하시기도 전에 이루어졌다. 따라서 하나님의 선택은 우리를 겸손하게 만든다. 우리가 비신자나 무슬림 친구와는 달리 선택받을 만한 자격이 있었던 게 아님을 알려 주기 때문이다. 만일 우리가 먼저 하나님을 선택했다고 생각한다면, 우리는 자신의 지혜를 신뢰하며 우쭐해질 수 있다. 그러나 하나님이 먼저 우리를 선택하셨기에, 우리는 언제나 겸손할 수밖에 없다. 우리의 구원은 전적으로 하나님이 은혜를 베푸신 일이기 때문이다.

셋째, 하나님의 선택은 우리의 경건을 약화시키지 않는다.

왜냐하면 하나님은 우리를 "그 앞에서 거룩하고 흠이 없게 하시려고" 선택하셨기 때문이다(엡 1:4). 다시 말해 경건을 약화시키기는커녕, 우리를 위해 거룩하고 흠 없는 삶을 사신 예수님을 의지하여 우리도 거룩하고 흠 없는 삶을 살게 하시려고 선택하셨다. 이 구원에 대한 감사의 마음이 동기가 되어, 우리는 그리스도와 같이 거룩하고 흠 없는 삶을 살기 위해 꾸준히 변화되어 간다. 예수님이 인도하시는 거룩하고 흠 없는 무리에 속하여 살아가도록 선택받았기 때문에, 우리는 그분처럼 거룩하고 흠 없어지기를 소원하게 된다. 한마디로, 하나님의 선택은 경건의 근거가 된다. 우리가 무엇을 위해 선택받았는지 알게 되기 때문이다.

하나님 아버지의 자녀로 선택되다

"그 기쁘신 뜻대로 우리를 예정하사 예수 그리스도로 말미암아 자기의 아들들이 되게 하셨으니"(엡 1:5). 죄인은 하나님의 자녀로 출생하지 않는다. 그런데 하나님은 믿을 수 없는 관대한 사랑으로 그리스도 안에서 우리를 선택하여 거듭나게 하셨을 뿐만 아니라 그분의 가족으로 입양하셨다. 우리는 하나님의 사랑을 받을 만한 존재가 아님에도 그분은 넘치는 사랑을 우리에게 쏟으셨다. 이는 우리를 자신의 종으로 삼기 위해서가 아니라 자녀로 삼기 위해 행하신 예정된 일이었다. 곧 자신의 아들에게 주어진 특권을 함께 누릴 수 있도록 우리의 믿음을 통해 그 아들과 우리를 연합시키셨다.

그 결과 우리는 하늘 아버지의 풍성한 사랑을 누린다. 가령 우리에게 일상의 필요를 제공하시는 사랑, 우리의 죄를 용서하시는 사랑, 우리를 해악한 상황으로부터 보호하시는 사랑, 우리의 인생길에서 우리를 교훈하시는 사랑, 우리에게 과분한 자비를 베푸시는 사랑 등 이러한 모든 사랑을 언제나 누리며 살아간다.

또한 우리는 기도하면 한결같은 관심을 기울이시는 하나님의 사랑을 누린다. 우리가 기도할 때 그분은 결코 졸거나 딴 생각을 하지 않으시고, 언짢은 기분이나 무관심도 드러내지 않으시며, 도울 힘이 없거나 무엇을 해야 할지 모르지도 않으신다. 오히려 그리스도 안에서 우리는 삼위일체로 계시는(triune) 하나님의 가족으로 영입되었기 때문에, 아버지의 귓가에 속삭이듯 기도할 수 있다.

또 입양된 자녀로서 우리는 전 세계 어디서든 하나님 백성이 모인 교회에서 한 가족으로 평안과 위안을 누린다. 그래서 우리가 고통 가운데 부르짖을 때, 하나님은 우리를 고통으로부터 단지 벗어나게 하시기보다 교회에 있는 다른 형제자매를 그 고통 속에 부르셔서 홀로 일어서기에는 너무나 약해진 우리를 붙들어 주게 하신다.

더 나아가 입양된 자녀로서 우리는 하나님의 맏아들에게 주어진 기업을 함께 나눈다. 우리는 맏아들에게 주어진 영원한 나라에서 결코 사라지거나 녹슬거나 쇠하지 않는 영광스러운 기업을 받게 된다. 이런 이유로 사도 바울은 남자든 여자든 모든 그리스도인을 '아들들'이라고 부른다. 구약성경을 살펴보면, 이스라엘 사회에서 땅을 상속받는 자는 맏아들이었다. 마찬가지로 하나님의 모든 기업도 맏아들이 상속받았다. 그런데 맏아들의 영광스러운 유산이 그 아들과 믿음으로 연합된 우리에게도 나누어진다. 그렇기에 남자나 여자나 똑같이 예수님을 믿음으로써 우리는 하나님의 아들들이 되어 맏아들에게 주어진 기업을 누리게 된다(참고로 1세기 로마 사회에서 자녀가 없는 집안은 때때로 그 집안의 종을 입양하여 주인의 가산을 상속받도록 했다. 때문에 바울의 편지를 받아 보는 독자 가운데 이방인은 이러한 가르침을 더욱 친숙하게 느꼈을 것이다). 이처럼 하나님 아버지의 자녀로 입양되어 그 아들의 영광스러운 하늘 기업을 상속받게 된 특권은 놀랍기 그지없는 복이다. 탁월한 신학자인 제임스 패커(J. I. Packer)는 다음과 같이 설명했다.

"신약성경 전체가 가르치는 참된 신앙은 우리의 거룩한 아버지가 되시는 하나님을 아는 지식으로 요약될 수 있다. 만일 누군가가 기독교를 얼마나 잘 이해하는지 알고자 한다면, 자신이 하나님의 자녀이며 또한 하나님은 자신의 아버지가 되신다는 사실을 그 사람이 얼마나 잘 알고 있는지 보면 된다."[1]

영적 코페르니쿠스 혁명

흔히 사람들은 하나님의 선택을 이해하기 어려워한다. 이는 하나님의 선택을 받지 않으면 누구라도 그분의 심판을 받을 수밖에 없다는 사실을 진지하게 생각하지 않기 때문이다(우리는 자신이 심판을 받아 마땅한 존재라는 사실을 진지하게 생각하지 않고 살아간다). 그러다가 자신이 하나님의 자녀로 선택되었다는 사실을 이해하게 되면, 세상을 바라보는 관점이 완전히 바뀐다. 이는 '영적 코페르니쿠스 혁명'이다.

니콜라우스 코페르니쿠스(Nicolaus Copernicus)는 태양이 지구 주변을 도는 게 아니라 지구가 태양 주변을 돌고 있다는 사실을 발견한 16세기 천문학자이다. 우리가 살아가는 땅이 아니라 하늘의 해가 태양계의 중심임을 발견하였다. 우리는 죄인이어서 하나님과 세상이 우리를 중심으로 돌아가고 있다고 착각한다. 건방지게도, 우리의 인생과 장래의 계획에서 하나님께 자리를 내주어도 괜찮을지 고민한다. 그런데 선택 교리는 이러한 관점을 완전히 바꾼다. 그 결과 우리는 자신이 지옥에 가야 마땅한 죄인임을 깨닫게 되고, 하나님이 그러한 우리를 하나님의 역사와 계획 가운데 받아 주시기를 소원하게 된다.

이처럼 하나님의 주권적 선택을 중심으로 자신을 돌아보는 데 도움을 주는 이미지가 있다. 바로 해리 아이언사이드(Harry Ironside)가 쓴 책에 등장하는 이미지인데, 그리스도인이 통과하는 좁은 문의 모습이 다음과 같이 그려지고 있다.[2] 우선 문 위에 세상을 향해 초청의 메시지를 건네시는 예수님의 말씀이 페인트로 쓰여 있다. "수고하고 무거운 짐 진 자들아 다 내게로 오라 내가 너희를 쉬게 하리라"(마 11:28). 그런데 이 문을 통과하여 걸어가던 그리스도인이 뒤를 돌아보니 문의 안쪽 면에는 하나님의 주권적 선택에 관한 말씀이 쓰여 있다. "사랑 안에서 … 그 기쁘신 뜻대로 우리를 예정하사 … 자기의 아들들이 되게 하셨으니"(엡 1:4-5).

우리가 천국에 가면, 하나님은 우리를 반갑게 맞이하실 것이다. 이렇게 환영하시면서 말이다. "드디어 너를 집으로 맞이하니 무척 기쁘구나. 세상을 창조하기 전부터 나의 아들을 위해 너를 구원하기로 선택했단다. 너를 위해 십자가에서 죽도록 그 아들을 보내었지. 또 역사를 다스리며 너의 출생을 계획했고 너의 인생길도 주장했단다. 그리고 사람을 보내어 너에게 복음을 전하게 하고 네 눈을 열어 예수 그리스도가 너의 구원자이자 주인이라는 사실도 알게 했지. 네가 약할 때 너와 함께했으며 네가 잘못된 길로 가려 하면 너를 붙들었단다. 그리하여 마침내 집에서 맞이하게 되었구나. 이렇게 너를 보니 무척 기쁘다. 그토록 오랫동안 너를 사랑해 왔으니."

그리스도를 믿을 때, 우리는 이토록 놀라운 복을 받게 된다. 다름 아닌 하나님 아버지가 우리를 자녀로 선택하셨기 때문이다.

성자 하나님이 속량하시다

성경에서 속량 혹은 구속(redemption)은 속전을 치르고 노예가 해방되는 일을 가리킨다. 노예가 속량되는 일은 로마 사회에서도 찾아볼 수 있었지만, 성경은 그보다도 출애굽 사건을 예로 들어 그 배경을 제시한다. 이스라엘 백성이 바로의 압제 아래 애굽에서 종노릇하다가 해방된 사건 말이다. 이는 당시 유월절 양이 흘린 피가 죄악을 심판하시는 하나님 앞에 속전으로 드려졌기에 가능한 사건이었다. 이러한 배경에서 바울은 그리스도 안에서 누리는 또 다른 복을 이렇게 설명한다. "그리스도 안에서 … 그의 피로 말미암아 속량 곧 죄 사함을 받았느니라"(엡 1:7).

우리가 이후에 살펴보겠지만, 에베소서 2장 1-3절에서 바울은 죄인이 본질상 "세상 풍조"(우리의 죄악된 문화)와 "공중의 권세

43

잡은 자"(거짓된 간계로 우리의 죄악을 불러일으키는 사탄)와 "육체의 욕심"(우리의 충동적인 욕망)에 사로잡혀 있다고 묘사한다. 우리 모두가 한때는 그처럼 어딘가에 사로잡혀 살아가는 노예였다. 스스로 벗어날 수가 없었다. 그런데 우리가 그리스도인이 됨으로 인해, 우리를 기진맥진하게 만든 비참한 노예 상태로부터 해방되었다. 곧 속량되었다. 그 결과 우리는 세상 문화의 굴레를 벗고 성경이 제시하는 하나님의 계획을 따라 사고할 수 있게 되었다. 이제 우리를 자유롭게 하는 하나님의 진리로 인해 우리는 사탄의 기만적인 거짓말로부터 벗어나게 되었다. 성령께서 주시는 권능을 따라 육체의 욕망과 싸울 수 있게 되었다. 나아가 그리스도의 형상을 반영하도록 창조된 원래의 목적을 이루게 되었다. 가끔씩 우리는 노예처럼, 다시금 죄악의 소굴로 발길을 들여놓아야 한다고 유혹을 받는다. 그러나 예수님은 우리로 하여금 빛 가운데로 나오도록 인도하신다.

그렇다면 이러한 자유가 어떻게 주어질까? 출애굽 이야기는 어떻게 유월절 양이 이스라엘 백성의 장자를 대신하여 희생당했는지 보여 준다. 곧 이스라엘 백성의 장자가 죽임을 당함으로써 사실상 이스라엘 전체가 받아야 했던 형벌을 어린 양이 대신하여 받게 되었다. 이스라엘 백성은 그 양의 피를 문설주와 인방에 뿌렸다. 그리하여 죄의 대가인 죽음이 치러졌기에, 하나님의 심판은 이스라엘 백성을 '넘어갔다.' 그리스도인도 마찬가지이다. 우리는 십자가에서 우리 죄를 대신하여 희생당하신 예수님의 보혈을 의지한다. 그래서 우리는 "유월절 양 곧 그리스도"의 피 때문에 심판을 면한다(고전 5:7). 우리의 끔찍한 죄로 인해 우리가 받아야 했던 죽음의 형벌을 십자가에 달리신 그리스도가 온전히 받으셨기에, 하나님의 심판도 그 안에서 온전히 치러지게 되었다. 이처럼 하나님이 우리 죄를 위해 그와 같은 희생을 계획하고 준비하셨을 뿐 아니라 친히 그 희생을 치르신 사건은 우리의 이해를 초월하는 놀라운 은혜임에 틀림없다. 그렇다면 그 속량이 우리에게 의미하는 바는 무엇인가?

먼저 속량은 우리가 '죄 사함'을 받았다는 사실을 의미한다(엡 1:7). 과거 이스라엘 백성이 하나님의 심판 아래 있는 바로에게 속박되어 노예 상태로 지내다가 유월절 양의 희생으로 해방된 일처럼, 우리도 하나님의 율법 아래 죄악에 사로잡혀 종노릇하다가 그리스도의 희생으로 속량을 받게 되었다. 한때는 죄악으로 인해 사탄이 우리를 지옥에 보내야 한다고 당당히 주장했는데, 이제는 과거든 현재든 미래든 우리의 생각과 말과 행동으로 짓는 모든 죄를 완전히 용서받았다. 이는 우리가 하나님과 다른 이들에게 저지른 죄에 대해 그분이 신경 쓰지 않기 때문에 일어난 용서가 아니다. 오히려 우리가 그 모든 죄로 인해 마땅히 받아야 했던 형벌을 그리스도가 대신 받으셨기 때문에 일어난 용서이다. 만일 당신의 부모나 친구가 손해를 보면서까지 당신이 갚아야 했던 무거운 빚을 대신 갚아 준 일이 있다면, 그리스도 안에서 당신의 죄를 용서받을 때 찾아오는 기쁨이 무엇인지 조금은 이해할 수 있을 것이다.

그렇다면 왜 하나님은 우리가 그분을 경시하며 대적할 때 이처럼 엄청난 일을 행하셨을까? 이유는 우리 안에서 찾을 수 없다. 하나님께 그 비밀이 있다. 이는 곧 "그리스도 안에서 그의 은혜의 풍성함을 따라" 일어난 일이기 때문이다(엡 1:7). 다시 말해 하나님의 풍성한 은혜 때문에, 우리에게 주어진 과분한 긍휼 때문에 일어난 일이다. 은혜란 우리가 좀 더 나은 삶을 살기 위해 교회의 성례(sacraments)를 통해 받을 수 있는 능력 따위가 아니다. 은혜란 하나님께서 그리스도 안에서 큰 희생을 치르시고 우리를 위해 마련해 주신 선물이다. 한마디로 은혜(GRACE)란, 하나님(God)의 풍성하심(Riches)이 그리스도의 희생으로(At Christ's Expense) 우리에게 주어진 일이다.

이 은혜로 인해 우리에게 일어난 변화는 무엇일까? 먼저 우리는 두려움으로부터 자유함을 누리게 되었다. 우리가 유월절 양이신 그리스도를 신뢰하는 한, 이생에서든 죽음 이후에든 사탄이 하나님 앞에서 우리 죄를 이유로 우리를 심판해야 한다고 요구할 일을 두려워할 필요가 없다. 우리가 진 죄의 빚은 이미 그리스도의 피로 완전히 탕감되었기 때문이다.

다음으로 우리는 죄책으로부터 자유함을 누리게 되었다. 우리는 비참한 존재로서 하나님을 실망시킬 수밖에 없다는 생각에 마냥 사로잡혀 지낼 필요가 없다. 또 하나님과 다른 이들에게 좋은 인상을 주려고 필사적으로 노력하지 않아도 된다. 우리가 지은 모든 죄는 이미 용서받았으며 그 죄악의 기록도 영원히 도말되었기 때문이다. 그리스도가 죽으실 때 우리를 위해 성취하신 완전한 삶으로 인해 하나님은 이제 우리에 대해 온전히 만족하시며 기뻐하신다.

그런데 여기서 짚고 넘어가야 할 점이 있다. 우리가 받은 속량은 단지 심판'으로부터'(from) 벗어난 사건만이 아니라 다른 무언가를 '위해'(for) 일어난 사건이라는 점이다.

속량의 목적은 연합이다

에베소 사람들은 그리스 문화의 비밀 의식(occult), 즉 미스터리 종교에 대해 공포감을 느끼며 살았다. 그러나 에베소서 3장에서 바울이 자세하게 설명하듯, 하나님이 세상에서 무슨 일을 행하시는지를 말해 주는 진짜 '비밀', 곧 미스터리는 그리스도에 의해 사도들에게 밝히 드러나게 되었다. 그 결과 이제는 바울이 선포하기에 이르렀다(엡 3:3). 이에 대해 그는 이렇게 말한다. "이는 … 그 뜻의 비밀을 우리에게 알리신 것이요 그의 기뻐하심을 따라 그리스도 안에서 때가 찬 경륜을 위하여 예정하신 것이니"(엡 1:8-9). 이 계시는 막중한 특권과 같다. 하나님이 자신의 영원한 계획을 알 수 있는 놀라운 특권을 부여하신 것이다. 우리는 하나님의 아들이 '친구'라고 부르신 자들이기 때문이다(요 15:15).

사실 우리는 하나님이 세우신 계획을 온전히 이해할 수 없다. 그러나 그 계획은 더 이상 미스터리로 남아 있지 않다. 비밀이 이제는 계시되었기 때문이다. 이는 우리에게 도전이 된다. 왜냐하면 하나님이 이제는 그리스도 안에서 자신이 누구시며 어떤 계획을 세우셨는지 드러내셨기에 우리가 그에 대해 모른다고 변명할 수 없기 때문이다. 이는 우리에게 소망이 되기도 한다. 왜냐하면 단기적인 계획이 아니라 영원한 계획이 우리에게 드러났기 때문이다. 그야말로 "때가 찬 경륜을 위하여 예정하신" 계획이 드러나게 되었다(엡 1:9). 그리하여 이제는 우리 자신과 세상을 향한 그분의 마음이 어떠한지를 알게 되었다. 그렇다면 그 영원한 계획은 과연 무엇일까?

놀랍게도 하나님은 "하늘에 있는 것이나 땅에 있는 것이 다 그리스도 안에서 통일되게 하려"는 계획을 가지셨다(엡 1:10). 이 계획은 만물을 그리스도 아래 복종시키는 일을 의미한다. 거기에는 천상에서 반역한 악한 영들과 지상에서 반역을 일삼는 모든 자들이 전부 포함된다. 이 모든 것이 재편되어 하나님께 복종하게 된다. 이 통일은 회개하지 않는 죄인과 마귀와 그 사자들이 영원히 처하게 될 지옥에 대한 가르침, 즉 예수님이 분명하게 경고하신 가르침을 거스르는 일이 아니다(마 25:41). 여기서 바울은 하나님의 공의로운 질서가 그리스도의 통치 아래 편만하게 회복되는 일을 설명하고 있다. 이로써 우리는 세상을 지으신 거룩한 설계자가 자신의 영광스러운 건설 계획을 어떻게 공표하시는지 볼 수 있다. 바로 그리스도의 죽음과 부활을 주춧돌로 삼아 만물을 새롭게 회복시킨다고 하신다. 그러므로 이 회복은 시간문제일 뿐이다.

하나님은 현재 우리의 영혼만이 아니라 종국에는 만물과 더불어 우리의 육체까지 속량하실 계획을 가지셨다(롬 8:21-23). 그 계획은 모든 것이 그리스도 안에서 통일을 이루는 데 목적을 두고 있다. 따라서 계획의 초점은 우리가 아니라 그리스도에게 있다. 즉 하나님이 우리를 속량하시는 목적은 그리스도의 통치 아래 통일을 이루기 위함이다. 다시 말해, 통일 자체가 아니라 그리스도 안에서 통일을 이루는 것이 계획의 핵심이다. 지금까지 수많은 황제와 교황과 폭군이 세상을 정복해서 하나로 통일하려는 계획을 세웠고, 오늘날 글로벌 기업의 CEO들도 그런 계획을 세우고 있다. 그러나 그들은 모두 실패했고, 지금도 실패하고 있다. 왜냐하면 그들의 통치는 강압적이면서 또한 어리석기 때문이다. 이와 달리 그리스도는 긍휼이 풍성하시고 지혜가 한이 없으시기에, 그분의 통치 아래 통일되는 일은 우리에게 만족스러운 행복을 가져다준다. 바로 그분이 다스리시는 빛나는 천상 도시, 곧 에덴동산과 같은 교회에서 우리는 그 행복을 맛보게 된다.

우리는 확신을 품고 미래를 바라볼 수 있다. 수많은 열린 신학자(Open Theologians)가 내세우는 추론과 달리, 하나님은 자신의 계획 중 어떠한 부분도 불확실하거나 위험한 상태로 두지 않으신다. "모든 일을 그의 뜻의 결정대로 일하시는 이의 계획을 따라" 모든 일이 일어난다(엡 1:11). 이처럼 하나님이 모든 일을 계획하시고 또 모든 일을 자신의 통제 아래 두시기 때문에, 그리스도인은 자신이 알지 못하고 통제하지 못하는 일에 대해서도 안심하고 걱정하지 않을 수 있다. 오히려 그 앞에는 확실하고 영광스러운 미래가 기다리고 있다!

비록 현재는 개인적인 실패와 아픔, 쇠약한 육체와 정신, 열악한 직장이나 실업, 고독한 독신 생활 내지는 사랑 없는 결혼, 그러다가 이혼이나 홀로서기 등으로 씨름하는 삶을 살아갈지라도, 그 앞에는 약속된 미래가 기다리고 있다. 결국 어떠한 현실에 직면할지라도 우리는 그리스도 안에서 통일되어 살아갈 미래를 확신할 수 있다.

성령 하나님이 인치시다

그리스도 안에서 누리는 최상의 복은 성부 하나님이 우리를 자녀로 선택하시고 성자 하나님이 우리를 속량하셔서 통일을 이루시는 일이 전부가 아니다. 이제 성령 하나님은 우리에게 인치셔서 기업을 보증하는 일을 하신다.

바울은 자신의 편지를 읽어 볼 이방인이 하나님의 우주적인 구원 계획에 포함되었다는 사실을 떠올린다. "그 안에서 너희도 진리의 말씀 곧 너희의 구원의 복음을 듣고"(엡 1:13). 그러면서 우리가 받은 구원이 얼마나 확실한지를 강조하며 성령 하나님이 행하시는 놀라운 사역을 설명한다. 즉 그리스도 안에서 주어지는 구원을 믿음으로 받아들이는 각 성도의 마음에 성령님이 내주하신다고 설명한다. "그 안에서 또한 믿어 약속의 성령으로 인치심을 받았으니 이는 우리 기업의 보증이 되사 그 얻으신 것을 속량하시고"(엡 1:13-14).

여기서 '인'이라는 표현은 어떤 대상에 대해 소유권 및 보호의 책임이 있음을 표시하는 도장을 가리킨다. 로마 사회에서 그 도장은 흔히 가축이나 노예에게 찍혔다. 마찬가지로 하나님이 자기 백성에 대한 영구한 소유권과 지속적인 보호를 표시하기 위해 찍는 도장이 있는데, 바로 성령님이다. 아이가 태어날 때부터 지니고 있는 점과 같이, 하나님의 모든 자녀는 거듭날 때부터 성령을 소유한다. 이를테면 자외선 마커(UV marker pen)가 자외선 아래서만 보이듯이, 우리 모두는 영적 세계에서만 가시적으로 드러나는 표시를 지니고 있는데, 그 표시는 우리가 하나님의 소유이며 어떠한 악의 권세로부터도 보호받고 있음을 드러낸다.

나아가 바울은 성령이 우리가 누릴 영생의 '보증'이 되신다고 설명한다. 이는 예치금이나 첫 할부금처럼, 우리가 누릴 영원한 복락에 대한 비용도 완납되리라는 사실을 보증한다. 마치 근사한 풀코스 요리에서 처음으로 맛보는 전채 요리처럼, 성령은 새롭게 회복될 창조 세계에서 우리가 경험할 영적 잔치를 지금부터 맛보게 해 주신다. 이 사실을 기억하면, 흔히 저지르는 두 가지 오류를 피할 수 있다. 우선은 하나님의 임재를 누리는 즐거움이 오직 미래에만 주어진다고 생각하는 오류를 피할 수 있다. 우리는 하나님과의 친밀한 관계 속에서 이미 천국의 즐거움을 누리기 시작했다. 성령께서 바로 그 즐거움을 누리게 하시기 때문이다. 다음으로는 우리가 현재 누리는 즐거움이 전부라고 생각하는 오류를 피할 수 있다. 현재의 즐거움은 예치금, 즉 다가오지 않은 미래에 대한 맛보기에 지나지 않는다. 한마디로 지금 우리는 우리 안에 계시는 성령의 사역을 통해 장차 하나님의 임재 가운데 누릴 잔치를 바라다보며 입맛을 다시는 중이다.

이처럼 하나님과 함께하는 영원한 삶을 보증하는 예치금과 같은 역할을 하시기 위해 성령님이 우리 안에 계신다. 이러한 차원에서 그분의 임재는 우리가 하나님 나라에서 상속할 기업을 보증한다. 성부 하나님은 우리를 지옥에서 건져 내어 천국으로 옮기기 위한 대가로 그 아들을 희생시키셨기 때문에, 반드시 우리가 천국에 무사히 도착할 수 있도록 역사하신다. 바로 우리 안에 계셔서 우리가 본향에 도착할 때까지 우리의 믿음을 그리스도 안에서 보존하시는 성령를 통해 그리하신다.

따라서 누구든지 복음을 믿으면, 다시 말해 예수 그리스도가 우리의 왕으로서 이 땅에 오사 우리 죄를 대신하여 죽으시고 우리를 다스리기 위해 부활하셨으며 나아가 세상을 심판하기 위해 다시 오실 주님이라는 사실을 믿으면, 그는 놀라운 구원의 확신을 지니게 된다. 바로 성부 하나님의 선택하심과 성자 하나님의 속량하심과 성령 하나님의 내주하심이 결코 변하지 않으리라는 확신이다. 우리의 영광스러운 미래는 그처럼 확실하게 보장되어 있다.

인생의 모든 순간, 주를 찬양하라

지금까지 우리는 그리스도 안에서 주어진 큰 복, 즉 자녀로 선택된 후 속량을 받아 하나가 되었으며 장차 누리게 될 기업을 위해 인치심을 받았다는 사실을 살펴보았다. 이에 더하여 우리는 바울이 강조하는 두 가지 포인트를 묵상해 보려고 한다. 각각의 포인트는 이 장엄한 찬양에서 네 차례씩 언급되며, 이는 우리가 지금까지 알게 된 사실에 대해 어떻게 반응해야 하는지를 말해 준다.

첫 번째 포인트로 바울은 모든 복이 하나님의 뜻에 따라 주어졌음을 강조한다(엡 1:1, 5, 9, 11). 그는 하나님이 원대한 계획을 성취하신다는 사실을 독자들에게 알려 준다. 이 세상의 역사는 결코 되는 대로 펼쳐지는 게 아니다. 우리의 존재는 우연이 아니며, 우리의 인생도 무의미하지 않다. 모든 일은 하나님의 뜻과 목적에 따라 발생한다. 따라서 어떠한 일이 잘못된 방향으로 진행되는 것처럼 보여도 염려할 필요가 없다. 혹 우리가 경험하는 인생의 한 단면이 풀려진 실타래마냥 뚜렷한 모양을 갖추고 있지 않을지라도, 하나님이 보시기에는 마치 정교한 양탄자가 완성되어 가듯 만사가 그 계획대로 정확하고 아름답게 교차되며 그분의 뜻을 이루어 가고 있다.

두 번째 포인트로 바울은 하나님이 바로 그분의 영광을 찬송하게 하려는 데 목적을 두고 우리에게 복을 베푸셨음을 강조한다(엡 1:3, 6, 12, 14). 다시 말해 그 모든 놀라운 특권은 우리의 마음을 일깨워 그분을 예배하게 하고 우리의 입을 열어 그분을 찬양하게 하는 데 목적을 두고 있다. 그리하여 세상에 그분을 증거하게 만든다. 따라서 우리가 자신에 대해 실망감을 느낄 때나 환난의 시간을 당하여 그리스도를 믿는 신앙으로 인해 미움을 받을 때, 이 영광스러운 메시지를 묵상하며 우리가 그리스도 안에서 얼마나 큰 복을 받았는지를 기억해야 한다.

결국 우리는 자신의 복된 상태를 잊지 않기 위해서라도 이 본문의 메시지를 깊이 알아야 한다. 그리고 하나님이 크신 은혜 가운데 베푸신 복을 의식적으로 누려야 한다. 곧 성부 하나님이 우리를 자녀로 선택하시고, 성자 하나님이 우리를 속량하여 하나 되게 하셨으며, 성령 하나님이 우리에게 인치셔서 우리의 기업을 보증하셨다는 사실을 의식적으로 떠올리며 그 모든 복을 누려야 한다. 그래야만 우리가 구원을 받아 그분의 영광을 찬송하기 위해 살아가는 존재가 되었다는 기쁨을 맛볼 수 있다. 여기에 우리 모두가 잊지 말아야 할 사실이 있다. 바로 인생의 전성기에서 희락을 누릴 때든 아니면 인생의 밑바닥에서 아픔을 겪을 때든, 우리는 다음과 같이 하나님을 찬양할 수 있는 그리스도인이라는 사실이다. "찬송하리로다 하나님 곧 우리 주 예수 그리스도의 아버지께서 그리스도 안에서 하늘에 속한 모든 신령한 복을 우리에게 주셨도다!"

chapter 02

성도를 향한 기도(1:15-23)

하나님을 알고,
그 부르심의 소망을
깨닫다

본문에서 바울은 에베소 교인들을 위해 자신이 어떻게 기도해 왔는지를 설명한다. 다른 서신에서와 마찬가지로, 그는 여기서도 모든 성도를 향한 뜨거운 사랑을 보여 주며 바로 그들이 하나님으로부터 채움을 받아야 할 가장 중요한 필요가 무엇인지를 밝힌다. 그런데 그가 기도하는 내용을 우리의 기도와 비교해 보면, 그의 기도가 얼마나 신학적인 내용을 함축하고 있는지를 깨닫고 놀랄 수밖에 없다.

우리는 그의 기도에서 육신의 건강이나 좋은 직장, 원만한 사회관계, 또는 행복한 결혼 생활 내지는 성공적인 자녀 양육 등을 구하는 내용을 찾아볼 수 없다. 오히려 그의 기도는 하나님을 아는 상태에서 누리는 신령한 복에 대한 간구로 채워져 있다. 이러한 기도 제목을 살펴보면, 우리가 어떻게 기도해야 하는지를 배울 수 있다.

진정한 기도란…

기도란 간단히 말해, 하나님과 대화하는 일이다. 하나님은 성경을 통해 우리에게 말씀하시고, 우리는 기도를 통해 그분께 우리의 이야기를 한다. 성경은 하나님의 아들 예수 그리스도가 지니신 기도의 특권이 바로 그분의 자녀에게까지 공유된다고 말한다. 그래서 하늘에 계신 우리 아버지는 우리의 기도를 언제나 들으시고 평강을 내려 주실 뿐 아니라, 우리가 예수님을 닮아갈 수 있도록 최선의 길을 예비하신다(롬 8:28; 빌 4:7; 요일 5:14-15).

우리의 기도는 호흡과 같다. 따라서 우리가 기도를 게을리 하면, 영적으로 시름시름 앓게 된다.《천로역정》(*The Pilgrim's Progress*)의 저자로 잘 알려진 존 번연(John Bunyan)은 신앙 때문에 박해를 받아 잉글랜드 베드퍼드에 투옥되어 있는 동안, 소책자 한 권을 저술했다. 그 책은 1662년에 *Praying with the Spirit and with Understanding Too*(성령과 지각을 겸비한 기도)라는 제목으로 출판되었다. 거기서 그는 건강한 기도가 무엇인지를 다음과 같이 잘 설명하고 있다.

"우리의 마음과 영혼을 솔직하고도 열렬하게 깊은 애정을 담아 쏟되, 성령님의 능력과 도우심을 힘입어 그리스도로 말미암아 하나님 앞에 쏟아 내는 기도를 해야 한다. 즉 하나님이 약속하신 일들을 그분의 말씀을 따라 간구하되, 그분의 의지에 믿음으로 순종하며 교회의 유익을 위해 간구하는 기도를 해야 한다."³

우리는 바로 이러한 기도를 바울의 편지에서 발견할 수 있다. 그는 기도의 말문을 이렇게 연다. "이로 말미암아"(엡 1:15). 이는 앞선 본문에서 고백한 대로(엡 1:1-14), 삼위 하나님의 선택과 속량과 인치심을 따라 그리스도 안에서 부르심을 받은 은혜를 생각하며 기도한다는 뜻이다. 그리고 다음과 같이 기도를 이어간다. "주 예수 안에서 너희 믿음과 모든 성도를 향한 사랑을 나도 듣고"(엡 1:15). 바울은 에베소 교인들이 그리스도인의 삶을 제대로 실천하며 살아간다는 소식을 들었다. 말하자면 그들이 하나님의 참된 자녀로서 십자가의 정신을 드러내며 살아간다는 소식이었다. 그들은 '수직적' 차원에서 예수 그리스도를 믿었을 뿐 아니라 십자가에서 치러진 그분의 속죄 사역을 깊이 신뢰했다(이는 교회에서 자신의 사역만 내세우는 모습과는 달랐다). 또 그들은 '수평적' 차원에서 하나님의 모든 백성을 사랑하며 각자의 인종이나 사회적인 지위를 따지지 않았다(이는 자신과 형편이 비슷한 사람들이나 자신에게 유익이 되는 사람들만 사랑하는 모습과는 달랐다). 이처럼 진정한 그리스도인은 두 가지 차원에서 성장을 이루어 간다. 즉 그리스도에 대한 믿음과 성도에 대한 사랑의 진보를 나타낸다.

바울은 이러한 에베소 교인들이 분명 '그리스도 안에' 있는 자들임을 확신했다. 앞선 본문에서 언급한 그 놀라운 특권이 모두 다 그들에게 주어진 게 분명하므로, 바울은 "[그들]로 말미암아 감사하기를 그치지 아니"했다(엡 1:16). 여기서 그는 기도의 본을 우리에게 보여 준다. 곧 간헐적으로가 아니라 항시적으로 기도하

59

되 자신을 위해서가 아니라 타인을 위해 관대한 마음으로 기도하는 본을 보여 준다. 나아가 자신의 인생에서가 아니라 타인의 인생에서 드러난 하나님의 사역을 생각하며 감사하고 있다. 분명 고되고 척박한 감옥 생활이었을 텐데 이 위대한 사도는 끊임없이 시간을 내어 그들을 떠올리며 하나님께 감사드려 왔음을 고백한다. 그러니 이러한 기도 제목을 담고 있는 편지는 에베소 교인들에게 큰 격려가 되었을 게 분명하다. 그리고 이 기도는 우리를 돌아보게 만든다. 우리도 과연 바울처럼 타인을 위해 기도하고 있는가?

우리는 자신을 위한 기도를 줄이게 되면, 혹 은혜에서 멀어지게 되는 것은 아닐까 염려할 수 있다. 하지만 걱정할 필요가 없다. 하늘에 계신 아버지가 우리의 필요를 아신다고 예수님이 말씀하셨기 때문이다(눅 12:30). 기도는 현금인출기에서 돈을 뽑듯이 우리에게 필요한 무엇인가를 받기 위한 활동이 아니다. 기도는 하늘에 계신 아버지와 인격적인 관계를 나누는 활동이다. 그분은 우리와 우리가 속한 교회의 필요를 언제나 넉넉히 공급하신다. 그런데 그 과정에서, 우리가 자신보다 다른 지체에게 더 깊은 관심을 기울이길 바라신다. 이런 차원에서 주님이 가르치신 기도도 복수형으로 제시되어 있다. "하늘에 계신 '우리' 아버지여 … 오늘 '우리'에게 일용할 양식을 주시옵고 '우리'가 '우리'에게 죄 지은 자를 사하여 준 것 같이 '우리' 죄를 사하여 주시옵고 '우리'를 시험에 들게 하지 마시옵고 다만 악에서 구하시옵소서"(마 6:9-13).

이처럼 편지를 받아 볼 성도를 위해 감사하는 마음으로 기도한다고 밝힌 바울은 이제 하나님의 원대한 계획을 생각하며 그들에 대한 간구를 구체적으로 설명해 나간다(여기서 하나님의 계획이란 이미 살펴본 바와 같이, 하늘과 땅에 있는 모든 것이 그리스도 안에서 통일되며 사탄을 밟고 승리하신 그리스도의 승리가 영적 세계 가운데 밝히 드러나게 되는 일을 말한다).

여기서 우리는, 자신의 계획을 하나님이 이루시도록 만드는 게 기도의 목적이 아니라 하나님의 계획에 자신을 복종시키는 게 기도의 목적임을 알고 넘어가야 한다. 그리하여 하나님의 계획을 우리의 기도 속에 끌어안을 때, 우리의 기도도 끊임없이 응답받는다는 사실을 배울 수 있다. 수많은 그리스도인이 이 사실을 알지 못한 채 기도의 문제로 씨름한다. 정말 하나님이 "거짓이나 변개함이 없으시"다면(삼상 15:29), 정말 "구하기 전에 [우리]에게 있어야 할 것을" 아신다면(마 6:8), 우리가 기도해야 할 진짜 이유는 명백해진다. 바로 하나님을 우리의 뜻에 맞추는 게 아니라 우리가 하나님의 뜻에 순종하기 위해 기도해야 하는 것이다.

이미 소개한 바 있는 종교개혁자 칼빈은 우리가 왜 기도해야 하는지에 대해 여섯 가지 이유를 들어 설명했다.

(1) 하늘에 계신 우리 아버지께 의지하는 법을 배우기 위해

(2) 우리 마음에 품고 있는 갈망을 정화하기 위해

(3) 하나님이 무엇을 공급하시든 만족하기 위해

(4) 자비롭고 신실하신 하나님을 더 깊이 알고 감사드리기 위해

(5) 하나님이 제공하신 많은 선물을 양심의 가책 없이 누리기 위해

(6) 매일의 필요를 한결같이 채워 주시는 하나님을 신뢰하기 위해

칼빈에 따르면, 이러한 성경적인 기도는 우리에게 약속된 "보화를 캐내는 일"이 된다. 때로 하나님은 우리에게 주고자 계획하신 것을 우리가 실제로 기도하며 구하기 전까지는 주지 않기도 하신다. 왜냐하면 그분이 우리를 사랑하여 지금도 돌보신다는 사실을 우리가 깨닫길 원하시기 때문이다. 그러므로 응답의 지연도 때로 우리에게는 행복한 경험이 될 수 있다.

2명의 젊은이가 학교를 졸업한 후 제지 공장에 견습생이 되었다. 한 명은 사장 아들이고, 또 한 명은 사장 아들의 친구이다. 공장에서 일을 시작하던 첫날, 사장은 두 사람을 불러 회사의 운영 계획서를 건네며 읽어 보라고 했다. 그러더니 궁금한 게 있으면 언제든 찾아와서 자신에게 말하라며 따뜻하게 환영해 주었다. "필요하면 아무 때나 들어와서 이야기를 하게. 내 사무실은 언제나 열려 있을 테니까."

처음에는 두 젊은이가 수시로 사장실에 찾아갔다. 그러나 시간이 지나면서 사장 아들의 친구는 무언가를 깨닫고 사장실에 더 이상 발길을 들이지 않게 되었다. 이에 사장 아들이 물었다. "왜 이제는 아버지 사무실에 들르지 않아?" 친구가 대답했다. "소용없어. 내가 뭘 제안해도 다 무시하시거든. 그리고 휴일이 더 필요하다고 말씀드려도 안 된다고 하시더라고. 그래서 생각했지. 그분은 네 아버지시기 때문에 네가 원하는 것만 들어주실 거라고."

그러자 사장 아들이 말했다. "아니야, 그렇지 않아. 나는 내가 원하는 걸 아버지께 요구하지 않아. 난 고작 새로 들어온 견습생일 뿐인 걸. 아버지는 이 공장을 수십 년 간 운영해 오셨어. 그러니 나보다 더 잘 아신다고. 그리고 나는 휴일을 더 요구하지도 않아. 아버지가 나를 다른 직원들과 다르게 대하지 않으신다는 것을 알고 있으니까."

이에 친구가 물었다. "그렇다면 네가 사장실에 계속해서 들르는 이유는 뭔데?" 사장 아들이 대답했다. "내가 맡은 일을 잘 할 수 있도록 도움을 구하려고 들러. 아버지가 맡기신 일을 하며 그분과 함께하는 시간이 내게 얼마나 좋은지를 아셨으면 좋겠거든."

그러자 친구가 말했다. "그건 네가 그분의 아들이고, 언젠가는 그분의 사업도 물려받을 거니까 그렇지." 사장 아들이 웃으면서 대답했다. "그럴지도 모르지."

우리는 하늘에 계신 아버지의 자녀이자 상속자이다. 그렇기에 우리 자신을 하나님의 계획에 맞추기 위해 기도한다. 그렇다면 우리와 함께 자녀로 입양된 다른 성도를 위해서는 어떻게 기도해야 할까? 바울은 에베소 교인들을 위해 하나님께 기도하며 그리스도 안에서 그들이 얻게 된 세 가지 지식이 더 깊어지기를 간구했다. 바로 하나님을 알고(엡 1:17), 그분의 부르심에 약속된 소망을 알며(엡 1:18), 또한 그분이 베푸신 큰 능력을 아는 지식이 깊어지기를 간구했다(엡 1:19).

하나님을 아는 일

먼저 바울은 에베소 교인들을 위해 다음과 같이 기도했다. "우리 주 예수 그리스도의 하나님, 영광의 아버지께서 지혜와 계시의 영을 너희에게 주사 하나님을 알게 하시고"(엡 1:17). 이 기도는 하나님을 더 알게 해 달라는 내용이다.

왜 이런 기도를 가장 우선적으로 드렸을까? 그 이유는, 형언할 수 없는 거룩한 영광 중에 계신 하나님을 아는 일이 영원토록 지속되는 최고의 복이기 때문이다. 흥미롭게도 바울은 이처럼 하나님을 아는 일에 대한 간구를 그의 옥중서신(에베소서, 빌립보서, 골로새서, 빌레몬서)에만 실어 놓았다. 아마도 그 이유는 해당 지역에서 활동하던 거짓 교사들이 그릇된 환상에 근거하여 하나님을 알수 있다고 주장하고 다녔기 때문일지 모른다(참고, 골 2:18-19). 그러나 또 다른 이유는 당시 감옥에 갇혀 있던 바울처럼 우리가 신앙생활을 하다가 고난에 처할 때 하나님을 아는 일의 진가가 더욱 밝히 드러나기 때문이라고 생각해 볼 수 있다.

결국 하나님을 매일 더 깊이 알아가는 일이 우리가 경험할수 있는 최고의 복이다. 바울은 이렇게 고백했다. "[내가] 모든 것을 해로 여김은 내 주 그리스도 예수를 아는 지식이 가장 고상하기 때문이라 내가 그를 위하여 모든 것을 잃어버리고"(빌 3:8). 스펄전 목사는 '하나님의 불변성'(The Immutability of God)이라는 제목으로 설교한 적이 있는데, 그때 다음과 같이 말했다.

"경건하고 진지하며 지속적인 자세로 하나님을 알아가고자 하는 일보다 사람의 지성을 더 확장시키고 영혼을 더 고양시키는 일은 없습니다. 이는 사람을 겸손하게 하고 그 시야를 넓혀 줄 뿐 아니라 마음에 큰 위안을 가져다줍니다. 고로 그리스도를 묵상할 때 모든 상처는 치유됩니다. 또 아버지를 깊이 생각할 때 모든 고뇌는 사라집니다. 그리고 성령님의 역사를 경험할 때 모든 통증은 가라앉습니다. 여러분은 슬픔을 잊고 싶습니까? 걱정거리를 흘려보내고 싶습니까? 그렇다면 가십시오! 하나님을 아는 깊은 세계 속에 뛰어 드십시오! 그분의 광대함에서 헤어나지 못하기를 바랍니다. 그리하면 여러분은 휴식의 숙면을 취한 자처럼 새로운 기분으로 활기를 되찾게 될 것입니다. 저는 압니다. 경건한 성도가 하나님을 깊이 생각할 때만큼 영혼에 위안이 깃들고, 거센 파도처럼 일던 슬픔과 고뇌가 잠잠해지며, 시련의 폭풍이 물러가는 때는 없다는 것을 말입니다.[4]

우리의 전문 분야에 대한 지식은 그렇게나 많이 추구하고 가까운 지인들에 대해서는 그렇게나 많이 알고자 하면서, 하나님을 아는 일에는 피상적인 수준에서 만족한다면 얼마나 슬픈 일인가! 우리가 다른 성도를 위해 무엇을 기도하든지, 우리는 무엇보다도 자신을 포함하여 모든 성도가 하나님을 더 깊이 알아가기를 구해야 한다.

이런 차원에서 바울은 기도했다. "우리 주 예수 그리스도의 하나님, 영광의 아버지께서 지혜와 계시의 영을 너희에게 주사 하나님을 알게 하시고"(엡 1:17). 그는 성령께서 이 편지를 읽게 될 성도들을 결코 떠나지 않으신다는 사실을 전제하고 간구했다. 그리고 성령님이 그들에게 복을 주시기 위해 행하시는 여러 사역 가운데 특히 하나님을 아는 데 필요한 지혜를 그들에게 주시기를, 또한 계시를 깨닫게 해 주시기를 간구했다. 그래야만 그리스도 안에서 자신을 드러내신 하나님을 알 수 있기 때문이다.

구약성경에서도 성령을 '지혜의 영'으로 부르는 경우는 있지만(사 11:2), '계시의 영'으로 부르는 경우는 찾아보기 힘들다. 아마도 바울은 (곧 3장에서 다루게 될 주제처럼) 이전에 감추어졌던 '비밀'이 복음 가운데 새롭게 계시되었다는 사실을 강조하기 위해 이 표현을 사용한 것으로 보인다. 이 놀라운 계시는 우리의 사회적 배경과 상관없이 누구라도 그리스도의 죽음을 통해 하나님과 화목하고 다른 이들과도 화목할 수 있다는 사실을 말해 준다. 이는 또한 교회의 머리 되신 그리스도의 통치 아래 모든 것을 통일하고자 하시는 하나님의 영원한 계획을 보여 준다. 여기서 '지혜와 계시의 영'이라는 표현은 성경에 기록된 하나님의 계시 외에 다른 계시를 성령이 가져다주신다는 뜻이 아니라, 성경에 계시되어 있는 하나님을 더 깊이 알게 해 주신다는 뜻이다.

이처럼 성경에 기록된 계시를 통해 우리에게 말씀하시는 성령의 사역으로 인해 우리는 하나님을 알아가게 된다. 그리하여 우리가 그리스도인으로서 단지 그분에 '관하여' 아는 게 아니라 그분 '자신을' 인격적으로 알 때, 이는 우리에게 주어진 최상의 특권이 된다.

오늘날에는 유명 연예인을 동경하는 문화가 보편화되었다. 그래서 대중에 널리 알려진 누군가를 만나게 되면, 기분이 매우 들뜰 수 있다. 내 막내딸도 얼마 전 인기 TV 프로그램인 '더 그레이트 브리티시 베이크 오프'(The Great British Bake Off)에 출연하는 폴 할리우드(Paul Hollywood)를 만나 시간을 보낸 적이 있다. 하루종일 좋아서 히죽히죽 웃고 다녔다. 그런데 우리에게는 유명 인사를 만나는 일보다 더 흥분되는 일이 있다. 바로 성경이 증거하는 예수 그리스도를 통해 우리의 창조자이자 구원자이신 하나님을 알게 되는 일이다. 물론 하나님을 아는 일이란, 우리의 지성을 초월하는 일이다(그렇다고 반(反)지성적이란 말은 아니다). 그 앎이란, 우리의 지성만으로는 다 경험할 수 없는 관계적인 기쁨을 말한다.

당신을 진정으로 사랑하는 누군가를 알게 되는 일은 당신의 마음에 깊은 만족감과 환희를 주게 마련이다. 최근 아내와 나는 결혼 25주년을 기념하기 위해 로마 여행을 다녀왔다. 그런데 지난 25년간 일어난 최고의 일과 향후 25년간 일어날 최고의 일이 무엇일지 생각해 보니, 아내와 어떤 여행지에 방문하는 게 아니라 내가 그녀를 더 알아가는 일이라는 결론에 이르렀다. 물론 결혼의 여정이 그러하듯, 우리 역시도 어쩔 수 없이 울퉁불퉁한 길을 지나온 적이 있다. 하지만 그녀는 여전히 내 마음을 사로잡고 있다. 그런데 이러한 결혼도 사실은, 모든 그리스도인이 궁극적으로 누릴 경이로운 관계를 흐릿하게 보여 주는 그림일 뿐이다. 곧 전능하신 하나님, 하늘에 계신 우리 아버지를 친밀히 알아가는 영원한 기쁨의 관계를 보여 주는 그림인 것이다. 그분은 감히 어디에도 비할 수 없는 영광으로 우리의 마음을 사로잡으신다. 그러므로 우리는 서로를 위해 기도하며, 우리가 속한 가정과 교회가 하나님을 더 깊이 알게 해 달라고 간구해야 한다. 제임스 패커의 다음 진술처럼 말이다.

"만일 우리가 세상을 지으시고 운행하시는 하나님을 알려고 하지 않고 그저 세상에 거하려고만 한다면, 우리는 스스로를 가혹하게 대하고 있는 것이나 마찬가지이다. 하나님을 알지 못하면, 세상은 낯설고, 불합리하며, 고통스러운 장소일 뿐이기 때문이다. 또 세상에서 살아가는 삶도 실망스럽고 불쾌한 일이 된다. 하나님에 대하여 알아가기를 소홀히 여긴다면, 이는 인생의 눈가리개를 하고 비틀거리며 허둥댈 수밖에 없는 길로 나아가는 거나 마찬가지이다. 어디로 가야 할지 알지 못하고, 자신을 둘러싼 환경에 대한 이해도 결여한 채로 말이다. 이런 식으로 자신의 인생을 허비하고 영혼도 잃어버릴 수 있다. … 하나님을 알고자 하는 우리의 학문도 반드시 하나님을 더 아는 일을 목표로 삼아야 한다. 이때 우리는 단지 하나님의 속성에 대한 교리만이 아니라, 그 속성이 보여 주는 살아 계신 하나님을 아는 지식을 확장시키는 데 마음을 두어야 한다."[5]

그러므로 우리는 교회에서 기도할 때, 가령 소그룹 모임이나 정기적인 회의를 마치며 기도할 때, 또는 룸메이트나 우리의 자녀 혹은 배우자와 함께 기도할 때, 아니면 잠자리에 들기 전이라든가 매일 출퇴근하는 지하철이나 버스 안에서 기도할 때, 서로를 위해 단순한 행복을 빌어 주는 게 아니라 하나님을 더 알게 해 달라고 기도해야 한다. 바로 그분의 존재와 사역 가운데 드러나는 영광을 볼 때, 우리는 그분의 자녀로서 가장 깊은 만족과 기쁨을 누릴 수 있기 때문이다.

부르심의 소망을 아는 일

바울은 에베소 교인들이 살아 계신 하나님을 더 알게 해 달라고 기도한 후에 그 마음의 눈을 밝혀 달라고 간구한다(엡 1:18). 그는 우리가 세상을 바라보는 방식, 즉 우리가 무언가를 가치 있게 여기며 갈망하거나 또는 무언가를 두려워하며 피하려는 자세가 그저 중립적인 관찰과 이성적인 판단으로만 형성된 결과가 아님을 알고 있었다. 우리의 관점이란 우리의 가치관에 근거하고 있는데, 그 가치관은 다름 아닌 우리의 마음이 무언가를 선호하는 감정에 따라 형성되기 때문이다.

성경에서 '마음'이라는 단어는, 가슴에서 혈액을 온몸으로 내뿜어 순환하게 만드는 조직인 심장을 의미하지 않는다. 그보다는 우리의 지성적인 이해와 정서적인 감정을 통합하고 있는 육체와 영혼의 중심부를 가리킨다. 그렇기 때문에 바울은 곧 '마음의 눈'을 밝혀 하나님이 사랑하시는 것을 그들도 사랑하게 해 달라고, 또 하나님이 세상을 바라보시는 방식대로 그들도 세상을 바라보게 해 달라고 기도한 것이다. 그래야만 세상을 올바로 이해할 수 있기 때문이다.

흔히 하나님은 우리의 삶에서 환경을 바꾸시기보다 우리의 마음을 바꾸심으로써 환경을 바라보는 우리의 시선이 변화되게 하신다. 그리스도인의 삶에서 이루어지는 이러한 변화를 깨닫는 일은 무척 중요하다. 당시의 바울은 감옥에서 고통을 겪던 중인데, 우리는 그의 기도에서 석방되기를 간구하는 내용을 찾아볼 수 없다. 오히려 "나를 위하여 구할 것은 내게 말씀을 주사 나로 입을 열어 복음의 비밀을 담대히 알리게 하옵소서 할 것이니 이 일을 위하여 내가 쇠사슬에 매인 사신이" 되었다고 밝히고 있다(엡 6:19-20).

바울 주변에 있던 사람들 중에 하나님을 알지 못하고 복음을 이해하지 못하던 사람들은, 그가 실패한 복음 전도자로서 결국에는 로마 제국의 지하 감옥에 갇힌 비참한 신세가 되었다고 생각했을지 모른다. 그러나 바울은 스스로를 그리스도가 친히 임명하신 사신으로 여겼다. 즉 그리스도의 통치 아래로 사람들을

71

인도할 수 있는 위엄 있는 직분이 자신에게 주어졌다고 생각했다. 그래서 그는 비록 감옥에 있으나 동료 죄수들과 간수들을 복음화하고(evangelize) 보좌에 앉으신 그리스도의 승리를 영적 세계 속에 선포할 수 있는 기회가 자신에게 주어졌다고 믿었다. 바로 이와 같은 모습이 관점의 변화이다.

이처럼 우리는 서로를 위해 기도할 때, 특별히 마음의 눈이 바뀌게 해 달라고 간구해야 한다. 다시 말해, 세상을 바라보는 관점이 하나님의 말씀을 따라 역사하시는 성령의 조명으로 바뀌게 해 달라고 간구해야 한다. 그리하여 하나님과 복음의 진리를 향한 애정이 깊어질 때, 우리의 삶에 진정한 변화가 일어난다. 그럴 때 더럽고 음침한 감옥이 천상에서 내려다보는 하나의 극장으로, 곧 복음의 드라마가 펼쳐지는 빛나는 무대로 여겨질 수 있다. 또 잠시간의 후퇴가 보좌에 앉으신 그리스도를 더욱 신뢰할 수 있는 기회로 여겨질 수 있다. 그렇기에 가혹한 핍박조차 더 이상 의미 없는 고난이 아니다. 우리의 왕이 십자가에서 쟁취하신 승리의 소식을 전파하다가 받은 영광스러운 상처일 뿐이다. 그리고 그 왕은 곧 돌아오셔서 충성스러운 군사들에게 반드시 상을 주실 것이다.

여기서 갈렙을 예로 들어 생각해 보고자 한다. 그는 이스라엘 백성이 약속된 기업인 가나안 땅을 차지하기 전에 그 땅에서 마주하게 될 적군을 가늠하기 위해 파견된 정탐꾼 가운데 한 명이었다. 갈렙은 여호수아(Joshua)를 제외한 모든 이들이 가나안 땅을 주겠다고 약속하신 하나님을 의심하고 있는 상황에서도 그분을 신뢰했다. 그는 훗날, "여호와의 종 모세(Moses)가 가데스 바네아에서 나를 보내어 이 땅을 정탐하게 하였으므로 내가 성실한 마음으로 그에게 보고하였"다고 진술한다(수 14:7). 여기서 그가 언급한 '마음'에 주목할 필요가 있다.

이러한 표현은 당시 갈렙의 믿음이 어떠했음을 보여 주는가? 그는 적군의 우세에도 불구하고 단순히 낙관적인 전망을 가졌던 게 아니다. 또 다른 정탐꾼들보다 더 용감해서 약속의 땅으로 진군하자고 말했던 것도 아니다. 그는 같은 상황을 보았지만, 하나님이 누구시며 또 그분이 어떠한 약속을 하셨는지를 기억하며 그 상황을 보았다. 그는 하나님이 자기 백성을 약속의 땅으로 인도하신다면 그 누구도 또 그 무엇도 장애가 될 수 없음을 믿었다. 마찬가지로 우리도 그와 같은 관점으로 서로를 위해 기도해야 한다. 다시 말해 서로의 마음에 복음에 대한 확신을 일으켜 달라고, 그래서 우리에게 천국 기업을 주겠다고 약속하신 하나님이 자신의 능력과 신실하심을 따라 그 약속을 이루신다는 사실을 믿게 해 달라고 기도해야 한다. 비록 하나님을 대적하는 사탄의 세력과 서로의 마음을 어렵게 하는 각종 문제가 눈앞에 기다리고 있을지라도 말이다.

이와 같은 관점으로 인생을 바라볼 때에야, 바울이 기도한 바와 같이 "그의 부르심의 소망이 무엇"인지를 깨닫게 된다(엡 1:18). 하나님은 복음을 통해 우리를 부르셨다. 그리고 보이지 않지만 확실하게 보장된 미래를 향해 우리를 인도하고 계신다. 성경은 그 미래를 우리의 소망이나 영생으로, 완전한 의로, 새로운 피조물로, 하나님의 영광과 천국 또는 부활하신 그리스도의 나라 등으로 묘사한다. 우리가 그리스도인이 되면, 그처럼 세상에는 없는 유일한 소망을 품고 확신 가운데 살아가게 된다. 현대 문화에서 많은 이들의 마음에는 잘못된 대상을 신뢰하는 믿음과 피상적인 사랑, 그리고 미래에 대한 비현실적인 소망이 가득하다. 그 결과 현 세대는, 다가오는 미래의 현실을 피하기 위해 알코올 중독이나 일 중독 또는 성적 쾌락이나 오락 활동 등에 빠져 살기도 한다. 그러나 바울은 자신의 편지를 읽어 볼 독자들이 "성도 안에서 그 기업의 영광의 풍성함이 무엇"인지를 확신하며 알아가기를 기도한다(엡 1:18).

천국에서 누릴 기업의 영광

본문은 우리가 천국에서 받아 누리게 될 기업과 그에 따라 우리가 경험하게 될 기쁨을 묘사하는 듯하다. 하지만 사실 초점은 우리가 아니라 하나님께 맞추어져 있다. 여기서 바울은 독자들이 어떠한 '풍성함'을 알게 되길 바라고 있는데, 이는 하나님이 우리 가운데서 영원히 즐거워하시기 위해 예비하신 그 영광스러운 기업이 심히 넘치고도 부요한 상태임을 말해 준다. 한마디로, 놀라운 진술이 아닐 수 없다. 자신의 영원한 즐거움을 위해 스스로 원하는 바는 무엇이든 누리실 수 있는 전능하신 하나님이 우리와 같은 죄인, 즉 은혜로 구원받아 성화된(sanctified) 자들과 영원한 즐거움을 누리고자 작정하신 것이다. 우리처럼 비참한 죄인을 선택하시고 속량하시고 자녀로 인치신 후에, 사랑하는 아들의 신부까지 되게 하시려는 그분의 계획은 놀랍기 그지없다. 하나님이 누리실 영원한 '안식' 가운데로 우리를 초대하셔서 우리 또한 그 안식에서 쉼을 얻게 하시려는 놀라운 비전을 보이신다. 그 관계에서 하나님은 우리를 즐거워하시며 우리에게 영원한 기업을 통해 풍성한 복을 허락하신다.

그때 누리게 될 즐거움은 어떠할까? 나는 이제 나이가 좀 들어서, 자식들이 대학이나 직장 생활 등으로 이미 출가한 상태이다. 그런데 가끔씩 저녁을 먹거나 휴일을 함께 보내기 위해 친구들과 함께 집에 오기도 한다. 나는 젊은 친구들을 집으로 맞아들이며 환대하는 일이 무척 즐겁다. 그런데 만일 나의 자녀들을 미워하거나 괴롭힌 사람이 온다면, 환대하기 쉽지 않을 것이다. 하지만 자비의 하나님은 당신과 나 같은 사람을 천국에 초대하여 아들 예수 그리스도와 함께 영원히 즐거움을 누리도록 허락하셨다. 한때는 그 아들을 원수처럼 미워하고 죽음에 이르게 한 자들임에도 불구하고 말이다. 이는 놀라운 용서와 믿기 힘든 환대이다. 어떤 그리스도인들은 아무도 눈치 채지 않게 뒷문으로 살그머니, 그야말로 다른 성도들의 행렬에 묻혀 천국으로 들어가야하는 줄로 착각한다. 하지만 무한한 관대하심을 지니신 하나님은 우리를 영원히 받아들일 계획을 이미 세워 놓으셨다.

혹 현재의 삶이 고달프더라도 이 환영이 얼마나 멋진 일인지 깨달을 수 있기를 바란다. 물론 우리의 미래를 정확히 묘사한다는 것은 불가능하다. 그러나 이렇게 예측해 볼 수는 있다. 나의 경우를 예로 들자면, 나는 처가에 가는 일을 무척 좋아한다. 이유는 장인어른과 장모님이 얼마나 우리를 기다렸는지를 느낄 수 있기 때문이다. 또 다양한 음식이 세심하게 준비된 것을 볼 수 있기 때문이다. 맛있는 요리가 풍성히 차려져 있고, 식사와 함께 곁들일 엄선된 포도주가 준비되어 있다. 게다가 잘 구워진 쿠키와 직접 만든 잼이 선물 봉투에 담겨 있다. 이처럼 환영받는 일이란, 정말 멋지다. 그런데 하나님도 그와 같이 우리가 집에 오기를 아주 오래전부터 기다리며 준비하고 계신다. 우리가 그분의 영광스러운 자녀이기 때문이다.

그렇다면 우리는 어떻게 그 집에 이를 수 있을까? 모든 인생은 분명 죽음을 향해 가고 있다. 죽음과 동시에 우리의 영혼은 예수님과 함께 있게 되지만, 육체는 화장되어 유골이 어딘가에 뿌려지거나 아니면 무덤에서 서서히 부패하여 결국에는 흙 속에서 분해되고 만다. 나는 사후에 대해 과도한 생각을 불러일으키고자 이런 말을 꺼내는 게 아니다. 다만 어떻게 우리의 영혼이 이미 분해된 육체와 다시 결합하여 천국을 누리게 될지 한번 생각해 보았으면 좋겠다. 왜냐하면 바울이 이어서 기도하는 내용이 바로 그 문제와 관련되기 때문이다.

비교할 수 없는 주님의 크신 능력

바울은 에베소 교인들의 미래가 얼마나 확실하게 보장되어 있는지를 그들이 알게 해 달라고 기도한다. 다시 말해 하나님이 "베푸신 능력의 지극히 크심이 어떠한"지를 그들이 깨닫게 해 달라고 기도한다(엡 1:19).

우리는 하나님이 그 어디에도 비할 수 없는 크신 능력을 지니고 계신다는 사실을 알고 있다. 그저 밤하늘을 장식하는 은하계만 봐도 그 능력을 실감할 수 있다. 따라서 창조주의 그 능력이 다름 아닌 그분을 "믿는 우리에게" 베풀어진다는 사실에 대해서는 우리가 더욱 놀랄 수밖에 없다(엡 1:19). 영원히 천국에서 그리스도와 함께 지낼 수 있도록 우리를 인도하시려는 하나님의 계획은 바로 그분의 비할 수 없는 능력을 통해 성취된다. 이러한 차원에서 바울은 우리의 소망이 얼마나 확실한지에 대해 세 가지 사실을 들어 설명한다.

먼저, 바울은 장차 우리를 일으키실 하나님의 능력이 이미 죽은 자 가운데서 그리스도를 일으키신 사건을 통해 드러났기 때문에 우리의 소망이 확실하다고 설명한다. 즉 "그의 능력이 그리스도 안에서 역사하사 죽은 자들 가운데서 다시 살리시고 하늘에서 자기의 오른편에 앉히"셨다고 기도한다(엡 1:20).

본문에서 우리를 대표하는 왕이신 그리스도가 다시 살아나신 사건은 그분께 속한 우리도 다시 살아나게 된다는 사실을 의미한다. 심지어 영적인 측면에서 보면, 우리는 이미 그리스도와 함께 일으키심을 받아 하늘에 앉아 있다(엡 2:6). 이처럼 그리스도의 부활 사건이 우리의 부활을 보장하기에, 우리의 천국 생활도 이미 보장되어 있다고 할 수 있다. 하나님이 예수 그리스도를 일으키신 사건은 장차 우리를 일으키실 사건의 예고편이라고 볼 수 있다. 우리는 하나님이 이전에 행하신 일을 보며 이후에 행하실 일을 기대할 수 있다.

그렇다면 사탄과 다른 악한 영들은 어떻게 되는 것일까? 그들은 우리보다 훨씬 더 강한 능력을 가지고서 하나님의 율법에 근거해 우리를 정죄하며 지옥으로 끌고 가려고 한다.

이에 대하여 바울은 에베소 교인들이 두려워하기보다 확실한 소망을 깨닫게 되기를 기도하며 두 번째 사실을 제시한다. 곧 우리의 부활은 그리스도의 통치권(dominion) 아래 확실하게 보장되어 있다는 사실이다. "모든 통치와 권세와 능력과 주권과 이 세상뿐 아니라 오는 세상에 일컫는 모든 이름 위에 뛰어나게 하시고"(엡 1:21). 바울은 당시 에베소 문화를 주름잡고 그 시민들에게 두려움을 주던 사탄의 권세와 악한 영들의 능력보다, 또 우리가 상상할 수 있는 그 어떤 이름과 지위보다 훨씬 더 높은 자리에 앉으신 그리스도의 탁월하심을 성도들이 깨닫게 되기를 기도한다.

그 누구도 우리를 구원자로부터 앗아갈 수 없다. 우리가 믿기 힘든 사실일지 모르지만, 하나님은 "만물을 그의 발아래에 복종하게 하시고 그를 만물 위에 교회의 머리로 삼으셨"다(엡 1:22). 그리스도가 몸을 관할하고 보호하는 머리가 되신다는 의미이다. 이 몸은 천상에 있는 교회뿐 아니라 지상에 있는 모든 교회를 포괄한다. 따라서 그리스도는 교회가 자신을 더 닮아가며 자신과 함께하는 데 유익이 되는 방향으로 세상을 다스리신다. 때로는 세상의 핍박조차도, 교회가 더 순결해져서 하늘의 상급을 누릴 수 있도록 준비시키기 위해 허용하신다.

바울은 그리스도가 왜 그토록 교회를 돌보시는지 설명하기 위해 세 번째 사실을 제시하는데, 이는 그분의 몸인 교회를 중심으로 생각해 볼 수 있다(엡 1:23). 곧 그리스도는 머리로서 세상에 있는 교회를 통치하시고 인도하시며 그 필요를 제공하실 뿐 아니라 능력을 주셔서 사용하신다. 온 우주에는 피조 세계를 다스리시는 그리스도의 임재가 충만하다. 그런데 그분은 자신의 신적 권능을 다름 아닌 교회를 통해 충만히 드러내셔서 우리에게 복이 임하도록 하신다. 이로써 사탄과 죄악과 죽음을 이긴 승리를 증명하신다. 따라서 그분의 몸인 교회가 얼마나 작고 약하게 보이든 간에, 그리스도의 통치 아래 복음을 듣고 모인 참된 교회라면, "만물 안에서 만물을 충만하게 하시는 이의 충만함"을 경험할 수 있다(엡 1:23).

실제로 하나님은 각각의 성도와 교회에 강하게 임재하셔서 구원과 성화의 길을 제시하시며 그에 필요한 은사를 더하신다. 왜냐하면 그들 모두가 하나님께 매우 소중한 존재이기 때문이다. 그리스도는 자신의 몸을 구하기 위해 죽으셨고, 그 몸을 섬기기 위해 살아나셨다. 그리스도를 일으키신 하나님의 권능은 지금도 교회를 모아 그리스도를 신뢰하게 만든다. 이러한 역사는 교회가 실제로 그리스도의 보좌 앞에 모두 모일 때까지 이어진다. 그때 우리는 그분과 함께 살기 위해 부활하게 된다. 그분은 이미 부활하셨다. 그리고 우리는 그분의 살아 있는 몸으로서 부활하게 된다. 머리와 몸이 서로 분리될 순 없기 때문이다.

바울은 에베소 교인들이 그처럼 천국의 소망이 확실하다는 사실을 알고 신앙이 더 강건해지기를 수시로 기도했다. 하나님은 그들의 왕이신 그리스도를 일으켜 영적 세계의 통치자가 되게 하셨다. 그 결과 모든 대적 위에 뛰어난 주권이 그리스도에게 주어졌다. 이처럼 하나님이 그리스도를 왕으로 세우신 사건은, 그 백성을 본향으로 인도하여 자신과 함께 영원히 거하게 하시려는 확고한 의지를 보여 준다.

우리는 우리 가족과 교회, 나아가 전 세계에 흩어져 있는 다른 성도를 위해 어떻게 기도해야 하는지를 배울 수 있다. 그들을 위해 지상의 평화와 번영과 건강과 행복을 구하는 데서 멈추면 안 된다. 그보다는 무한한 영적 특권을 누릴 수 있게 해 달라고 기도해야 한다. 즉 하나님을 알고, 그분의 부르심에 약속된 소망을 알며, 마침내 본향까지 걸음을 인도하실 그분의 크신 능력을 알게 해 달라고 기도해야 한다. 이제 우리 모두는 기도를 멀리하게 만드는 유혹을 경계하고 또 무엇을 위해 기도해야 할지 모르겠다는 생각을 버려야 한다. 오히려 주어진 본문을 묵상하면서 다른 성도에게 필요한 기도가 무엇이며 또 하늘에 계신 우리 아버지가 응답하시길 기뻐하시는 기도가 무엇인지를 알고 확신 가운데 기도해야 한다.

chapter 03

은혜로 말미암는 구원(2:1-10)

죄로 말미암아
죽었던 인생이
생명을 얻다

그리스도인은 하나님의 '은혜'라는 말에 감격한다. 그래서 '어메이징 그레이스'(Amazing Grace)에 대한 노래와 저술이 끊임없이 만들어지고 있다. 사람들은 교회 이름이나 자녀 이름에도 '은혜'라는 말을 사용하길 좋아한다. 여기서 하나님의 은혜는 그분의 관대하심을 의미한다. 곧 자격 없는 우리에게 베푸시는 그분의 자비를 말한다. 그렇다면 이러한 은혜를 왜 그토록 놀랍게 여기는 것일까? 이번 장에서 살펴볼 본문은 하나님의 은혜가 왜 그렇게 특별하며 왜 그렇게 영원히 기념해야 할 선물인지를 아름답게 설명하고 있다.

시작에 앞서, 바울이 어떠한 메시지를 전해 왔는지 한번 떠올려 보도록 하자. 그는 먼저 1장 3-14절에서 교회가 그리스도 안에서 받은 복을 생각하며 장엄한 찬송을 쏟아 놓았다. 곧 성부 하나님이 우리를 자녀로 선택하시고, 성자 하나님이 우리를 하나 되게 하고자 속량하셨으며, 성령 하나님이 우리 기업의 보증이 되사 우리에게 인치신 복에 대해 고백했다.

다음으로 1장 15-23절에서는 에베소 교인들을 위해 기도하며 그들이 성령의 역사를 힘입어 하나님을 알고, 그분의 부르심에 약속된 소망을 알며, 그분의 계획대로 일으키실 부활의 권능을 알게 되기를 간구했다.

이제 2장으로 넘어온 바울은 그리스도 안에서 우리가 누리는 화목에 대해 설명한다. 즉 하나님과 화목하고(1-10절) 다른 이들과 화목하게 된(11-22절) 우리의 상태를 말한다.

이러한 차원에서 그는 가장 먼저, 어떻게 그리스도인이 예수 그리스도를 통해 하나님과 화목하게 되었는지를 밝히고자 한다. 간단히 말해서, 우리는 본질상 죽었는데 은혜로 말미암아 생명을 얻게 되었다는 게 핵심 메시지이다. 그러므로 정신을 바짝 차려야 한다. 우리가 그리스도를 만나기 전에 얼마나 끔찍한 상태에 있었는지를 우선적으로 확인해야 하기 때문이다.

영적 진단이 필요하다

어두컴컴한 광에 들어가 얼굴이 흙투성이가 된 광부들이 서로의 얼굴을 보며 누가 더 깨끗한가 따지듯이, 우리는 다른 사람과 비교하며 자신이 조금이라도 더 깨끗하다고 자랑하려는 경향이 있다. 그래서 하나님의 진노(wrath)가 무엇인지 또 우리에게 왜 구원자가 필요한지 잘 이해하지 못한다. 시편 36편의 저자가 그런 사실을 정확히 지적하고 있다. "악인의 죄가 그의 마음속으로 이르기를 그의 눈에는 하나님을 두려워하는 빛이 없다 하니 그가 스스로 자랑하기를 자기의 죄악은 드러나지 아니하고 미워함을 받지도 아니하리라 함이로다"(시 36:1-2).

우리는 이러한 진리를 정직하게 대면하며 그 내용을 거울로 삼아 거기에 비친 자신의 모습을 꼼꼼히 살펴야 한다. 그렇게 하면, 우리의 일그러진 인성이 드러나며 정확한 상태가 노출된다. 즉 영적으로 죽은 상태에서 세 가지 폭정에 시달리는 자신의 모습을 볼 수 있다. 여기서 세 가지 폭정이란, '세상'과 '사탄'과 '육체'의 본성이 행사하는 악한 영향력이다. 그렇기에 그리스도의 사역이 아니라면, 우리는 영원한 진노를 받을 수밖에 없는 처지에 있게 된다. 이러한 진단은 우리가 얼마나 악한 자들이었으며 또한 얼마나 절망스러운 자들이었는지 보여 준다.

우리의 내적 존재에 대한 검사가 제대로 이루어지면, 경악할 수밖에 없다. 한번 상상해 보자. 3명의 환자가 엑스레이 촬영과 정밀 검사 후 똑같이 심장 질환 판명을 받고 의사와 면담을 하게 되었다. 의사가 각 환자에게 다음과 같이 말했다. "환자분에게 알려 드릴 좋은 소식이 있긴 한데, 나쁜 소식부터 듣지 않으면 그게 왜 좋은 소식인지 알기 어려울 것입니다. 말하자면, 환자분은 30년 이상 줄담배를 피워 와서 심각한 심장 질환을 안고 있습니다. 그런데 큰 수술을 받는다면, 가망은 있습니다. 하지만 그렇지 않으면, 1년 안에 사망하게 됩니다."

이에 첫 번째 환자는 소리를 지르며 이렇게 답했다. "무슨 말입니까! 어떻게 이런 충격적인 말을 아무렇지 않게 합니까! 나는 격려를 얻으러 왔는데, 당신은 더 큰 심려를 끼치고 있으니 매우 불쾌하군요!" 그러더니 병원을 나가 버렸다.

두 번째 환자는 위협적으로 반응했다. "감히 내가 누군지 알고, 심장 수술이니 뭐니 함부로 말을 합니까! 곧 다른 의사를 만나서 사실을 확인할 테니 두고 보시오! 내가 얼마나 건강한데 그것도 모르다니, 당신은 내가 만난 최악의 의사요!"

세 번째 환자는 말없이 앉아 있더니 입을 열었다. "선생님, 심장에 큰 수술이 필요하다니 충격적이네요. 그런데 진실을 알려 주셔서 감사한 마음입니다. 생명을 구할 수 있는 수술이 있다니 좋은 소식이네요. 혹시 그에 관해 좀 더 알 수 있을까요?"

마찬가지로 바울도, 우리에 대한 영적 진단을 제시하며 2장의 내용을 진술하기 시작한다. 먼저 우리에 대해 "허물(transgressions)과 죄로 죽었던" 자라고 설명한다(엡 2:1). 여기서 그는 육체의 죽음이나 지옥에서 하나님과 분리되는 영원한 사망을 언급하는 게 아니다. 그보다는 우리 모두가 태어날 때부터 하나님 앞에서 영적으로 죽은 상태임을 말하고 있다. 영적 불구와 같이 창조주께 반응하지 못하는, 그야말로 무감각한 상태에 빠진 인간의 처지를 말하고 있다. 우리는 성장하면서 '하나님'에 대해 관념적으로 알고 몇몇 종교 생활도 경험해 보았을지 모른다. 하지만 그분과 인격적인 관계를 맺진 못했다. 사람들은 오늘날 문화가 영적으로 점점 더 허기진 상태를 보이고 있다고 말한다. 그 말은 어쩌면 사람들이 여러 가지 종교 생활을 하긴 하지만, 점점 더 자기중심적인 성향을 보이며 하나님을 향해서는 정작 그 마음을 돌이키지 않는 상태를 대변하는 말일지 모른다. 사람들의 마음이 하나님을 향해 움직이지 않는 이유는 간단하다. 영적으로 죽었기 때문이다. 시체는 허기를 느끼거나 움직이지 않는 법이다.

바울은 허물이 가득한 인생에서는 모든 행위가 그처럼 죽어 있는 행위에 불과하다고 지적한다. 어떠한 행위도 하나님의 법에 저촉될 수밖에 없기 때문이다(참고, 출 20:1-17). 예를 들면, 하나님을 모르기에 그분의 존재 대신 그분이 주신 선물인 가정과 사회생활 또는 일상의 즐거움에 더 몰두함으로써 첫 번째 계명(commandment)을 어기게 된다. 또한 아무렇지 않게 생각하며 간음을 저지름으로써 일곱 번째 계명을 어기게 된다. 그리고 뒤에서 험담하며 거짓된 증언을 더함으로써 아홉 번째 계명을 어기게 된다. 나아가 타인의 신체나 소유를 부러워함으로써 열 번째 계명을 어기게 된다. 결국 이러한 '죄'는 하나님과 이웃을 사랑하는데 우리 모두가 얼마나 철저히 실패하며 살아가고 있는지를 잘 보여 준다.

죄인을 지키고 있는 간수

이처럼 죄인은 죄와 사망에 사로잡혀 있는데, 세 가지 종류의 폭군에 시달리며 무거운 속박에 얽매여 있다.

(1) 세상: 외부의 문화적인 폭군
(2) 사탄: 하나님을 대적하는 초자연적인 폭군
(3) 육체: 내부의 충동적인 폭군

마치 이들은 감옥을 지키는 간수와 같이, 영적 죽음으로부터 죄인들이 도망치지 못하게 감시하고 있다. 혹 이러한 진단이 지나치게 비관적인 내용으로 들린다면, 하나님의 도움 없이 한 주만이라도 저 강력한 세 폭군의 영향력으로부터 벗어날 수 있는지 시험해 보기를 바란다. 심지어 그리스도인이라 하더라도 새롭게 회복된 세상에서 부활을 경험하기 전까지는, 그 영향력에서 완전히 자유로울 수 없다. 왜냐하면 육체의 본성이 여전히 남아 있기 때문이다(참고, 롬 7:7-25).

여기서 우리는 각각의 폭군에 대하여 살펴보고자 한다. 이러한 작업이 필요한 이유는, 스스로를 미워하는 자기학대적(masochistic) 관점을 취하려는 게 아니라 자신이 얼마나 타락하여 절망적이었는지 또 그에 따라 얼마나 끔찍한 형벌을 받을 수밖에 없었는지를 깨닫게 하기 위함이다. 이를 통해 우리는 구원자가 얼마나 절실한지 또 그 구원자를 보내신 하나님의 은혜가 얼마나 위대한지를 제대로 묵상할 수 있다.

원래 우리는 "이 세상 풍조를 따르고" 있었다(엡 2:2). 이는 우리가 죄성으로 빚어낸 문화와 그에 따른 세계관에 사로잡혀 있었다는 사실을 의미한다. 이 세계관에는 크게 두 종류가 있다(이에 대한 핵심적인 아이디어는 팀 켈러로부터 얻었음을 밝힌다).

첫째는, 기성 세대와 비서구권 문화 가운데 형성된 '전통적인' 세계관이다. 이 세계관은 사회의 위계질서(hierarchy), 가족에 대한 책임이나 의무나 도덕적인 선행이나 명분 등을 중요시한다. 그러나 성경이 제시하는 복음은, 1세기 당시에도 유대인이 고수했던 종교적인 관점을 비판했듯이, 오늘날의 전통적인 세계관에 대해서도 도전의 메시지로 작용한다. 왜냐하면 인간은 자신의 노력과 상관없이 하나님의 율법 아래 정죄를 받을 수밖에 없는 존재이기 때문이다. 따라서 천국에 가기 위해서는 하나님의 용서와 바른 신앙을 할 수 있도록 도와주는 은혜가 절대적으로 필요하다. 이는 우리를 대신하여 십자가에서 죽으신 그리스도 안에서만 발견된다.

둘째는, 서구권 문화를 중심으로 형성되고 있는 '신흥하는' 세계관이다. 이는 주로 인터넷을 통해 활동하고 있는 수많은 젊은 세대가 견지하는 관점이다. 이 세계관은 개인적인 자율성(autonomy)에 대한 확신을 중요시한다. 따라서 신앙의 관점이나 예배의 대상까지도 스스로 선택할 수 있는 자유를 내세운다. 이러한 세계관은 기본적으로 (자기 사랑을 지향하기에) 나르시시즘적 색채를 깊이 드러낼 뿐 아니라 (하나님께 나아가는 방식을 스스로 결정하기에) 다원주의적 특성까지 드러낸다. 이는 옛적부터 인간이 추구해 온 우상의 권력과 지위와 부귀와 안일과 섹스와 향락과 학식과 경력과 가족과 자녀 등을 대안으로 제시하며 스스로를 즐겁게 하는 데 총력을 쏟게 만든다. 그리고 그러한 대안 즉 예배의 대상은, 언제나 그 대상을 추구하는 자들로부터 엄청난 희생을 받아낸다. 그러면서도 그들을 궁극적으로 만족시키긴 못한다. 어떠한 대상도 하나님이 아니기 때문이다.

따라서 이와 같은 세계관을 가지고 있으면, 절대적인 권위라든가 존재 혹은 가치에 대해 냉소적인 태도를 보이게 된다. 이러한 냉소주의가 사탄의 거짓된 역사로 인해 세속적 무신론(secular atheism)에 가득해졌다. 이처럼 지금 신흥하는 세계관은 1세기 당시 로마 제국에 만연했던 세계관과도 유사한 측면이 있다. 하지만 이에 대해서도 복음은, 예수 그리스도가 죽은 자로부터 부활하여 세상을 다스리고 계시며 모든 우상 숭배를 심판하러 다시 오신다는 소식을 들어 도전한다. 데이비드 웰스(David Wells)는 다음과 같이 지적했다.

"죄는 당연히 여겨지는 반면 의는 낯설게 여겨지는 곳이라면 그 어
디든 상관없이 '세상 풍조'가 자리하고 있음을 볼 수 있다."[6]

하나님이 그리스도 안에서 말씀을 통해 스스로를 계시하시
기 전에는, 우리의 교육과 성장에 영향을 미친 세계관으로부터
우리 마음대로 벗어날 수가 없다. 단지 십대만이 또래 문화에 끌
려다니는 게 아니다. 사실상 우리 모두가 세상 풍조에 사로잡혀
있다. 물고기가 물 밖에 벗어날 수 없듯이, 우리는 다 그로부터 벗
어날 수가 없다. 모두 다 세상 풍조에 사로잡혀 있다.

공중 권세 잡은 자

우리를 사로잡아 폭정을 휘두르던 두 번째 세력은 바로 "공
중의 권세 잡은 자", 즉 사탄이다(엡 2:2). 일반적으로 히브리인은
사탄이 공중에서 활동한다고 이해했다. 그리고 하늘과 땅 사이에
위치한 공중(the air)을 하나의 영적 공간으로 생각했다. 본문이 언
급하는 사탄은 우리 가운데 역사하고 있으며, 특히 모든 비신자
에게 활발히 역사하여 거짓말로 그들을 꾀어 하나님의 말씀과 진

정성 및 목적을 의심하게 만든다.

사탄은 에덴동산 때부터 그런 일을 계속해 왔다(창 3:1-7). 간혹 우리 주변에 귀신들린 자들이 있긴 하지만, 그렇다고 해서 모든 비신자를 보며 무조건 사탄이나 악한 세력에 붙들려 사는 사람이라고 생각하면 곤란하다. 그보다는 "불순종의" 마음을 가지고 있어 사탄의 거짓말을 기꺼이 받아들이는 사람이라고 보아야 한다(엡 2:2). 말하자면 우리 모두는 한때, 사탄의 거짓말이 진실이기를 바랐던 자들이다. 그래야만 우리가 죄악된 생활을 지속할 수 있기 때문이다. 이러한 사탄의 권세에 대해서는 마지막 6장에서 자세히 살펴보겠다. 그때 가서 우리는 사탄의 권세를 이기신 그리스도의 승리야말로 바울이 본 서신을 쓴 이유가 된다는 사실을 알게 될 것이다. 한마디로, 그리스도의 승리가 에베소서의 결론이 된다.

우리는 신앙이 없는 친척과 동료의 생활 속에서 사탄이 얼마나 역사하는지를 알아야 한다. 오직 그리스도만이 그들을 구원하실 수 있다. 또한 우리는 주변에 있는 지인이나 타종교인 혹은 국가 기관의 공무원 등이 독실한 그리스도인을 대놓고 미워하는 모습을 보며 순진하게 충격을 받는다거나 마음속으로 복수를 다짐해서도 안 된다. 그보다는 사탄이 그들의 죄악을 불러일으키는 존재라는 사실을 기억해야 한다. 그리고 절망하지 말아야 한다.

왜냐하면 그리스도가 사탄을 십자가에서 밟으셨을 뿐 아니라 부활하셔서 다스리고 계시며, 마침내는 영원한 형벌에 처하기 위해 재림하시기 때문이다. 그러므로 사탄의 영향 아래 살아가는 자들을 보며 오만한 마음을 품지 말아야 한다. 우리 모두는 한때, 그의 거짓말에 넘어갔던 자들이다.

육체의 욕심을 따랐던 세월

우리를 속박하던 세 번째 폭군은 다름 아닌 "육체의 욕심"이다(엡 2:3). 여기서 '육체'는 단지 우리의 신체를 언급하는 단어가 아니라, 타락한 인간의 본성을 언급하는 단어이다. 타인의 성을 착취하고, 자기애를 채우고자 사치품을 추구하며, 방종과 자기 자랑을 일삼는 모든 행위가 다 육체의 욕심에 속한다.

결국 우리는 "세상 풍조"와 "공중의 권세 잡은 자"만이 아니라 "육체의 욕심"까지도 우리를 속박해 왔다는 사실을 깨닫게 된다. 사실 우리는 이러한 3중적인 속박으로부터 벗어날 수 없었을 뿐 아니라 벗어나고 싶어 하지도 않았다. 과거에 우리는 죄악을 즐기는 자들이었기 때문이다. 가령 휴식 시간에 잡담을 하면서도 자신의 욕망을 자랑한다든가, 외설적인 잡지와 TV 프로그램을 본다든가, 혹은 기독교 신앙에 반하는 정책이나 법안을 지지하면서 죄악을 즐겼다.

그러면서도 우리는 그러한 욕심을 본성적으로 통제할 수 없다고 생각하며 어떠한 비난이나 질책으로부터 자신을 지키고자 했다. 그리고 타고난 유전 형질이나 성장 배경 또는 재정 상태 등에 문제의 원인을 돌렸다. 그러나 현재의 본문은 바로 우리에게 죄악의 문제가 있었다고 밝힌다. 곧 우리 모두는 한때, 세상 문화와 사탄의 역사 그리고 육체의 욕심에 이끌려 죄악을 일삼았으며, 그 결과 하나님 앞에서 죄악의 책임을 질 수밖에 없으면서도 실은 죄악을 즐거워하던 자들이었다고 밝히고 있다.

진노의 자녀

결국 우리는 "본질상 진노의 자녀"였다(엡 2:3). 이는 자녀가 마치 기업을 물려받듯, 하나님으로부터 진노를 물려받을 수밖에 없는 자리에 있었음을 의미한다. 하나님의 진노는 냉정한 심판이라든가 보복적인 분노가 아니다. 그보다는 악에 대해 일어나는 순전한 노여움을 의미한다. 이는 곧 죄악을 공정하게 다루시는 하나님의 성품을 보여 준다. 본문에서 바울은 유독 타락하고 퇴폐적인 부류의 사람들만 언급하는 게 아니라 우리 모두를 지목해서 이야기하고 있다. "전에는 우리도 다 그 가운데서 우리 육체의 욕심을 따라 지내며"(엡 2:3).

물론 우리의 유전 형질이나 가정 환경 또는 사회 요인에 따라 우리가 죄성을 표현하는 방식에는 차이가 있을 수 있다. 그러나 하나님의 진노를 받을 수밖에 없는 처지는 모두 다 똑같다. 우리는 중세 시대의 예술가처럼 하나님의 말씀을 과장되게 표현해서도 안 되겠지만, 성경이 보여 주는 이미지와 메타포(metaphor)가 묘사하는 그 끔찍한 현실에 대해 무감각해서도 안 된다.

인류는 하나님의 임재를 영원히 피할 수 없다. 그분의 백성에게는 넘치는 복이 임하지만, 그분을 대적하는 이들에게는 영원한 진노가 쏟아진다. 예수님은 명백히 경고하셨다. 죄인은 지옥에서 절망과 고통 가운데 격리되어 슬피 울게 되리라고 말이다. 그러면서 소름끼치는 표현으로 그 장면을 묘사하셨다. "거기에서는 구더기도 죽지 않고 불도 꺼지지 아니하리라"(막 9:48).

여기서 사용된 '구더기'라는 이미지는 마치 송장을 파먹는 벌레와 같이 죄인의 내면에 결코 떠나지 않는 회한이 남아 그로 하여금 몸부림치게 만드는 극심한 고통을 보여 준다. 또한 '불'이라는 이미지는, 거룩하신 하나님의 임재를 맞닥뜨린 죄인의 처절한 상태를 보여 준다. 이는 하나님이 불로 죄인을 고문하시는 끔찍한 장면을 묘사하는 게 아니라, 활활 타오르는 불과 같이 그분이 얼마나 거룩하신지를 묘사한다.

따라서 죄악을 용서받지 않고 하나님의 거룩하심을 맞닥뜨리는 일은, 아무런 보호책 없이 태양의 불길 속으로 뛰어들어 영원히 그 고통을 맛보는 일과 마찬가지이다. 어떤 이들은 성경에서 지옥을 묘사하는 이미지를 순서대로 고려해야 한다고 설명한다. 가령 죄인은 '추방'되어 '심판'을 받고 영원한 '진멸'(annihilation)에 처해지게 된다고 설명한다. 그러나 이 모든 이미지는 한 가지 끔찍한 사건을 바라보는 여러 가지 관점이 공존하는(concurrent) 상태이다. 그 끔찍한 사건은 천국에서 누리는 기쁨만큼이나 영원히 지속된다(마 25:46). 그런데 비극적이게도, 성경은 지옥에 있는 그 어떤 죄인도 스스로 죄로부터 돌이켜 하나님을 찾게 된다고 암시하지 않는다.

혹 상상하기 어려울 수도 있다. 우리가 사랑했던 자들이 지옥에서 고통 받을 때, 우리는 하나님의 공의를 바라보며 즐거워할 수 있을까? 그러나 우리 모두는 사악한 성 착취자나 불법적으로 마약을 유통하는 밀매업자가 정당한 형벌을 받기 원하는 마음을 가지고 있다. 마찬가지로 우리는 모든 인간의 죄와 하나님을 향해 돌이키지 않는 적개심이 얼마나 끔찍하고 소름끼치는지를 마지막 날에 깨닫게 된다. 그날 우리는 지옥의 참혹한 광경보다도 천국의 영광 때문에 놀라움을 금치 못할 것이다. 다시 말해, 하나님의 심판보다도 그분의 은혜에 압도당하고 말 것이다.

우리 가운데는 잠시 저지르는 죄악에 대해 주어지는 영원한 지옥 형벌이 너무나 가혹하다고 비판하는 자들이 있다. 그러나 범죄의 심각성은 그 죄악이 저질러진 시간에만 관계된 개념이 아니다. 왜냐하면 일시적인 죄악이 실은 영원한 사악성을 보여줄 수도 있기 때문이다. 예를 들면 독설을 퍼부으며 자매와 다툰 일이 실제로는 하나님을 향한 지독한 원망과 타인에 대한 질투심으로 가득한 영혼의 상태를 드러낼 수도 있다. 그리하여 지나치게 자신만을 사랑하는 죄성이 바로 그 뿌리에 자리하고 있음을 볼 수도 있다. 이처럼 인간의 사악성은 적극적인 행동을 통해 드러나기도 하지만, 아무 행동을 하지 않는 소극적인 자세를 통해서도 드러난다.

예를 들어 보겠다. 매트와 톰이라는 두 젊은이가 있었다. 두 사람은 새로 지어진 학교에 임용된 신임 교사였다. 그들은 교직 생활을 시작하며 학교 주변에 있는 저렴한 집을 알아보았다. 감사하게도, 그들의 지인 가운데 학교 근처에 살고 있는 부유한 예술가가 있었다. 그는 자신의 저택을 그 젊은 교사들이 사용할 수 있도록 허락해 주며 이렇게 말했다. "내가 사업차 몇 년간 해외에 출타하게 되었으니, 이 집을 사용하도록 하게. 돈을 벌려는 목적은 아니니까 집세는 한 달에 10파운드(한화로 약 15,000원)씩만 내면 되겠네." 그러고는 덧붙였다. "이 집은 규모가 큰 저택이니 잘 관리해야 할 걸세. 그러니 내가 보내는 메일에 바로바로 답변하길 바라네. 여기서 행복한 시간을 보내게." 이에 두 사람은 너무나도 기뻐했다.

곧 저택으로 들어오게 된 두 사람은 양쪽으로 길게 뻗은 집채를 절반씩 맡아 사용했다. 매트는 자유분방한 사람으로서 파티를 좋아했기 때문에, 그가 사용한 동쪽 별채는 금세 지저분해졌다. 가구는 담배 자국으로 훼손되었고, 벽지는 맥주 거품이 튀어서 누렇게 얼룩졌으며, 카펫은 더러운 진흙으로 뒤덮이고 말았다. 주변 사람들은 집주인이 돌아오면 매트는 곧바로 쫓겨날 것이라고 생각했다.

반대로 톰은 차분하고 예의 바른 사람이었다. 그는 정돈된 생활을 좋아했다. 그가 사용한 서쪽 별채는 티끌 한 점 없이 깨끗했다. 주변 사람들은 집주인이 톰은 그대로 머물게 할 것이라고 생각했다.

그런데 막상 집주인이 돌아오자 둘 다 쫓겨나고 말았다. 톰의 지인들은 깜짝 놀랐다. 이유를 물어보자 집주인은 이렇게 답했다. "나도 두 사람이 서로 다르다는 것을 알고 있습니다. 매트는 지저분하게 생활했고 톰은 깔끔하게 생활했죠. 하지만 둘 다 나를 똑같이 대했습니다. 나를 무시한 점에서는 차이가 없다는 말입니다. 아무도 내가 보낸 메일에는 답변을 안 했습니다. 그래서 이 집은 관리가 제대로 안 되었습니다. 심지어 최소한으로 요구한 집세도 모두 내지 않았고요. 이렇게 두 사람은 나의 선의를 무시했기 때문에, 여기서 생활하긴 어렵게 되었습니다."

이에 대해 누구도 항변하지 못했다. 이 예화는 하나님을 대하는 우리의 태도를 잘 보여 준다. 우리는 하나님이 맡기신 세상에서 그분이 관대하게 베푸신 자원을 누리며 살아간다. 그분은 성경을 통해 전달하신 메시지에 우리가 곧잘 반응하며 그분이 맡기신 세상을 돌아보고 또한 필요할 때면 언제든 기도로 도움을 요청하길 바라신다. 그러나 우리는 그분의 선의를 무시하며 그분의 요구를 따르지 않는다. 어떤 이들은 자신의 인생을 엉망진창으로 망가뜨린다. 그래서 모든 관계가 깨어진다. 다른 이들은 정돈되고 깨끗한 생활을 한다. 나름 교회 생활도 열심히 하고 예의 바른 모습도 지닌다. 그러나 모두 다, 자신을 신뢰하고 하나님을 경시한다는 면에서는 차이가 없다. 심지어 우리 중에는, 너무나 오랜 세월 하나님을 가볍게 여겨 그분이 살아 계시다는 의식조차 흐려졌을 뿐 아니라 세상을 마치 자신의 소유처럼 생각하는 이들도 있다. 그러므로 우리는 하나님이 맡기신 세상에서 살아가면서 어떻게 우리가 그 주인을 대하고 있는지 생각해 보아야 한다.

이러한 우리의 상태를 고려한다면, 우리가 마땅히 천국에서 지낼 수 있으리라는 착각을 해선 안 된다. 오히려 하나님이 날마다 베푸시는 은혜가 없다면 우리 삶이 얼마나 끔찍할 것인지 깨달아야 한다. 과연 우리는 타고난 본성이 심각한 상태에 처해 있다는 사실을 얼마나 알고 있을까? 우리가 살펴보는 에베소서 본문은 사람이 태어날 때부터 선한 사람이 아니었다는 사실을 보여 주고 있다. 하나님의 은혜가 없다면, 우리는 영혼이 죽은 자들로서 세상 문화와 사탄의 권세와 육체의 욕망에 사로잡혀 살다 영원한 지옥 형벌을 받을 수밖에 없다. 다시 말해, 우리는 구원자가 없으면 안 된다. 우리는 본질상 죽은 자들이기 때문이다. 그렇다면 이런 우리에게, 과연 좋은 소식이 주어질 수 있을까?

하나님의 네 가지 성품

이제 바울은 완전한 절망 가운데 처한 우리에게 어떠한 은혜가 임하게 되었는지를 설명한다. 곧 하나님이 자신의 주권에 따라 스스로를 내어 주심으로써 우리에게 어떠한 은혜가 임하게 되었는지를 설명한다. 여기서 그는 누구의 도움으로도 회복될 수 없는 절망스러운 상태에 빠진 우리를 향해 "긍휼이 풍성하신 하나님"을 소개한다(엡 2:4). 바로 이 긍휼의 하나님이 우리에게 찾아오셔야 한다. 그래야만 구원의 길이 열리게 된다. 이 사실은 과거나 현재나 미래나 변함이 없다.

가끔씩 우리는 하나님이 우리를 구원하셔야 할 의무라도 있는 것처럼 생각하거나 행동한다. 그러나 하나님은 그렇게 행하셔야 할 의무가 없다. 그럼에도 우리를 구원하셨다. 현재 문맥을 살펴보면, 우리에게 자신의 아들을 보내 주신 하나님의 성품이 얼마나 아름다운지를 보여 주는 네 가지 핵심 단어를 발견할 수 있다.

(1) 사랑(4절): 그리스도 안에서 우리에게 영원한 복을 주고자 하시는 하나님의 한결같은 성품을 나타낸다.

(2) 긍휼(4절): 그리스도가 우리를 위해 십자가에서 받으신 형벌로 인해 우리에게 마땅히 내려져야 할 형벌을 내리지 않으시는 하나님의 성품을 나타낸다.

(3) 은혜(5, 7, 8절): 죽기까지 복종하신 그리스도로 인해 우리의 필요를 넘치도록 채워 주고자 하시는 하나님의 성품을 나타낸다.

(4) 자비(7절): 우리와 같은 모습으로 우리를 대신하여 십자가를 지실 만큼 자신을 아낌없이 내어 주신 하나님의 성품을 나타낸다.

바울은 구원의 원인이 어디에 있는지를 이렇게 밝힌다. "하나님이 우리를 사랑하신 그 큰 사랑을 인하여"(엡 2:4). 그리고 다음 장으로 넘어가서는, 에베소 교인들이 "그리스도의 사랑을 알고 그 너비와 길이와 높이와 깊이가 어떠함을 깨달아" 알게 해 달라고 기도한다(엡 3:18-19). 이는 민족이나 문화나 지위와 상관없이 사람들을 다 받아 주시는 사랑의 '너비'와 창세전부터 시작하여 재림 이후로도 영원히 지속될 사랑의 '길이'와 하나님의 보좌 우편에까지 우리를 앉히신 사랑의 '높이'와 사랑하는 독생자를 비천한 자리에까지 보내어 고통 받게 하신 사랑의 '깊이'를 깨닫게 해 달라는 기도이다.

부활에 동참하다

바울은 하나님의 긍휼이 풍성하다고 말한다(엡 2:4). 여기서 풍성하다는 말은, 하나님이 단지 만물의 주인으로서 부족함이 없으시다는 뜻이 아니라 우리를 향한 그분의 애정이 차고 넘친다는 뜻이다.

이를테면 벼락을 대신해서 받아 내는 피뢰침과 같이, 하나님은 우리를 향해 넘쳐나는 긍휼로 말미암아 우리가 마땅히 받아야 했던 수십 억 볼트의 거룩한 진노를 십자가에 달린 그리스도 위에 쏟아 부으셨다. 다시 말해, 그리스도 안에서 자신이 그 진노를 받으셨다. 그런데 바울은 여기서 그리스도의 십자가를 다루는 데 지면을 할애하지 않는다. 왜냐하면 이 서신에서 바울은 우리의 죄책이나 그에 따른 칭의의 필요성보다 하나님과 분리된 우리의 영적 상태와 그에 따른 화목의 필요성에 초점을 두고 있기 때문이다. 물론 이 화목은 십자가 사건을 통해 성취되었지만, 그리스도의 부활로 인해 우리가 누릴 수 있는 상태가 되었기 때문에 바로 거기에 초점을 둔다. 본문에 따르면, 우리는 세 가지 단계에서 그리스도의 부활에 동참하게 되며 그 과정에서 하나님의 긍휼이 드러나게 된다. 이는 가히 우주적인 사건이라고 할 수 있다.

1단계로 하나님은 우리를 그리스도와 함께 살리셨다(5절). 우리의 왕이신 예수 그리스도를 신뢰하는 믿음으로 인해 우리는 그분이 대표하신 죽음과 부활에 동참하게 되었다. 여기서 그분을 살리신 성령은 부활의 권능으로 말씀과 함께 역사하여 우리를 거듭나게 하신다(요 3:5-6; 벧전 1:23). 따라서 전구가 소켓에 끼워져 전력을 얻듯이, 이제 우리는 그리스도 안에서 영적 생명을 공급받게 된다.

이러한 기적은 에스겔이 보았던 마른 뼈 골짜기 환상에서도 잘 그려지고 있다(겔 37장). 그 죽음의 골짜기는 당시 이스라엘 백성의 영적 상태를 보여 준다. 마찬가지로 우리는 겉으로 볼 때는 건강해 보여도 하나님 앞에서는 죽어 있는, 그야말로 영적 시체로 가득한 도시와 마을과 골짜기 속에서 살고 있었다. 그런데 에스겔이 본 환상 가운데 등장하는 마른 뼈들은 결국 하나님의 말씀과 성령님의 역사로 생명을 얻어 주님의 큰 군대로 일어서게 된다. 이처럼 세계 각지에 있는 모든 그리스도인도 복음을 통해 역사하시는 성령님의 사역으로 말미암아 그리스도 안에서 생명을 얻게 된다. 이는 단지 세상에서 건강을 회복하여 수명을 연장하게 되는 일이 아니라, 하나님 나라에서 생명을 누리게 되는 부활을 의미한다.

2단계로 하나님은 우리를 그리스도와 함께 일으키셨다(6절). 우리의 왕이신 예수 그리스도는 우리의 대표자가 되신다. 그분이 죽음에서 부활하실 때 우리는 그분 안에서 천국을 누리게 되었다. 마치 웨인 루니(Wayne Rooney)가 페널티킥을 성공해 잉글랜드를 승리로 이끌 때 공은 한 사람이 차도 그에 따른 승리는 잉글랜드 전체가 누리게 되는 원리와 같다. 즉 우리의 대장이신 예수님의 죽음과 부활은 우리 모두로 하여금 그분과 함께 죽고 부활하게 만들었다. 그 결과 천국은 이미 우리의 처소가 되었으며 미래에 우리가 도착하게 될 종착지가 되었다. 우리는 천국의 주변만 어슬렁거리는 방관자가 아니다.

3단계로 하나님은 우리를 그리스도와 함께 하늘에 앉히셨다(6절). 우리는 예수님과 함께 하늘에 앉게 되었다. 이는 우리가 하나님 보좌 우편에 앉아 있음을 의미한다. 여기서 예수님은 절대 권위를 행사하시며 하나님 백성을 미워하는 사탄의 세력을 무찌르신다(엡 1:20-21). 바로 이 자리에 예수님이 앉아 계신다는 말은 현재 우리가 그 자리에 앉아 있다는 말과 같다. 왜냐하면 그분이 계신 자리가 곧 우리의 자리이기 때문이다. 우리는 그처럼 우리의 자리에 앉아 창조하신 목적을 이루게 된다. 즉 예수님과 연합하여 장차 회복될 세상을 다스리게 된다. 이 통치의 영역에는 에베소 교인들이 두려워하던 영적 세계까지 포함되어 있다.

그렇다면 이러한 엄청난 계획을 통해 하나님이 이루고자 하시는 일은 무엇일까? 바로 "은혜의 지극히 풍성함을 오는 여러 세대에 나타내"는 일이다(엡 2:7). 하나님은 우리에게 복 주시는 분임을 영원히 나타내고자 하신다. 바울은 앞에서도 하나님이 베푸신 "은혜의 영광"(엡 1:6) 또는 "은혜의 풍성함"(엡 1:7)을 찬양했는데, 여기서도 그는 "은혜의 지극히 풍성함"(엡 2:7)을 찬양한다. 이와 같이 찬양하는 이유는 그리스도 안에서 만물이 통일되게 하시려는 하나님의 원대한 계획이 교회를 통해 드러났기 때문이다. 그 계획은 단지 무질서한 세상을 바로잡거나 세상의 반역을 진압하는 데서 그치지 않는다. 오히려 그 계획은 우리에 대한 긍휼을 영원히 드러낸다. 또한 십자가에서 드러난 지혜를 영원히 펼쳐 보이는 데까지 미친다. 이러한 차원에서 우리는 매일 하나님의 은혜를 누리며 우리를 구원하신 그분을 온 마음으로 찬양해야 한다.

새롭게 회복될 세상을 꿈꾸다

우리가 영적으로 죽어 있던 이전 상태와 그리스도 안에서 은혜로 살게 된 지금 상태는 극적으로 대조된다. 한번 상상해 보라. 당신은 썩어가던 시체였다(영적으로 죽어 있었기 때문이다). 그리고 사슬에 매여 관 속에 갇혀 있었다(세상과 사탄과 육체에 사로잡혀 있었기 때문이다). 그래서 관은 화장터로 옮겨지고 가차 없이 불길 속으로 들어간다(하나님의 진노의 대상이었기 때문이다). 그렇게 활활 타오르는 불길이 관을 집어삼킬 때 누군가 불길 속으로 뛰어든다. 그러더니 관을 깨부순다. 이로써 영원히 남을 치명적인 상처를 안게 되었지만, 그는 송장이 되어 누워 있던 당신을 바깥으로 끄집어내어 생명의 호흡을 불어넣는다. 그리고 당신을 깨끗이 씻긴 후 자신의 옷을 입힌다. 그러고는 준비해 둔 고급차에 당신을 태워 자신의 아버지가 기다리고 있는 왕궁으로 데리고 간다. 그곳에 도착한 당신은 그가 지내던 방에서 지내고, 그가 식사하던 탁자에서 식사한다. 그 아버지의 영원한 환대를 받으면서 말이다. 이는 모든 그리스도인이 경험하게 되는 이야기이다. 이 이야기는 우리가 벗어나게 된 지옥의 끔찍함과 우리가 들어가게 된 천국의 황홀함을 동시에 보여 준다.

이처럼 새롭게 회복될 세상에서 우리는 끊임없이 하나님으로 인해 놀라며 환희에 차서 만족하게 될 것이다. 존 라일(J. C.

Ryle)은 다음과 같이 기록했다.

"천국에 대해 자주 묵상하고(meditate) 장차 다가올 선한 일을 바라보며 기뻐하기를 주저하지 말자. 성도의 마음이라도, 때로는 마지막 원수인 죽음과 그 이면에 있는 보이지 않는 세상을 생각하며 쇠약해지기 때문이다. 요단(Jordan)은 건너가기에는 너무나 차가운 강이다. 고로 그 강을 홀로 건널 생각을 하며, 적지 않은 이들이 두려움에 떨곤 한다. 그러나 우리는 저 건너편을 바라보며 평강을 잃지 말도록 하자. 그리스도인이여, 생각해 보라. 당신의 구원자, 당신의 왕을 그분의 영광 가운데 바라보게 될 날을 생각해 보라. 그날에는 모든 게 드러나고 모든 게 확실해지므로, 믿음도 소망도 모두 다 완성되리라. 그리고 생각해 보라. 당신보다 앞서간, 당신이 사랑했던 이들을 생각해 보라. 그들과 행복하게 만날 그날을 생각해 보라. 그렇다. 당신은 타지로 가고 있는 게 아니다. 당신은 본향을 향해 걷고 있다. 그리하여 낯선 이들이 아니라 오랜 친구들과 함께 곧 거하게 되리라. 그들 모두 행복하고 평온한 모습으로 당신을 맞아 영원한 찬송을 함께 부르게 되리라. 그러니 우리 모두 평강을 잃지 말고 참으며 기다리자. 이러한 미래가 우리 앞에 있으니, 이리 외쳐야 하지 않겠는가. '그리스도인으로 살아가니 참으로 복되도다!'"[7]

오직 은혜로

이제 우리는 바울이 왜 그토록 감격하며 오직 은혜로 구원 받았다는 사실을 강조하는지 생각해 보고자 한다. "너희는 그 은혜에 의하여 … 구원을 받았으니"(엡 2:8). 우리에게 주어진 구원은 하나님 홀로 엄청난 대가를 치르고 마련하신 선물이다. 우리는 다만 "믿음으로 말미암아" 그 선물을 받게 되었다(엡 2:8). 다시 말해, 구원은 오직 은혜로만 주어지며 우리 안에 허락된 믿음은 그 구원을 받게 하는 수단이 된다. 바울은 이 점을 분명히 강조한다. "[구원은] 행위에서 난 것이 아니니 이는 누구든지 자랑하지 못하게 함이라"(엡 2:9).

우리는 선행이나 신앙 혹은 교회 사역에 대한 보상으로 구원받은 게 아니다. 오히려 우리는 그리스도의 십자가 외에는 자랑할 게 없다(갈 6:14). 그러니 하나님 앞에서 자만심을 가질 수도, 비신자를 보며 오만한 마음을 품을 수도, 다른 지체와 비교하며 경쟁할 수도 없다. 우리는 자신의 행위가 아니라 그리스도의 행위로 구원받았기 때문이다. 또한 그리스도의 행위로 그 구원이 완성되기 때문이다.

그렇다면 우리가 그리스도의 행위로 구원받은 목적은 무엇일까? 다름 아닌 하나님께 감사한 마음을 품고 선한 일을 하는 데 목적이 있다. 왜냐하면 우리는 "그리스도 예수 안에서 선한 일을 위하여 지으심을 받은 자"이기 때문이다(엡 2:10). 이처럼 우리가 복음을 통해 역사하시는 성령의 사역으로 새로운 피조물이 된 데에는 분명한 원인과 목적이 있다. 먼저는 우리의 죽음을 짊어지신 그리스도의 행위 가운데 나타난 하나님의 은혜가 구원의 원인이 된다. 다음으로는 우리가 하나님께 감사한 마음을 품고 선한 일을 하게 되는 변화가 구원의 목적이 된다. 이 원인과 목적을 구별하는 일은 매우 중요하다. 우리가 그리스도 안에서 하나님의 은혜로만 구원받는다는 사실을 알게 되면, 스스로 구원할 수 있다는 교만한 망상에서 벗어날 수 있을 뿐 아니라 자신은 결코 구원받을 수 없다는 두려움에서부터도 벗어날 수 있다.

또 우리가 하나님이 예비하신 선한 일을 위해 구원받았다는 사실을 알게 되면, 우리는 세상의 필요에 대해 게으르고 냉담하게 반응하던 태도에서 벗어나 복음으로 그 필요를 채울 수 있다. 그리하여 스스로를 무가치하고 쓸모없게 여기던 생각에서도 벗어날 수 있다. 이렇듯 하나님은 교회의 구성원으로서 각 사람이 감당해야 할 서로 다른 종류의 선한 일을 예비해 놓으셨다.

이와 같이 구원의 원인과 목적을 구별하는 일은 교회 역사에서도 매우 중요한 역할을 해 왔다. 간혹 '은혜'라는 말은, 마치 '풋볼'(football)이라는 한 단어가 미국에서는 미식축구를, 호주에서는 럭비를, 영국에서는 축구를 가리키는 것처럼, 서로 다른 의미로 사용되어 왔다. 예를 들어 로마 가톨릭은 은혜의 개념을 왜곡하여 미사(Mass)에서 행해지는 성례 의식을 통해 하나님의 능력을 주입받는 일로 설명했다. 그러한 능력을 통해 우리가 그리스도처럼 변화될 수 있으며 필요한 경우에는 연옥(purgatory)에서 고통의 연단을 받은 후에 천국으로 들어갈 수 있다고 생각했던 것이다. 그러나 이와 달리 에베소서에 제시된 은혜로 말미암는 구원의 원리는 흔히 '튤립'(TULIP)이라는 문구로 표현되어 왔는데, 이는 다음과 같은 의미를 담고 있다.

(1) 전적 타락(Total depravity): 우리의 전 존재가 부패했다는 뜻이다.

(2) 무조건적 선택(Unconditional election): 하나님이 자격 없는 우리를 선택하셨다는 뜻이다.

(3) 제한 속죄(Limited atonement): 하나님이 선택하신 사람들을 위해 그리스도가 죽으셨다는 뜻이다.

(4) 불가항력적 은혜(Irresistible grace): 하나님이 은혜를 베푸실 때 우리가 그분께 저항할 수 없다는 뜻이다.

(5) 성도의 인내(Perseverance of the saints): 성도가 혹 방황하며 이탈하는 시간이 있을지라도, 하나님이 그로 하여금 끝까지 믿음으로 인내하게 하신다는 뜻이다.

성경에서 말하는 은혜의 개념은 자격 없는 우리에게 베푸시는 하나님의 호의임을 잊어서는 안 된다. 그 호의란 우리에게서는 찾을 수 없는, 또 우리로서는 받을 수 없는 선물을 하나님이 베푸신다는 의미이다. 특히 그리스도의 의를 우리에게 베푸신다는 의미이다. 이 의는 곧 그리스도의 희생 가운데 나타난 하나님의 의를 말한다. 이러한 차원에서 역사상 위대한 신학자들은 다음과 같이 그 진리를 요약했다. 곧 우리는 오직 은혜로 인해, 오직 그리스도 안에서, 오직 믿음을 통해, 오직 성경에 따라, 오직 하나님의 영광을 위해 구원받는다고 말이다. 그렇다면 교회가 이 놀라운 은혜를 베푸는가? 아니다. 오직 "그리스도 예수 안에서" 하나님이 베푸신다(엡 2:6, 10).

그러므로 우리는 자랑을 그치고, 그분의 놀라운 은혜를 송축해야 한다. 또한 우리는 스스로를 구원하려는 행동을 그치고, 우리를 구원하신 이에게 감사드려야 한다. 우리가 기쁨으로 그분께 순종하는 이유는 구원받기 위해서가 아니라 구원받았기 때문이다. 우리는 본질상 죽을 수밖에 없는 상태에서 구원받았다. 그리고 은혜 가운데 생명을 얻게 되었다. 하나님의 은혜를 왜 '어메이징 그레이스'(Amazing Grace)라고 하는지 이제 알겠는가?

chapter 04

새로운 인류(2:11-22)

이방인과 유대인이
하나되어
거룩한 성전을 이루다

슬픈 현실이지만, 우리가 살아가는 세계에 있는 수많은 나라와 종교와 문화권 사이에는 끊임없이 정치적 투쟁과 군사적 대립이 이어지고 있다. 예를 들면 아프가니스탄, 이라크, 시리아, 수단, 나이지리아, 북한, 이스라엘, 우크라이나 등은 최근까지도 전쟁과 폭동을 경험했다. 우리가 거주하는 도시에서도 흑인과 백인, 부자와 빈자, 무슬림과 힌두인, 보수와 진보 간에 불화와 반목이 지속되고 있다. 대립각을 세우는 그룹을 따지자면 이보다 훨씬 더 많다. 우리가 일하는 직장에서는 파트너 관계에 긴장이 서려 있고, 가정에서는 형제자매 간에 헐뜯고 상처 주는 일이 발생한다.

인류가 서로 다투는 일을 과연 멈출 수 있을까? 우리가 속한 지역과 매일 경험하는 문화 속에서 정말로 영구한 평화가 이루어질 수 있을까? 혹 불가능한 일을 묻고 있다고 생각할지 모르겠지만, 나의 답변은 '그럴 수 있다'이다.

최근에 몇몇 팔레스타인 사람들을 만난 적이 있다. 그들은 한때 '팔레스타인 해방 기구'(Palestinian Liberation Organization)를 위해 투신했던 자들인데, 지금은 이스라엘 사람들과 더불어 '웨스트 뱅크'(West Bank) 지역에 식량을 공급하는 일을 하고 있다. 한때는 서로를 미워했던 냉혹한 원수지간이었으나 그들은 모두 그리스도인이 되었다. 이제 그들은 하나님의 가족으로 입양되어 형제가 되었다. 그 결과 그리스도를 위해 함께 일하고 있다. 어떻게 이런 일이 가능한가?

영구적인 평화의 가능성

지금까지 바울은 각 사람이 그리스도를 통해 하나님과 화목할 수 있으며, 또한 그 은혜로 인해 죽음에서 생명으로 옮겨질 수 있다고 설명했다(엡 2:1-10). 이제부터 그는 어떻게 서로 미워하던 원수지간이 그리스도 안에서 화목하여 함께 교회를 이루게 되는지를 설명한다(엡 2:11-22). 이 본문을 통해 우리는 다양한 민족적·사회적 배경을 지닌 사람들이 놀라운 방식으로 함께 모여 교회를 이루는 일이 그리스도를 통하지 않고는 불가능하다는 사실을 깨닫게 된다.

또한 그리스도의 십자가야말로 하나님과의 수직적 관계와 다른 사람과의 수평적 관계에 영구한 평화를 가져다주는 사건임을 알게 된다. 이 평화는 현재로서는 불완전할지라도 평화의 왕이신 그분의 나라에서는 완전히 이루어질 것이다.

에베소서 2장 후반부는 전반부와 유사한 구조를 가진다. 먼저 바울은 그리스도 밖에 있을 때 우리의 상황이 얼마나 절망적이었는지를 묘사한다(엡 2:11-12). 그러면서 이제는 놀랍게도 하나님의 은혜가 주어졌다고 선언한다(엡 2:14). 그리고 더 나아가 하나님이 어떻게 그리스도 안에서 우리의 상황을 완전히 바꾸셨는지를 설명하고 있다(엡 2:13-22;).

외인으로 살던 시절

바울은 이렇게 입을 연다. "그러므로 생각하라"(엡 2:11). 이 말은 앞선 내용을 전제하고 있다. 즉 그리스도 안에서 신령한 복을 영광스럽게 받은 일(엡 1:3-23)과 그렇게 주어진 은혜로 인해 죽음에서 생명으로 옮겨진 일(엡 2:1-10)에 비추어 다음과 같은 시절을 생각해 보라는 말이다. 곧 "그때에 육체로는 이방인이요 손으로 육체에 행한 할례(circumcision)를 받은 무리라 칭하는 자들로부터 할례를 받지 않은 무리라 칭함을 받"던 시절을 생각해 보라는 말이다(엡 2:11). 여기서 우리는 바울이 언급하는 '이방인'의 의미를 생각해 보아야 한다.

현재 문맥에서 바울은 유대인이 태어난 지 8일 만에 행하는 할례 의식에 대하여 거론한다. 이스라엘 민족에게 할례는 죄를 끊어낸다는 상징적인 의미가 있었다. 이와 같은 할례의 표는 하나님이 아브라함(Abraham)에게 주신 복음의 약속을 상기시켰다. 곧 아브라함의 자손이 하나님의 복을 받은 나라를 이루게 되리라는 약속이었다(창 12:1-3; 17:1-14). 그런데 안타깝게도 이러한 할례의 표가 유대인에게는 이방인을 멸시하며 스스로를 자랑하게 만드는 근거가 되었다. 이에 여러 선지자는 하나님이 표면적 할례를 주신 의도가 무엇인지를 지적했다. 곧 마음에서부터 진정으로 죄를 끊어내는 이면적 할례가 이루어져야 하며 이를 통해 이방인도 하나님 나라에 들어갈 수 있다는 사실을 가르치기 위해 표면적 할례를 주셨음을 선포했다. 바울은 한때 누구보다도 탁월한 율법학자였다. 그러던 그가 본문에서는 "손으로 육체에 행한 할례"라고 언급하며, 할례란 그저 사람이 행하는 의식일 뿐이라고 지적한다(엡 2:11). 왜냐하면 표면적 할례는 내면에서부터 죄를 끊어내는 할례, 즉 하나님이 의도하신 대로 성령께서 그리스도인의 마음에 행하시는 이면적 할례와는 본질적으로 달랐기 때문이다.

물론 유대인이 최소한의 율법을 통해 이방인보다 하나님을 더 많이 알고 있었던 게 사실이다. 이에 바울은 자신의 편지를 받아 볼 이방인 독자들에게 예수 그리스도가 아니었다면, 그들은 하나님 백성과는 거리가 먼 절망적인 삶을 살 수밖에 없었음을 상기시킨다. 이는 억지로 그들을 낮추려는 말이 아니다. 오히려 그리스도 안에서 그들이 얼마나 큰 복을 받았는지를 상기시키려는 말이다.

바울은 이방인이 신앙을 가지기 전에는 그리스도 밖에 살면서 하나님 백성과 영적으로 분리되어 있었다는 사실을 먼저 지적한다. 오늘날 우리는 자신을 보며 수많은 특권을 누릴 자격이 있다고 생각하지만, 바울은 하나님의 복을 누릴 자격이 이방인에게는 없었다고 말한다. 다음의 설명을 보라.

첫째, 너희는 그리스도 밖에 있었다(12절). 이방인은 유대인에게 약속된 그리스도를 알지도 못하고 그분으로 인한 혜택도 누릴 수 없는 자리에 있었다. 여기서 '그리스도' 또는 '메시아'란 하나님이 선택하신 자, 곧 기름부음 받은 자를 가리킨다. 이는 하나님의 평강을 실현할 왕을 상징하는 칭호였다. 이스라엘 민족은 수세기 동안 그분을 기다렸다. 바울은 그분이 다름 아닌 예수 그리스도라는 사실을 밝히고 있다. 하나님은 그리스도가 모든 민족을 다스리게 된다는 복을 약속하셨다. 이 약속이 일차적으로 주어진 대상은 이방인이 아니라 유대인이었다. 우리는 이 사실을 간과해서는 안 된다. 우리는 자주 예수님이 유대인으로 나셨다는 사실을 잊고, 우리가 속한 민족이나 역사와 맞닿아 있는 분처럼 생각하는 경향이 있다. 그러나 바울은 이방인에게는 평강의 왕을 누릴 수 있는 자격이 본래 없었음을 알려 준다.

둘째, 너희는 이스라엘 나라 밖에 있었다(12절). 이방인은 하나님 백성이 가진 시민권을 갖지 못했다. 원래 우리는 이방인으로서 하나님과 그분의 약속이 포함된 언약(covenant), 또한 그분의 윤리적 요구를 명시한 율법과 자기 백성을 지키시는 능력 및 신실한 보호 등을 경험할 수 있는 특권을 갖지 못했다. 혹 우리가 그러한 특권에서 배제되어 있었다는 사실에 자존심이 상한다고 느낄지 모르겠다. 그러나 하나님의 역사를 거스를 수는 없다. 우리가 속한 나라의 국제적 지위라든가 우리의 사회적 배경을 내세우며 불평하더라도 소용없다. 하나님 백성에게 주어지는 시민권은 그런 조건으로는 얻을 수 없기 때문이다.

셋째, 너희는 약속의 언약들에 대해 외인이었다(12절). 하나님은 놀라운 복음을 아브라함에게 약속하셨다. 그의 자손이 하나님 나라의 복을 누리게 되리라는 약속이었다(창 12:1-3). 이러한 약속은 하나님이 그 백성과 역사적으로 맺어 온 언약을 통해 점진적으로 부각되었다.

예를 들어 홍수 심판 후 하나님은 당대에 의인이라고 여겨진 노아와 언약을 맺으시며 다시는 물로 세상을 심판하지 않겠다고 약속하셨다(창 6:9; 9:12-16). 또한 하나님은 자신의 말씀을 신뢰한 아브라함과 언약을 맺으시며 그를 통하여 모든 민족이 복을 받게 될 것임을 약속하셨다(창 12:1-3). 그 이후에는 세상의 부귀보다 하나님 백성과 함께 고난 받는 길을 선택한 모세와 시내산에서 언약을 맺으시며 율법을 준수하는 자에게 복을 주시기로 약속하셨다(출 19:5-6). 이어서 약속의 땅을 향해 가던 이스라엘 백성 앞에 하나님의 영광을 드러냈던 비느하스와 언약을 맺으시고 죄인을 중재하는(mediate) 제사장을 영원히 세우겠다고 약속하셨다(민 25:10-13). 또 하나님을 사랑했던 다윗과 언약을 맺으시며 그의 자손 가운데 하나님의 아들이 등장하여 자신의 나라를 영원히 다스리게 되리라고 약속하셨다(삼하 7:11-16). 이후에는 유다 왕국의 멸망을 예언하며 핍박을 받게 된 예레미야와 언약을 맺으시며 장차 새 언약을 세우겠다고 약속하셨다(렘 31:31-34).

마침내 예수님은 새 언약을 마지막 만찬에서 선언하시며 죽음으로 그 언약을 체결하시고 이후 성찬을 통해 기념하게 하셨다. 하나님은 새 언약을 통해 자기 백성이 용서의 은혜를 누리며 하나님을 사랑하고 인격적으로 알아가며 순종하게 되리라고 약속하셨다. 앞선 구약의 인물들은 모두 한 분을 가리키고 있다. 곧 완전한 의인으로서 하나님의 말씀을 전심으로 신뢰하여 그 백성의 자리에서 고난을 받으셨을 뿐 아니라, 하나님의 영광을 끝까지 드러내며 그분을 사랑하셨고 그로 인해 세상에서는 핍박을 받게 되신 예수 그리스도를 보여 준다. 이러한 차원에서 예수님은 모든 언약의 특권을 지니신 분이다. 그러한 예수님이 자신의 영광스러운 특권을 모든 백성과 나누신다. 그러므로 예수님이 아니라면, 우리는 언약의 축복에 대해 외인으로 머무를 수밖에 없다. 외인에게는 하나님의 심판이 기다린다.

넷째, 너희는 세상에서 소망이 없고 하나님도 없는 자였다(12절). 고대 그리스 시인 테오크리토스(Theocritus)는 이렇게 기록했다. "소망은 산 자를 위한 것이니 죽은 자에게는 소망이 없다."

세월이 흘러도 죽음을 앞둔 절망은 여전히 차고 넘쳐서 딜런 토머스(Dylan Thomas)는 아버지의 죽음을 보며 다음과 같은 시를 남겼다. "순순히 잠들지 말지어다 빛이 소멸되지 않도록 분개하고 또 분개하여라." 그리고 위스턴 휴 오든(W. H. Auden)은 믿기 힘든 슬픔과 절망을 이렇게 표현했다. "시계를 다 멈추게 하라 전화선도 잘라 내라 … 관을 내오고 조문객을 맞이하라." 아무리 뛰어난 기술과 식이요법에 의존해도 우리는 '죽음의 신'(the grim reaper)을 피할 수 없다. 우리는 모두 죽는다. 현대 사회는 죽음 이후에도 존재가 지속된다는 사실에 대한 인식을 상실했다. 그래서 세속적 무신론자인 리처드 도킨스(Richard Dawkins)나 스티븐 프라이(Stephen Fry) 또는 이미 고인이 된 크리스토퍼 히친스(Christopher Hitchens) 등은 대중을 선동하여 하나님 없이도 죽음을 받아들일 수 있다고 주장했다.

대부분의 비신자가 할 수 있는 일은 "내일 죽으리니 먹고 마시자"라고 외치며(사 22:13), 마치 지금 이 순간을 위해서만 살 듯 흥청망청 놀며 죽음을 생각하지 않고 사는 것이다. 이는 그리스도인의 삶과는 전혀 다르다. 우리는 이 세상 어디서도 찾아볼 수 없는 내일에 대한 소망을 가지고 있다.

최근 신체장애가 있던 아들을 떠나 보낸 한 부부를 위로하기 위해 장례예배를 드렸다. 그날 슬픔에 잠긴 아버지는 신앙이 없던 지인들이 건네는 애도에 대해 다음과 같은 인사말을 전했다. "오늘 이런 말을 듣습니다. 적어도 아들에 대한 기억은 남아 있지 않냐고요. 그러나 저는 기억보다 더 나은 무언가를 가지고 있습니다. 바로 소망입니다. 예수님이 계시기에, 저는 우리 아들을 다시 만날 겁니다. 천국에서 건강히 지내고 있는 아들을 만날 것입니다."

결혼식에 가면, 신앙이 없는 사람들도 밝고 유쾌한 분위기에 즐거운 이야기를 나누며 서로의 밝은 모습을 카메라에 담곤 한다. 그러나 장례식에 가면, 화기애애한 분위기는 찾아볼 수 없다. 오히려 절망에 찬 울음소리가 들리고 어두운 침묵이 감돈다. 남겨진 것은 기억밖에 없다. 그러나 그리스도인의 장례식은 다르다. 성도는 죽음이 끝이 아님을 알고 있다. 그리스도를 신뢰하는 믿음 가운데 죽는다면, 하나님과 함께 행복한 상태에 거하게 됨을 알고 있다. 이와 달리 세상에서 소망이 없고 하나님도 없이 살아온 자들이라면, 화장터의 운구 행렬에 끼여 비참한 심경을 느낄 수밖에 없다.

이처럼 그리스도 밖에 있을 때, 우리는 이방인으로서 영생에 대한 소망도 없고 하나님도 알지 못한 채 살았다. 그러나 "이제는" 모든 것이 바뀌었다(엡 2:13).

마침내 화평이 찾아오다

앞서 바울은 죄인이 하나님과 화목하게 되는 놀라운 일에 대하여 설명했다(엡 2:1-10). 이제는 모든 민족 가운데 부르심을 받은 그리스도인이 어떻게 서로 간에 화목하게 되는지를 설명하고자 한다. "이제는 전에 멀리 있던 너희가 그리스도 예수 안에서 그리스도의 피로 가까워졌느니라"(엡 2:13).

본문은 에베소서 전반부 중에서도 클라이맥스에 해당한다. 바울은 우리가 절망적인 상태에 있었지만 '이제는' 믿음으로 연합하게 된 '그리스도 예수 안에서' 하나님과, 다른 이들과 가까워졌다고 말한다. 한때는 멀리 있던 우리가 죄를 위한 그리스도의 희생 제사로 변화되었다는 말이다. 로마서에서는 복음을 설명할 때, 전에는 우리가 의롭지 않았는데 이제는 그리스도 안에서 하나님의 의가 주어졌다는 사실을 강조한다. 그런데 에베소서에서는 똑같은 복음을 설명하며, 전에는 멀리 있던 우리가 이제는 그리스도 안에서 하나님과 다른 이들과 더불어 가까워지게 되었다는 사실을 강조한다. 여기서 바울은 '누가' 우리를 그처럼 가까워지게 하셨는지, '어떻게' 그런 일을 하셨는지, 그리고 '왜' 그런 일을 하셨는지를 밝힌다.

먼저 다음과 같이 말한다. "그는 우리의 화평이신지라"(엡 2:14). 이는 예수님에 관한 고백이다. 현재 문맥에서 바울은 그리스도가 어떤 분이신지를 강조한다. 곧 그리스도는 화평을 주실 뿐 아니라 그분 자신이 화평이시다. 우리가 그분 안에서 하나님과, 다른 이들과 더불어 화평을 누리게 된다는 사실을 강조한다. 놀랍게도 그리스도는 인류 역사상 가장 멀리 떨어진 두 집단인 유대인과 이방인을 하나로 묶어 완전히 새로운 하나로 만드셨다. 그 결과 '그리스도인'이라고 불리는 인류가 등장했다. 따라서 그리스도를 알지 못하는 한, 유대인과 이방인 사이의 적개심은 사라질 길이 없다.

오늘날도 이스라엘 민족 안에서는 여전히 적개심이 지속되고 있다. 그러한 긴장은 최근 논란이 된 사건, 즉 예루살렘 주변에 방어벽을 세운 사건을 통해 더욱 극적으로 표현되었다. 본문의 표현을 빌린다면, "원수 된 것 곧 중간에 막힌 담"이 유대인과 이방인 사이에 세워진 것이다(엡 2:14). 바울 당시 유대 지도자들은 모세 율법을 들어 그와 같은 담을 세우는 데 사용했다. 하나님의 선한 통치를 세상에 알리기 위한 수단이 아니라, 그러한 통치로부터 세상을 배제하기 위한 수단으로 율법을 사용했던 것이다.

그런데 구약성경은 모세 율법만 포함하는 게 아니라 솔로

몬보다 더 큰 분이신 '평화의 왕'에 대한 약속도 포함한다. 바로 이 왕이 이스라엘 민족 가운데 오셔서 이방인과 화평할 수 있는 길을 여셨다. 그래서 바울은 우리에게 임한 진정한 평화의 근원이신 그리스도를 "우리의 화평"이라고 표현하며(엡 2:14), 그분으로 말미암아 주어진 소식을 "평안의 복음"(엡 6:15)이라고 설명한다. 이런 차원에서 결혼과 가정과 공동체 생활에 지속되는 참된 평화란 '팍스 로마나'(Pax Romana)를 자랑하며 군사력으로 통치권을 내세우는 데서 확립되지 않는다. 그 어떤 사회 질서로도 확립되지 않는다. 오히려 참된 평화는 십자가를 지신 그리스도를 깊이 신뢰하는 마음에서부터 비롯된다. 그리스도가 주시는 화평은 단지 갈등을 줄이는 수준이 아니라, 평화의 왕이신 그분의 영이 우리 안에 강력하게 역사하여 이루시는 화합을 의미한다.

결국 언약의 율법을 오용해서 하나님 백성과 그분의 나라로부터 이방인을 배제시킨 "중간에 막힌 담"은 예수 그리스도에 의해 무너졌다. 그분은 공생애를 통해 율법의 요구를 다 이루셨다. 그리고 죽음으로 유대인과 이방인 사이에 세워진 적대적인 벽을 허무셨다. 이처럼 그리스도의 죽음으로 이방인은 더 이상 언약에서 배제될 필요가 없게 되었다. 율법의 요구를 다 이루신 그리스도의 완전한 사역에 근거해서 구원을 받게 되었기 때문이다. 우리 죄에 대한 형벌까지 담당하신 그 완전한 사역에 근거해서 구원을 받게 되었다는 말이다.

새로운 인류의 출현

예수 그리스도의 사역은 새로운 인류를 세우는 데 목적이 있다. 곧 "이 둘로 자기 안에서 한 새사람을 지어 화평하게 하시"는 데 목적을 두고 있다(엡 2:15). 우리는 그리스도인이 될 때, 새로운 피조물이자 새로운 사람으로 다시 태어나게 된다. 따라서 교회는 단지 유대인과 이방인이 섞여 있는 무리가 아니다. 그보다는 하나님과 다른 이들과 더불어 화목하게 된 새로운 인류의 모임이다(엡 2:16). 이 문맥에서 바울이 사용한 헬라어는 '아포카탈라제'인데, 이 단어는 하나님의 공의가 아들의 희생을 통해 완전히 충족되었기에, 우리도 그분과 완전히 화목하게 된 상태를 의미하는 표현이다. 이 얼마나 놀라운 상태인가!

과거에 군인이자 교도소 간수로 지내다가 우리 교회에 와서 신앙을 가지게 된 한 사람이 있었다. 그는 다음과 같이 간증했다. "지난 인생을 돌이켜보면, 얼마나 끔찍한 일들을 많이 행했는지 모릅니다. 그러나 이제는 저를 용서하기 위해 그리스도가 어떻게 죽으셨는지를 듣고 매일같이 눈물을 흘리지 않을 수 없게 되었습니다. 진심으로 기뻐서요."

우리가 누구이며 무슨 일을 하고 살았든 간에 우리는 구원받을 수 있다. 오직 한 가지, 그리스도의 죽음에 근거한 구원을 통해서 가능하다. 이것이 우리 모두를 한 교회로 묶는 공통기반이다.

오직 그리스도만이 평화를 가져다주신다. 그분은 "오셔서 먼 데 있는 [우리]에게 평안을 전하시고 가까운 데 있는 자들에게 평안을 전하셨"다(엡 2:17). 하나님은 이사야 선지자를 통해 이렇게 선언하셨다. "좋은 소식을 전하며 평화를 공포하며 복된 좋은 소식을 가져오며 구원을 공포하며 시온을 향하여 이르기를 네 하나님이 통치하신다 하는 자의 산을 넘는 발이 어찌 그리 아름다운가"(사 52:7). 그러면서 이렇게 약속하셨다. "먼 데 있는 자에게든지 가까운 데 있는 자에게든지 평강이 있을지어다 평강이 있을지어다"(사 57:19).

이처럼 하나님과 화평할 수 있는 길을 모든 민족에게 드러내신 아름다운 복음 전도자(evangelist)는 과연 누구일까? 바로 예수 그리스도시다. 이런 차원에서 그분은 죽음과 부활 이후에 제자들에게 반복적으로 나타나셔서 다음과 같이 말씀하셨다. "너희에게 평강이 있을지어다"(요 20:19, 21, 26). 이는 단지 관습적인 인사말이 아니다. 그보다 훨씬 더 중요한 의미를 가진다. 바로 우리가 하나님으로부터 얼마나 멀리 있든 혹은 얼마나 가까이 있든, 또는 유대인이든 이방인이든 관계없이, 이제 그리스도를 통해 하나님께 나아갈 수 있게 되었다는 사실을 의미하기 때문이다. 유대인뿐 아니라 그 누구에게도 이밖에는 다른 구원의 길이 없다. 그러므로 자기 민족의 배경을 앞세워 자랑할 수 있는 여지가 우리에게는 없다. 오히려 영광스러운 화목을 통해 "원수 된 것을 십자가로 소멸하"신 그리스도를 알게 되어 감사할 뿐이다(엡 2:16).

이처럼 유대인도 이방인도 똑같이 예루살렘 성전에 들어가지 않고 하늘에 계신 아버지께로 나아갈 수 있게 되었다. 즉 "그로 말미암아 우리 둘이 한 성령 안에서 아버지께 나아감을 얻게" 되었다(엡 2:18). 성령 하나님의 역사로 우리 모두 성자 하나님의 대속 사역을 받아들임으로써 이제는 성부 하나님께 언제든 기도하며 나아갈 수 있게 되었다.

결국 그리스도의 십자가 죽음으로 우리가 하나님과 화목하게 되었다는 사실을 깨달을 때에만, 겸손히 다른 이들과도 화목하고자 하는 마음을 가지게 된다. 만일 우리가 다른 이들과 화목하게 지내는 데 어려움을 겪고 있다면, 이는 우리가 그들로 인해 너무 깊이 또는 너무 자주 상처를 받았기 때문일지도 모른다. 그렇다면 시간을 내어 예수님으로부터 능력을 구하는 기도를 해야 한다. 곧 우리를 사랑하셔서 자신의 죽음으로 우리를 하나님과 화목하게 하신 그분의 능력을 구해야 한다. 왜냐하면 우리 같은 죄인을 아버지와 화목하게 하신 그분으로부터 다른 이들과도 화목하게 지낼 수 있는 능력을 얻을 수 있기 때문이다.

평범한 교회를 향한 특별한 마음

우리가 속한 지역 교회에는 지극히 평범한 사람들이 모여 있다. 평범함을 넘어 마음이 상하고 깨진 사람들이 모여 있을지 모른다. 그래서 우리는 하늘과 땅의 주인이신 하나님이 자신의 능력과 영광을 드러내기에 더 적합한 대상이 있을 텐데, 왜 우리 같은 이들에게 신경을 쓰시는지 궁금해한다. '일류 계층의 유명 인사나 성공한 연예인이 몰리는 멋진 성당이나 대형 교회를 선호하시진 않을까?'

그러나 바울은 이어지는 본문에서, 하나님이 얼마나 평범한 교회에 특별한 마음을 품고 계신지를 설명한다. 이에 우리는 죄인이 복음을 듣고 그리스도 안에서 용서받아 모이는 교회라면, 그 어떤 교회라도 그분이 거하시는 웅장한 성전임을 배우게 된다(엡 2:21). 여기엔 놀라운 진리가 담겨 있다.

하나님의 성전

우리가 살아 계신 하나님의 성전이 되는 일에는 세 가지 차원의 의미가 있다. 이에 대해 바울은 차례대로 설명한다. 곧 우리가 교회를 이루는 이방인으로서 하나님 백성이자 가족이 되었다는 의미, 우리가 그리스도의 복음을 반석으로 삼아 교회로 세워지게 되었다는 의미, 우리가 한 교회로서 하나님의 영이 거하시는 성전이 되었다는 의미를 설명한다.

첫째로 우리는 하나님의 가족이 되었다. "그러므로 이제부터 너희는 외인도 아니요 나그네도 아니요 오직 성도들과 동일한 시민이요 하나님의 권속이라"(엡 2:19). 우리는 한때 반역자로서 하나님 앞에서 외인과 나그네로 살았다. 그래서 그분의 백성이 향유하는 기쁨과 그분의 가족이 누리는 평안을 알지 못했다. 그러나 이제 우리는 예수 그리스도의 엄청난 특권을 소유하며 그분의 나라와 권속에 참여하게 되었다.

우리는 불법 이민자와 같이 몰래 국경을 넘으려는 자들이 아니다. 오히려 천국 시민으로서 당당하게 그 나라에 입국하여 영주할 수 있는 권리를 지닌 자들이다. 우리의 여권에 찍힌 스탬프는 다름 아닌 그 나라의 왕이 흘린 피이기 때문이다. 따라서 모든 권리를 지닌 채 새로운 낙원의 혜택을 누릴 수 있다. 우리는 더 이상 아시아인이나 유럽인이나 아프리카인이 아니다. 우리는 다 그리스도인이다. 우리 모두가 갈망하는 본향도 더 이상 영국의 푸른 초원이나 호주의 눈부신 해변 혹은 남아프리카의 붉은 대지나 안개 자욱한 한국의 산맥이 아니다. 우리는 다 천국 시민이다. 지금은 하늘 본향을 떠나 이 땅에서 전도 여행을 하는 중이다.

하나님의 계획에 따라 다양한 민족이 천상에 모이게 되는 일은 현재 지상에 있는 교회에 큰 영향을 미친다(엡 1:10). 우리와 같은 이들로만 교회가 구성되어서는 안 된다. 그보다는 여러 문화와 사회로부터 그리스도의 제자가 형성되어야 한다. 그 다양성이 교회 생활을 더욱 풍성하게 만들어 줄 뿐 아니라, 그리스도의 사역이 얼마나 위대한지도 드러내 주기 때문이다. 이는 회개를 거부하는 죄악된 문화까지 수용해야 한다는 말이 아니다.

또 우리 교회만이 지닌 고유한 특성에 대해 죄책감을 느껴야 한다는 말도 아니다. 그보다는 예수님이 분부하신 사명을 기억해야 한다는 말이다. 그분은 모든 민족을 제자로 삼으라고 하셨지 같은 부류만 제자로 삼으라고 하지 않으셨다(마 28:19). 물론 교회를 개척할 때는 의도적으로 해당 지역에 적합한 문화를 추구하는 노력도 필요하다. 그리하여 "여러 사람에게 여러 모습이 된 것은 아무쪼록 몇 사람이라도 구원하고자 함이"라고 밝힌 바울의 전략을 따를 필요가 있다(고전 9:22). 그러나 각 교회가 자신만의 고유한 문화를 갖출 수밖에 없다 하더라도, 모든 교회는 결국 다양성을 강조하시는 하나님의 뜻을 받아들여야 한다. 복음은 모든 민족을 위한 소식이기 때문이다.

분명 세상에 있는 다양한 지역 사회에 모든 교회가 똑같은 모습으로 다가갈 수는 없다. 문화에 따라 접근하는 방식이나 프로그램이 달라야 할 것이다. 게다가 각 교회는 자신이 속한 지역 사회의 특수성에 먼저 익숙해져야 한다. 그러나 복음이 중심이 된 교회라면, 모든 구성원이 지역적으로 뿐 아니라 세계적으로 이루어지는 선교 사역에 비전을 품을 수 있도록 도와주어야 한다. 그리고 어디든 필요한 지역마다 다문화 교회가 세워질 수 있도록 후원해야 한다. 지상에 있는 교회가 문화적 다양성을 갖출 때 그리스도의 영광이 더욱 드러나기 때문이다.

이렇듯 세상의 여러 민족에게 다가가기 위해서는 교회가 문화적 다양성을 갖출 필요가 있다. 물론 쉽지 않은 과제들이 뒤따르지만, 그와 같은 다양성은 수많은 비신자를 교회로 이끌 수 있는 요인이 될 뿐 아니라 교회의 기존 구성원에게도 큰 즐거움을 줄 수 있다.

천상의 교회를 상상할 때, 모두 다 반짝거리는 금박지에 쌓여 일렬로 배열된 초콜릿 상자를 떠올린다면 곤란하다. 그보다는 알록달록한 여러 캔디를 모아 놓은 유리병을 떠올리는 편이 낫다. 지상에 있는 교회 역시 그와 같은 문화적 다양성을 지향해야 한다. 우리 모두 한때는 외인이자 나그네로 살았지만, 이제는 다문화 가족의 구성원이 되었기 때문이다(엡 2:19).

한마디로, 그리스도인은 하나님의 권속이다. 곧 하늘 아버지의 자녀이자 상속자요 예수 그리스도의 형제가 된 사람이다. 그래서 하나님으로부터 영원한 사랑과 보호와 교훈과 양육을 받는다. 이제 우리는 더 이상 지상의 가족으로부터 우리의 정체성을 확인하고 그로부터 안전을 보장받으며 살아갈 길을 구하지 않는다. 예수님을 따르던 한 제자는 이렇게 말했다. "주여 내가 먼저 가서 내 아버지를 장사하게 허락하옵소서"(마 8:21). 그러자 예수님이 대답하셨다. "죽은 자들이 그들의 죽은 자들을 장사하게 하고 너는 나를 따르라"(마 8:22).

이처럼 하나님의 가족이 되는 일은 우리가 속한 교회에 엄청난 영향을 미칠 수밖에 없다. 그런데 그 영향은 교회가 커질수록 증대된다. 교회가 성장하며 혹 세련되고 전문화된 조직을 갖추더라도, 참된 교회는 여전히 가족으로서 행동하며 서로에 대한 관심과 애정과 친절과 헌신을 더욱 드러내는 모습으로 자라가기 때문이다. 그리하여 지상의 가족으로부터는 기대할 수 없는 사랑의 손길을 베풀며 서로를 위해 존재하게 된다. 한 가지 예를 들면, 언젠가 무슬림 가족을 둔 한 자매가 우리 교회에 찾아와 예수님을 믿게 된 일이 있다. 그녀는 그리스도인이 되자 기존의 가족으로부터 위협을 받고 결국 버려지게 되었다. 그러나 교회가 새로운 가족이 되었고, 마침내는 결혼식까지 올리게 되었다.

견고한 반석

둘째로 우리는 그리스도의 복음을 반석으로 삼아 세워진다. 교회가 되기 위해서는 반드시 "사도들과 선지자들의 터 위에 세우심을 [입고] 그리스도 예수께서 친히 모퉁잇돌이 되"셔야 한다(엡 2:20). 교회는 1세기 당시 하나님의 복음을 선포했던 사도들의 가르침에 근거하여 세워졌다. 또한 하나님의 말씀을 설명했던 선지자들의 가르침에 근거하여 세워져 간다(엡 4:11 참고).

여기서 언급하는 '선지자'가 누구이며 그들이 전하는 '예언'이 무엇인지에 대해서는 논란이 있다. 나의 견해는 이렇다. 우선 예언을 할 수 있는 특권은 성령의 권능에 따라 오순절 사건 때 모든 성도에게 주어졌다(오순절 사건은 요엘 선지자의 예언이 실현된 사도행전 2장 사건을 말한다). 그런데 고린도전서 14장에서 설명하는 바처럼, 그러한 예언에도 뛰어난 은사를 가진 사람은 있다. 이 은사란 하나님이 주시는 통찰, 성경에 대한 깊은 통찰을 의미한다. 예를 들어 교회에서 성경공부나 다른 모임을 갖다 보면, 그런 은사가 두드러지게 나타나는 성도가 있게 마련이다. 따라서 예수 그리스도에 관한 사도들과 선지자들의 가르침이 성경에 기록됨으로써 하나님의 계시가 완성된 후로는 바로 그 성경에 대한 깊은 통찰이 예언을 의미한다고 볼 수 있다. 성경 이외의 다른 메시지나 환상을 더하는 일이 예언이 아니라는 말이다. 왜냐하면 예언의 영이란 다름 아닌 예수 그리스도에 관한 증언을 의미하기 때문이다(계 19:10).

결국 바울이 강조하듯이, 교회란 모퉁잇돌이 되시는 그리스도의 복음에 일치할 때만 세워질 수 있다(엡 2:20). 즉 그리스도가 교회 전체의 기반과 그 위에 세워지는 교회를 이루어 가신다. 이는 하나님의 약속이 성취된 결과이다. "보라 내가 한 돌을 시온에 두어 기초를 삼았노니 곧 시험한 돌이요 귀하고 견고한 기촛돌이라"(사 28:16). 시온에 있는 시험한 돌은 바로 예루살렘에서, 곧 십자가 위에서 시험을 받으시고 귀하며 견고하다고 입증된 그리스도를 의미한다. 천상의 교회와 지상에 있는 참된 교회는 그렇게 시험을 받으신 그리스도의 복음을 반석으로 삼아 세워진다.

이미 예수님께서 그 사실을 말씀하셨다. 마태복음 16장에서 베드로가 예수님이 누구신지를 고백했을 때였다. "주는 그리스도시요 살아 계신 하나님의 아들이시니이다"(마 16:16). 이때 다음과 같이 말씀하셨다. "너는 베드로라 내가 이 반석 위에 내 교회를 세우리[라]"(마 16:18). 여기서 예수님이 언급하신 반석은 베드로라기보다 그의 신앙고백 곧 예수님이 그리스도시며 살아 계신 하나님의 아들이라는 복음의 진술을 가리킨다(물론 이 반석은 과거 이스라엘 백성이 율법을 받기 위해 모인 시내산의 바위를 가리키지도 않는다). 예수님은 산상설교에서도 자신의 말씀대로 사는 사람은 모래 위가 아닌 반석 위에 집을 지은 지혜로운 사람과 같다고 말씀하셨다(마 7:24-27). 결국 복음이라는 반석 위에 자신의 집을 세운 이가 누구인가? 바로 예수 그리스도이시다.

유일한 반석

그렇다면 여기서 우리가 생각해 보아야 할 사실은 무엇인가? 일단 우리는 교회의 반석이 이미 마련되었다는 사실을 생각해야 한다. 반석은 이미 놓였고 그리스도의 교회는 그 위에 세워지고 있다. 이외에 다른 반석은 없다. 새롭게 세워지고 있는 교회도 이처럼 성경이 제시하는 복음의 반석 위에 세워져야 한다. 그렇지 않으면, 참된 교회가 될 수 없다. 물론 우리는 성경에서 새로운 깨달음을 계속 얻겠지만, 하나님은 우리 마음이나 생각 속에 새로운 지침을 주어 그 위에 교회를 세우도록 하시지 않는다.

또한 우리는 오늘날 문화에 더 잘 적응할 수 있는 반석을 놓겠다는 심산으로 성경과 다른 방향의 궤적(trajectories)을 남기고 있지는 않은지 주의해야 한다. 교회의 유일한 반석이신 그리스도의 복음, 즉 사도들과 선지자들의 가르침은 이미 완료되었고 성경에 다 기록되었다. 또한 그리스도는 바로 그 반석 위에 교회를 지난 2천 년 동안 세워 오셨다. 하나님은 결코 새로운 반석 위에 교회를 재설립하지 않으신다. 오히려 동일한 반석, 즉 성경에 기록된 반석 위에 교회를 세워 가신다. 다시 말해 하나님은 교회를 세우고 계시지 반석을 세우고 계신 게 아니다.

다음으로 우리는 교회의 반석이 전혀 부족함이 없다는 사실을 생각해야 한다. 그리스도가 성경에 기록된 복음 위에 교회를 세우고 계신데, 그 복음은 개선되거나 대체될 필요가 없는 반석이라는 말이다. 하나님이 세우신 교회의 반석을 파내어 시대마다 새롭게 교체할 수 있는 권한은 누구에게도 없다. 그럼에도 그렇게 잘못된 가르침이 오늘날 많이 유포되고 있다. 기존의 반석은 너무 거창하니 축소할 필요가 있다고 말이다. 이를테면 그리스도의 유일성, 지옥의 영원성, 동성애에 대한 반대 등을 가르치면 더 이상 대중의 관심을 끌지 못하니 그러한 진리는 축소해야 한다고 주장한다.

이와 달리, 기존의 반석은 너무 협소하니 확장할 필요가 있다고 주장하기도 한다. 그러면서 마리아에 관한 고대 전승이라든가 치유 세미나에서 받았다는 계시 등에 근거하여 다른 교리를 내세우기도 한다. 물론 그래서는 안 된다. 오늘날도 교회가 필요로 하는 계시는 성경에 기록된 복음이며, 그 복음만이 교회의 유일한 반석이 된다.

이 반석을 다른 대체물로 보완하려는 시도는 엄청난 피

해를 가져다줄 수 있다. 1934년 독일에서는 바르트(Barth), 본회퍼(Bonhoeffer), 니묄러(Niemöller) 등의 주도로 '고백 교회'(Confessing Churches)가 형성되어 '바르멘 선언'(Barmen Declaration)을 하게 되었다. 이 선언문은 아돌프 히틀러(Adolf Hitler)의 국가사회주의를 통해 하나님이 새로운 진리 가운데로 교회를 이끌고 계시다는 사상에 맞서기 위해 작성되었다. 거기에는 다음과 같은 내용이 담겨 있다.

"우리는 거짓된 교리를 거부한다. 교회가 하나님의 유일한 말씀을 떠나서, 그 말씀 밖에서 마치 다른 사건이나 권력, 인물이나 신념을 그분의 계시로 선언할 수 있으며 또한 그렇게 선언해야 한다고 가르치는 교리를 거부한다."

그러한 가르침의 위험성은 매우 개인적인 수준에까지 미칠 수 있다. 언젠가 한 자매를 만났는데, 그녀는 예언자 세미나에 참석한 적이 있었다. 그 세미나에서 자신이 '부유하고 유명하게 된다는 약속'의 말씀을 받았다고 했다. 그러나 그 말씀이 전혀 실현되지 않아 심각한 충격에 빠져 있는 상태였다. 마찬가지로 오늘날 여러 교회에서도 기존의 반석을 대체하려는 시도가 행해지고 있다. 그러므로 우리는 스스로 점검해 보아야 한다. 과연 우리는 성경의 가르침 중 어느 하나라도 가볍게 여겨 진리를 침식하고 있지는 않은지, 또 다른 대체물로 진리를 보완하려는 시도를 하고 있지는 않은지 살펴야 한다. 성경은 교회의 반석이 이미 다 마련되었다고 가르친다.

끝으로 우리는 교회의 반석이 구원의 유일한 토대가 된다는 사실을 생각해야 한다. 이런 차원에서 교회는 늘 복음을 선포해야 한다. 복음만이 다가오는 폭풍 가운데서도 흔들림 없는 인생을 세울 수 있는 유일한 반석이 되기 때문이다. 다른 복음, 다른 교리는 누구도 지켜 줄 수 없는 모래일 뿐이다.

하나님의 영이 거하시는 장소

셋째로 우리는 그리스도의 교회로서 하나님의 성전이 되었다. "그의 안에서 건물마다 서로 연결하여 주 안에서 성전이 되어 가고 너희도 성령 안에서 하나님이 거하실 처소가 되기 위하여 그리스도 예수 안에서 함께 지어져 가느니라"(엡 2:21-22).

천상의 교회는 하나님의 집이라고 할 수 있다. 즉 그분이 거하시는 장소로서 과거에는 예루살렘 성전을 통해 이스라엘 백성이 상징적으로 볼 수 있도록 구현되었다. 예루살렘에 지어진 그 성전은 헤롯왕이 재건했는데, 그때의 건물은 고대 사회에 지어진 건축물 중에서도 매우 놀라운 업적에 해당했다. 당시 성전은 규모가 큰 하얀 대리석으로 지어졌고, 그 위에 순금이 입혀져 햇살을 받으면 아주 멀리서 보아도 눈부시게 빛났다. 하나님은 일찍부터 백성과 함께 거할 집을 세우겠다고 약속하셨다. 그들을 다스리시는 궁전이자 그들의 죄를 사하시는 성전을 세우겠다고 약속하셨다.

그런데 하나님은 건물이 아닌 사람을 통해 그 약속을 성취하셨다. 곧 하나님이 예수 그리스도를 통해 육신을 입으심으로써 그분이 거하시는 성전이 인간의 모습으로 나타나게 되었다. 그분이 우리 가운데 성막을 치듯(tabernacle) 거하시게 되었다(요 1:14). 예수님은 자신의 몸이 성전으로서 무너뜨림을 당하지만 3일 만에 다시 세우리라고 말씀하셨다(요 2:19-22). 바로 이 성전이 궁극적인 제사가 드려진 장소였다. 즉 그분이 갈보리에서 자기 백성의 죄를 담당하시며 하나님 아버지께 드릴 희생의 피를 쏟으신 장소였다.

지금은 모든 그리스도인이 믿음을 통해 예수 그리스도와 연합한 성전이 되었다. 모든 교회가 성령께서 거하시는 성전이 되었다. 이 성전은 현대 사회의 어떤 건축물에도 비할 수 없을 만큼 경이롭다. 혹 우리는 열악한 학교 강당이라든가 오래되어 낡은 건물, 아니면 물이 새는 컨테이너에서 예배드리고 있을지 모

른다. 그러나 하나님 백성의 모임은 그 어떤 모임이라도 하나님
이 우리 가운데 거하시는 집이요, 우리를 다스리시는 궁전이며,
그분의 완전한 제사를 송축하는 성전이 된다.

하나님은 자신의 선하고 아름다우신 성품으로 인해 죄악을
멀리할 수밖에 없는 거룩한 분이시기 때문에, 우리 마음과 교회
에 이루신 자신의 집을 계속해서 단장하시며 그 성품에 걸맞도록
가꾸신다. 바로 말씀을 통해 역사하시는 성령의 사역으로 그렇게
하신다. 이런 차원에서 예수님은 자신의 몸 된 교회가 이방인을
계속해서 받아들이고, 또한 유일한 반석인 복음에서 이탈하지 않
으면서 꾸준히 거룩해지기를 바라신다. 그리하여 하늘 영광을 이
땅에서 미리 맛보게 하는 성전이 되기를 바라신다.

이러한 일은 우리의 주님이신 예수님 안에서만 가능하다(엡
2:15-16, 18, 21-22). 즉 성경을 통해 예수님을 알아가고, 믿음으로
예수님 안에 거하며, 삶 가운데 예수님께 순종할 때, 그분은 자신
의 몸 된 교회를 자신과 같이 거룩하게 변화시켜 가신다. 그리하
여 자신이 곧 영원한 성전임을 드러내신다(계 21:22). 이 땅에 있는
교회가 그리 매력적이지 않게 보이더라도, 가령 음악도 시원찮고
초라한 건물에서 모이더라도, 그 교회는 영광스러운 천상의 교회
를 지상에서 아름답게 드러낼 수 있는 존재임을 잊지 말아야 한
다. 각 교회는 천상의 교회, 곧 다양한 문화에서 부르심 받은 사람

들이 그 장엄하고 눈부신 하늘 축제에 참여하기 위해 하나님 백성으로서 준비하는 장소이다. 또한 악의 권세를 정복하신 하나님의 승리를 영적 세계 가운데 드러내어 만물을 그리스도 아래 복종시키려는 그분의 영원한 계획을 이루는 장소이기도 하다.

그러므로 다가오는 주일에 교회에 출석하거든, 사람들이 얼마나 평범하게 보이든 건물이 얼마나 보잘것없어 보이든, 당신의 교회가 지닌 세 가지 차원의 영적 의미를 꼭 기억하기 바란다. 첫째로 당신은 하나님의 소중한 가족이 되었으므로 다른 구성원을 깊이 사랑해야 한다. 둘째로 당신은 복음의 반석 위에 세워졌으므로 교회에서 제공되는 가르침을 주의 깊게 경청해야 한다. 셋째로 당신은 하나님의 영이 거하시는 성전이 되었으므로 거룩하게 행하고자 노력해야 한다.

한마디로 당신의 교회는 새로운 인류가 회집한 모임이요, 살아 계신 하나님의 성전이며, 영원히 지속될 그분의 작품으로서 천사들이 보기에도 기이한 존재임을 잊어서는 안 된다. 그러니 당신의 교회를 기뻐하라.

chapter 05

계시된 비밀(3:1-13)

교회를 통해
하나님의 지혜가
드러나다

많은 사람들이 미스터리 스릴러의 긴장감을 즐긴다. 예를 들어 아거사 크리스티(Agatha Christie)의 소설 《나일강 살인 사건》(Murder on the Nile)이라든가 알프레드 히치콕(Alfred Hitchcock)의 〈뒷 창문〉(Rear Window)과 같은 영화, 또는 〈CSI 마이애미〉(CSI Miami) 식의 범죄 수사물이나 그보다 더욱 끔찍한 사건을 다룬 〈노르딕 누아르〉(Nordic noir)와 같은 연쇄 살인 드라마를 볼 때 느껴지는 서스펜스를 즐기곤 한다. 아니면 스코틀랜드 네스호(湖)에 출현한다고 알려진 '네스호의 괴물'(Loch Ness Monster)이나 캘리포니아의 전설적인 짐승을 일컫는 '빅풋'(Bigfoot)에 관한 미스터리 등 아직도 밝혀지지 않은 채 회자되는 각종 루머를 즐기기도 한다. 이외에도 납세 신고에 얽힌 비밀이나 크리스마스 선물에 관한 이야기 등 좀 더 친밀한 수준의 미스터리도 떠돌아다닌다.

그런데 미스터리보다 사람들의 마음을 더 끄는 게 있다. 그것은 바로 미스터리가 풀렸다는 소식이다. 본문에서 바울은 수세기 동안 이스라엘 민족의 갈망을 증폭시켜 온 미스터리, 즉 하나님의 구원 계획에 관한 수수께끼가 마침내 예수 그리스도의 등장으로 풀렸다고 밝힌다. 바로 이 비밀이 영적 세계에 계시됨으로써 이제는 모든 자가 하나님의 지혜에 경탄하게 되었다. 그러한 차원에서 이번 본문은, 바울이 언급하는 '비밀'의 실상과 에베소서 전체를 이해하는 데 핵심적인 역할을 한다.

비밀은 이미 밝혀졌다

기독교 일부 진영에서 사람들의 관심을 끄는 견해가 있다. 바로 성경의 기록이 종료된 이후에도 하나님의 계시가 발전되고 있다는 견해이다. 이러한 주장은 성경에 기록된 말씀이 오늘날 문화와는 상충하기 때문에, 지금은 문화적으로 좀 더 수용 가능한 내용을 들어 하나님이 직접 말씀하신다는 생각을 밑바탕에 깔고 있다. 예를 들면 구약성경에서는 유대인이 아닌 이방인을 하나님 백성에서 배제했는데, 신약성경에서는 이방인을 포함시키는 대신 탐욕이라든가 성적 부도덕 등의 죄악에서 회개하지 않는 자를 배제하는 식으로 문화에 따라 계시의 내용이 달라진다고 주장한다. 따라서 오늘날에도 그 연장선에서 계시를 이해하며, 이제는 회개하지 않는 자도 하나님 백성에 포함시킬 수 있다고 주장한다. 이런 식으로 우리에게 납득이 어려운 성경의 내용을 미스터리라고 언급하며 그러한 비밀을 오늘날 어떻게 해결할 수 있는지를 설명한다.

그러나 에베소서 본문은 하나님의 비밀에 대해 전혀 다른 접근을 제시한다. 바울은 그 비밀이 이미 밝혀졌다고 말한다(엡 3:5). 물론 우리는 그리스도에 관해 이전에는 깨닫지 못한 내용을 성경에서 계속 발견하게 되지만, 하나님의 영원한 계획은 "그리스도 예수 안에서" 이미 성취되었다(엡 3:11). 이에 예수님의 제자들은 구약의 모든 비밀이 그리스도의 말씀과 사역을 통해 풀리게 되었다고 증언한다. 그러한 증언이 신약의 내용이다. 곧 구약의 약속은 신약의 복음을 통해 성취되는 방향으로 나아간다. 이처럼 하나님의 비밀은 그리스도 안에서 풀리게 되었다. 바울은 이렇게 기록한다. "내가 그리스도의 비밀을 깨달은 것을 너희가 알 수 있으리라 이제 그의 거룩한 사도들과 선지자들에게 성령으로 나타내신 것 같이 다른 세대에서는 사람의 아들들에게 알리지 아니하셨으니"(엡 3:4-5).

오늘날 우리에게는 우리가 원하는 방식대로 비밀을 해결하도록 성경의 미스터리를 꾸밀 수 있는 특권이 없다. 일부 학자들의 주장과 달리, 우리의 과제는 스스로 하나님의 계시를 펼쳐 보이는 일이 아니다. 우리는 그리스도 안에서 이미 영광스럽게 성취된 구원의 비밀을 선포할 수 있을 뿐이다. 어떻게 보면 성경이야말로 마지막에 가서 비밀을 밝히는 미스터리 스릴러의 진수를 보여 준다. 다만 여기서는 (보통 작품에서 그러하듯) 원한에 사무친 하인이 아니라, 사랑에 불타는 주인의 죽음에서 그 비밀이 파헤쳐진다는 점이 다르다. 그리고 성경이 제시하는 복음은 어림짐작이나 이론이 아니라 역사와 진실에 기초해 있다는 점이 다르다. 바울은 바로 그 사실을 본문에서 강조하고자 한다.

그는 다음과 같이 말을 시작한다. "이러므로"(엡 3:1). 이 말을 사용하는 이유는 그리스도의 죽음과 부활이 어떻게 우리로 하여금 하나님과 다른 이들과 더불어 화목한 관계를 갖게 하는지를 앞선 장에서 설명했기 때문이다. 그래서 이제는 에베소 교인들을 위해 자신이 어떠한 기도를 하고 있는지 설명하고자 한다. "이러므로 그리스도 예수의 일로 너희 이방인을 위하여 갇힌 자 된 나 바울이 말하거니와"(엡 3:1).

본문에서 그는 자신이 이방인을 위하여 갇혀 있다는 의미가 무엇인지를 먼저 밝힌다. 다시 말해 이방인을 구원하고자 하시는 하나님의 계획에서 자신이 맡은 역할이 무엇인지부터 밝히고자 한다. 그런 다음 14절에 가서야 본격적으로 기도를 시작하며, 1절에서 사용한 "이러므로"라는 말을 다시 사용하게 된다.

이렇듯 바울은 잠시 멈춰서 자신의 사역을 설명하는데, 이때 그는 자신이 이방인을 위한 일꾼이라는 사실을 밝혀 그들과의 관계를 더욱 공고히 한다. 그리고 투옥되어 있다고 해서 자신의 메시지나 사역 자체가 의심받아서는 안 된다고 강조한다. 왜냐하면 자신에게 비밀을 밝혀 주신 분, 그리하여 그 비밀을 선포하며 이방인을 불러낼 수 있도록 권한을 주신 분이 하나님이시기 때문이다(엡 3:3). 여기서 그는 교회를 향한 하나님의 영원한 계획이 담고 있는 승리의 지혜가 바로 그 계시된 비밀을 통해 영적 세계 가운데 드러나게 된다고 설명한다(엡 3:10). 그리고는 13절에 가서 다음과 같은 말로 여담(digression)을 그친다. "그러므로 너희에게 구하노니 너희를 위한 나의 여러 환난에 대하여 낙심하지 말라"(엡 3:13).

이처럼 감옥에 갇힌 사람이 자신에 대해 한탄하기보다 은혜를 베풀어 주신 하나님께 감사하는 마음을 세 번씩이나 표현하는 모습을 보면 놀라지 않을 수 없다(2, 7, 8절). 그렇게 바울이 감사할 수 있었던 이유는 모든 민족 가운데서 자기 백성을 구원하시는 하나님의 특별한 계획에 일꾼으로 참여하고 있다는 사실을 알았기 때문이다. 그래서 그는 감격에 차서 하나님이 자신의 영광스러운 비밀을 누구에게 계시하셨는지를 설명한다(엡 3:2-5). 그리고 그 비밀이 무엇인지(엡 3:6), 또 어떤 대가를 치르더라도 그 비밀을 왜 모든 민족에게 전파해야 하는지를 설명한다(엡 3:7-9).

바울에게 계시된 비밀

바울은 다메섹 도상에서 자신이 경험한 사건에 대해 에베소 교인들이 이미 소식을 들어 알고 있음을 전제로 하고 말을 한다. 다시 말해 자신이 그리스도인을 박해하기 위해 다메섹으로

가던 길에 부활하신 예수님이 나타나셔서 자신을 변화시키신 과정에 대해 그들이 알고 있다고 생각하며 말을 이어간다. 이런 차원에서 바울은 예수님이 직접 하나님 은혜의 경륜을 자신에게 알려 주셨다고 밝힌다(엡 3:2). 여기서 '경륜'이란, 바울이 투옥된 중에도 전파하는 십자가 복음을 통해 하나님의 은혜가 이방인에게까지 미치게 된 섭리를 가리킨다. 바울이 감옥에 갇히며 핍박을 받게 된 이유는, 단지 하나님의 은혜가 이방인에게 미치게 되었다는 메시지를 전했기 때문이 아니다. 또는 메시아 혹은 그리스도를 통해 하나님의 은혜가 유대인과 이방인에게 함께 미치게 되었다는 메시지를 전했기 때문도 아니다. 바울이 유대인을 자극하여 핍박을 받게 된 이유는 죄인을 구원하시는 하나님의 은혜가 다름 아닌 유대인에 의해 십자가 처형을 받게 된 사람을 통해 주어지게 된다는 '경륜'을 바울이 전하고 다녔기 때문이다. 곧 누구든 유대인처럼 되지 않고도 구원의 은혜를 받을 수 있다는 경륜을 바울이 전했던 것이다.

이런 차원에서 그는 은혜의 경륜을 자신이 어떻게 알게 되었는지를 앞서 간난히 기록했다(엡 3:3). 그리스도 안에서 유대인과 이방인이 똑같이 구원받을 수 있다는 비밀을 그리스도가 그에게 직접 계시하셨기 때문이다. 이는 그리스도가 공생애 기간 동안 자신을 따라다닌 사도들에게 하신 말씀과 같은 계시였다. 이처럼 바울은 자신이 전하는 복음이 인간이 만든 사상이 아니라 하나님이 주신 계시라는 사실을 분명히 짚고 넘어가고자 했다. 그래서 그 사실을 간단히 기록했는데, 이는 다른 편지에 기록한 내용이 아니라 에베소서에 쓴 내용을 가리킨다(엡 1:1, 9-10). 그에 대해 바울은 다음과 같이 말한다. "그것을 읽으면 내가 그리스도의 비밀을 깨달은 것을 너희가 알 수 있으리라 이제 그의 거룩한 사도들과 선지자들에게 성령으로 나타내신 것 같이 다른 세대에서는 사람의 아들들에게 알리지 아니하셨으니"(엡 3:4-5). 여기서 그는 하나님이 자신에게 '그리스도의 비밀'을 특별히 깨닫게 해 주셨다는 사실을 강조한다.

그런데 그는 다른 편지에서 복음을 설명하며 "이 복음은 하나님이 선지자들을 통하여 그의 아들에 관하여 성경에 미리 약속하신 것이라"고 밝힌 적이 있다(롬 1:2). 그렇다면 왜 에베소서에서는 복음의 비밀이 이전에는 알려지지 않았다고 말하는 것일까? 이는 자칫 이슬람교의 마호메트(Muhammad)나 몰몬교의 조셉 스미스(Joseph Smith) 또는 최근에 나타난 '캔자스시티 예언가들'(Kansas City Prophets)처럼 이전에는 없던 특별한 계시를 하나님으로부터 직접 받았다고 주장하는 모습처럼 보일 수도 있다. 그러나 바울은 여기서 새로운 복음을 주장하고 있는 게 아니다. 사실 모든 민족이 하나님의 통치를 받게 되리라는 복음은 아브라함에게 이미 선포되었고, 이후에도 선지자들에 의해 그와 관련한 약속이 계속 이어져 왔다. 다음과 같은 말씀을 예로 들 수 있다. "좋은 소식을 전하며 평화를 공포하며 복된 좋은 소식을 가져오며 구원을 공포하며 시온을 향하여 이르기를 네 하나님이 통치하신다 하는 자의 산을 넘는 발이 어찌 그리 아름다운가 … 땅끝까지도 모두 우리 하나님의 구원을 보았도다"(사 52:7, 10).

결국 바울이 이전에는 알려지지 않았다고 말하는 비밀이란, 모든 민족을 구원하시는 하나님의 계획이 아니라 바로 그 계획을 성취하시는 하나님의 방법이었던 것이다. 그게 바로 미스터리로 감추어져 있었다.

그 비밀이 마침내 바울을 포함하여 사도들에게 계시되었다. 곧 예수 그리스도가 유대인과 이방인 모두를 위해 완전한 삶을 사시고 그들의 죄를 위해 십자가에서 하나님의 진노를 받으셨기 때문에, 이제는 모든 민족에게 구원의 길이 열렸다는 소식이 주어졌다. 바로 이러한 역사가 어떻게 가능한지를 설명하기 위해 바울은 두 번씩이나 '경륜'이라는 표현을 사용했던 것이다(엡 3:2, 9). 이처럼 모든 민족에게 복을 주시겠다는 복음은 아브라함 시대부터 약속되었지만, 어떻게 그 약속을 성취하실지에 대한 그분의 계획은 완전한 비밀로 감추어져 있었다. 이런 차원에서 바울의 복음은 새로운 복음이 아니라 오래전부터 주어진 약속이 비로소 성취되었다는 소식을 담고 있다.

여기서 우리는 사도의 역할이 일반 사역자의 역할과는 다르다는 사실을 알 수 있다. 사도는 단지 복음을 전달하는 역할만 하는 사람이 아니었다. 그보다는 하나님의 구원 계획이 실현될 수 있는 터를 마련하는 역할을 감당하는 사람이었다. 다시 말해 복음의 약속이 그리스도의 죽음과 부활을 통해 어떻게 성취되었는지를 설명할 수 있는 권한을 하나님으로부터 직접 부여받은 사람이 사도였다.

혹 '사도'라는 단어가 단순히 메신저를 의미할 수도 있고, 때로는 일반적인 의미에서 교사를 의미할 때도 있지만(롬 16:7), 그 단어는 부활하신 그리스도를 직접 목격한 증인을 일컫는 특별한 용어라고 할 수 있다. 그와 같은 사도들에게 예수 그리스도는 자신의 복음을 선포하고 가르치며 성경을 기록할 수 있는 사명을 주어 바로 그들의 터 위에 교회가 세워지게 하셨다(엡 2:20; 3:5; 4:11). 그러므로 오늘날 목회자를 '사도'라고 일컫거나 그들에게 사도적 은사나 역할이 있다고 말해서는 안 된다. 사실 요즘에는 목회자에게 선지자적 은사라든가 제사장적 은사 또는 왕적 은사가 있다는 말을 자주 사용하는 경향이 있다.

그리스도 안에서 모든 성도가 선지자이고 제사장이자 왕이라는 차원의 개념을 넘어선 의미로 그렇게 말하는 경향이 있다.

그런데 이런 경향은 근본적인 문제를 안고 있다. 민수기 16장에 등장하는 고라 반역 사건처럼, 하나님 앞에서 도를 넘어선 문제를 보여 준다. 당시 고라와 그에 동조한 반역자들은 이스라엘 백성 가운데 자신들이 선지자와 제사장 역할을 하려다가 심판을 받게 되었다. 이유인즉 그러한 역할은 하나님이 자신의 아들을 위해 특별히 구별해 놓으신 직분에 해당했기 때문이다. 본문에서 바울은 자신이 하나님의 구원 계획이 이루어질 수 있는 터를 놓는 사도임을 강조하고 있다. 즉 부활하신 예수님이 자신에게 복음의 비밀을 계시하셨을 뿐 아니라, 하나님의 구원 경륜의 일부로서 그 복음을 이방인에게 전파하는 특별한 사명을 주셨음을 강조한다. 그렇다면 사도에게 계시된 그 비밀은 과연 어떤 내용을 담고 있을까?

오직 복음으로 말미암아

바울은 그 비밀이 무엇인지 좀 더 분명하게 밝힌다. "이는 이방인들이 복음으로 말미암아 그리스도 예수 안에서 함께 상속자가 되고 함께 지체가 되고 함께 약속에 참여하는 자가 됨이라"(엡 3:6). 바울은 유대인뿐 아니라 이방인도 율법을 준수하지 않고도 구원받을 수 있다고 가르쳤다. 곧 우리를 위해 율법을 이루신 그리스도를 신뢰하는 믿음을 통해 구원받을 수 있다고 가르쳤는데, 이는 당시에 큰 혼란을 야기할 수 있었다. 현시대를 사는 우리는 그런 내용이 얼마나 충격적이었는지 잘 인지하지 못할 수 있다. 사실 이방인이 하나님 백성 안에 포함될 수 있는 여지는 늘 있었다. 모세 율법을 준수함으로써 그럴 수 있는 길이 주어져 있었기 때문이다. 이를테면 이방인도 할례를 받고 이스라엘의 신앙 교육을 받을 수 있는 길은 열려 있었다. 그런데 바울은 그러한 율법을 준수하지 않고도 구원받을 수 있다고 가르쳤다. 그러면서 율법의 목적은 사람들을 구원하는 데 있는 게 아니라 그들에게 구원자가 얼마나 필요한지를 드러내는 데 있다고 설명했다(갈 3:22). 그들을 위해 율법을 이루신 구원자에 대해 말했다. 그리고 유대인이나 이방인 모두 다 율법을 지킬 수 없다고 지적했다(롬 3:20).

이처럼 율법이 아니라 "복음으로 말미암아" 이방인도 하나님의 구원받은 백성이 될 수 있다는 내용이 선포되었다. 이것이 하나님이 계시하신 비밀이었다(엡 3:6). 더 구체적으로 말하면, 십자가 처형을 받은 갈릴리 사람이 오래전부터 약속된 구원자, 곧 우리 죄를 위해 죽으신 '그리스도'이자 우리 삶을 다스리기 위해 부활하신 '주님'이라는 사실이 복음의 비밀이었다. 그러므로 누구든지 죄에서 돌이켜 그 복음을 믿으면 구원을 받는다. 이는 이방인이 유대인처럼 될 필요가 없음을 의미했다. 결국 바울이 전한 복음으로 인해 유대인을 격분시켜 자신을 미워하게 만들고, 반역자로 고소하며 투옥하게 만든 메시지는 단지 이방인도 구원 받을 수 있다고 전한 메시지가 아니었다. 율법을 준수하지 않고 도 복음만 믿으면 구원받을 수 있다고 전한 메시지였다(물론 바울 은 율법을 경시한 게 아니라, 고린도전서 9장 21절에서 언급한 바와 같이 "그리 스도의 율법"을 준수하기 위해 우리가 구원받았다는 사실을 전제했다). 이처럼 바울이 전한 복음은 율법을 준수하는 유대인일지라도 그들이 십 자가에 내어준 그리스도를 향한 믿음이 없다면 결코 구원받을 수 없다는 사실을 의미하기도 했다. 그러니 유대인이 바울에게 격분 한 데는 그만한 이유가 있었던 것이다.

이제 바울은 복음을 믿어 구원받는 일에는 세 가지 놀라운 특권이 따라온다고 설명한다. 이를 위해 그는 새로운 표현을 사 용하는데, 그 첫 번째로서 '상속자'가 되는 특권을 언급한다(엡 3:6). 바울은 이방인이 단지 이스라엘 민족에 참여하는 게 아니라 유대인과 함께 그리스도 안에서 새로운 백성으로 세워지게 된다 고 말한다. 즉 천국을 상속하는 그리스도인이 된다는 뜻이다. 성 경의 결론을 보면, 하나님이 세상을 얼마나 아름답게 회복시키시 는지 확인할 수 있다. 부활 이후 우리가 상속받아 살아갈 동산의 전경이 다음과 같이 아름답게 펼쳐진다.

"그가 수정 같이 맑은 생명수의 강을 내게 보이니 … 길 가운데로 흐르더라 강 좌우에 생명나무가 있어 열두 가지 열매를 맺되 달마다 그 열매를 맺고 그 나무 잎사귀들은 만국을 치료하기 위하여 있더라 다시 저주가 없으며 하나님과 그 어린양의 보좌가 그 가운데에 있으리니 그의 종들이 그를 섬기며 그의 얼굴을 볼 터이요 그의 이름도 그들의 이마에 있으리라 … 그들이 세세토록 왕 노릇 하리로다"(계 22:1-5).

이 장면을 보면, 우리가 상속할 낙원에 몇 가지 눈에 띄는 특징이 발견된다. 우선 생명수의 강이 있는데, 이는 풍성한 생명을 더하시는 은혜, 곧 영원토록 우리를 정결히 씻으시며 우리의 목마름을 채우시는 성령의 역사를 보여 준다(겔 47장; 요 7:38 참고). 또한 생명나무는 십자가를 통한 영원한 구원을 상징한다. 이를테면 "만국을 치료하기 위하여" 맺힌 그 나무의 잎사귀들은 우리 영혼과 육체에 가해졌던 죄와 사망의 영향으로부터 우리를 온전히 치유하는 회복을 상징한다. 과거 에덴동산에 있던 생명나무가 진정한 생명이 주어지게 될 나무, 곧 예수님이 장차 형벌을 받게 될 십자가를 가리켰다면, 그와 마찬가지로 마지막 날 회복될 낙원에 있는 생명나무도 그 생명이 이미 주어진 나무인 십자가를 가리킨다고 볼 수 있다. 이처럼 로마 제국이 고안한 나무 형틀에서 일어난 그 죽음은 하나님의 심판에서 영원히 구원받을 수 있는 길을 열어 놓았다(겔 47장; 행 5:30; 10:39; 13:29; 벧전 2:24).

또한 우리는 여기서 하나님의 종들이 그분을 섬기며 그분의 얼굴을 보고, 나아가 그분과 함께 다스리게 되는 장면도 확인한다. 마지막 날 그분을 섬기며 그분의 얼굴을 보게 될 일은 상상할 수 없는 기쁨이 우리를 기다리고 있음을 의미한다. 그때 우리는 놀랍게도 우리를 인정해 주시는 다음과 같은 음성을 듣게 된다. "잘하였도다 착하고 충성된 종아 … 네 주인의 즐거움에 참여할지어다"(마 25:21).

이렇게 우리를 칭찬해 주시는 그분의 따뜻한 음성과 거룩한 미소가 영원히 우리와 함께한다. 따라서 우리는 그분의 임재가 우리에게 최고의 의미를 지닌다는 사실을 알게 된다. 결국 우리를 구원하신 주님과 함께 천국에 거하며 십자가 사건을 통해 주어진 구원의 풍성한 은혜를 누리는 일, 즉 그분을 누리는 일이 우리에게 주어진 기업이다. 이러한 일이 얼마나 장엄하고 영광스러울지 우리는 감히 다 헤아릴 수 없다.

2012년 8월 4일, 런던올림픽이 한창 진행 중이던 날이었다. 그날 나는 세 딸과 함께 올림픽 경기장에 있었다. 그런데 놀랍게도 제시카 에니스(Jessica Ennis), 그렉 러더퍼드(Greg Rutherford), 모 파라(Mo Farah) 선수가 모두 그날 금메달을 따며 영국의 위상을 높이는 쾌거를 이루었다. 각 선수가 승리할 때마다 경기장을 가득 메운 함성은 대단했다. 내가 스포츠 시합을 관람했던 날 중 최고로 감격스러운 날이었다. 하지만 그날 관람을 마치고 나서, 나는 이렇게 딸에게 속삭였다. "얘야, 창을 던지고 멀리 뛰고 빨리 달려 우승한 자들에게 이렇게 환호하고 격찬한다면, 하늘의 왕이 이 땅에 오시는 날엔 그 함성이 얼마나 더할까?"

그 함성 속에 있는 경험이 어떨지, 지금으로선 상상할 수도 없다. 우리는 그토록 감격스러운 미래를 맞이하며 기업을 누릴 것이다. 그리스도가 자신의 모든 소유를 우리와 함께 나누셨기 때문이다.

한 몸의 지체

에베소서 1장에서 바울은 그리스도 안에서 믿음으로 받게 된 신령한 복을 생각하며 하나님을 찬양했다. 그런 다음 2장에서는 모든 민족 가운데 하나님 백성으로 부르심을 받은 성도가 그리스도 안에서 하나 되는 놀라운 현실을 설명했다. 그리고 3장에 들어와서는, 구원받을 때 따라오는 첫 번째 특권으로서 천국의 상속자가 된다는 내용을 다루었다. 이제는 그 두 번째 특권으로서 한 몸의 지체가 된다는 내용을 다룬다(엡 3:6).

우리가 유대인이든 이방인이든 상관없이, 또 우리 각자가 속한 민족과 사회경제적 배경이 어떠하든, 우리는 그리스도인이 되는 순간 그리스도와 영적으로 연합한다. 곧 우리 모두는 동일한 그리스도의 영을 받아 경험적으로(experientially) 하나가 되어 교회 생활을 함께하게 된다. 우리를 창조하고 구속하신 하나님이 복수의 위격을 지니셨듯이, 교회도 어느 한 사람이나 동일한 부류의 군중이 아니라 다양한 사람들이 한 팀을 이룬다.

이러한 교회에 대하여 바울은 몸의 이미지를 사용한다. 각 지체가 몸에 정상적으로 붙어 있지 않으면 몸 전체가 제대로 움직일 수 없듯이, 교회도 서로 다른 사람들이 모여야 원활하게 움직일 수 있다. 한 교회, 한 몸의 지체들 간에는 우월감이나 열등감이 있을 수 없다. 각 지체가 모두 필요하다.

교회 안에서는 어떠한 지체도 어쩌다가 존재하는 경우는 없다. 또 어떠한 지체도 쓸모없는 경우는 없다. 모두 다 하나님이 디자인하신 지체이다. 교회는 결코 헬스장처럼 되어서는 안 된다. 모두 다 똑같이 조각 같은 몸을 만들려고 해서는 안 된다. 또 음악에 천부적인 재능을 가졌으면서 외모는 타인처럼 바꾸려 했던 마이클 잭슨(Michael Jackson)처럼 자신에게 주어진 은사와 상관없이 타인과 똑같은 모습을 가지려고 해서도 안 된다.

하나님은 서로 다른 모습을 통해 교회 생활을 더욱 풍요롭게 만드신다. 따라서 우리는 서로 다른 사람들로 채워진 교회를 소중히 여겨야 한다. 만일 몸의 장기가 모두 신장뿐이라면, 또 몸의 지체가 모두 손가락뿐이라면, 우리 몸은 어디에도 쓸모없을 게 분명하다. 마찬가지로 교회 역시 모두 같은 사람들이 모였을 때보다 서로 다른 사람들이 모였을 때, 훨씬 더 다채로운 사역을 수행할 수 있다.

이처럼 우리가 그리스도 안에 함께 모여 믿음으로 복음을 수용할 때, 그분 안에 있는 약속에도 함께 참여하게 된다. 이것이 구원받을 때 따라오는 세 번째 특권이다(엡 3:6). 이 약속은 무엇보다도 구약성경에 약속된 최고의 복이라고 할 수 있는 성령의 임재와 권능을 가리킨다(겔 36:26-27; 참고, 엡 1:13-14). 구약 시대에 성령은 선지자가 말씀을 전할 수 있도록, 왕이 나라를 통치할 수 있도록, 재판장이 사건을 해결할 수 있도록, 건축가가 성전을 지을 수 있도록 각자에게 능력을 주셨다. 이사야 선지자는 장차 오실 그리스도 역시 동일한 성령의 역사로 사역하실 것이라고 예언했다. "그의 위에 여호와의 영 곧 지혜와 총명의 영이요 모략과 재능의 영이요 지식과 여호와를 경외하는 영이 강림하시리니"(사 11:2). 마찬가지로 믿음으로 그리스도 안에 있게 된 우리 또한 성령의 역사로 사역하게 된다.

첫째, 성령은 그리스도에 관한 진리를 가르치신다. 예수님은 마지막 만찬에서 진리의 영, 곧 모든 것을 가르치시고 예수님이 말씀하신 모든 것을 생각나게 하시는 성령을 보내겠다고 약속하셨다(요 14:17, 26). 그 약속처럼 성령은 제자들로 하여금 신약성경을 기록하게 하셨고, 또한 우리로 하여금 그들이 기록한 말씀을 이해할 수 있게 하신다.

둘째, 성령은 그리스도에 관한 말씀을 전하게 하신다. 사도행전 2장을 보면, 요엘 선지자의 예언과 같이 하나님이 모든 제자들에게 성령을 보내어 그들을 새롭게 하시는 장면이 등장한다. 그 결과, 예루살렘에는 뚜렷한 변화가 일어나게 된다. 이전에는 두려움에 떨던 제자들이 담대히 "하나님의 큰 일"을 선포하며(11절), 성경에 기록된 "주와 그리스도"가 바로 예수님이라고 증언하게 되었다(36절). 이후로 성령께서는 모든 성도에게도 능력을 주셔서 그리스도 안에서 이루어진 하나님의 큰일을 선포하게 하시고, 성경에 기록된 복음도 가르치게 하신다.

셋째, 성령은 그리스도 안에서 새로운 생활을 하도록 역사하신다. 바울은 로마서 8장에서 성령의 사역을 묘사하면서 그분이 다스리시는 새로운 생각(6절), 그분이 부여하시는 새로운 생명(10절), 그분이 주도하시는 새로운 투쟁(13절), 그분이 일으키시는 새로운 확신(15절) 등을 설명한다. 한마디로 성령은 복음을 확신하도록, 곧 예수 그리스도를 신뢰하는 믿음으로 말미암아 하나님의 자녀가 된다는 사실을 확신하도록 역사하신다.

넷째, 성령은 우리가 그리스도를 닮아가도록 역사하신다. 갈라디아서 5장 22-23절을 보면, 성령의 인도를 따라 사는 삶은 단지 설교를 들으러 다닌다든가 어떤 기적을 추구하는 삶이 아니라 사랑 가운데 서로를 섬기는 삶임을 알 수 있다. 물론 우리 안에 남아 있는 죄성으로 인해 천국에 이를 때까지는 완벽한 삶이 불가능하다. 그러나 성령은 우리 안에서 역사하시며 우리 자신만 생각하는 이기심과 내적 투쟁을 벌이게 하시고, '성령의 열매'인 사랑과 희락과 화평과 오래 참음과 자비와 양선과 충성과 온유와 절제가 자라나도록 역사하셔서 우리로 하여금 그리스도의 아름다운 성품을 드러내게 하신다.

다섯째, 성령은 그리스도의 몸을 섬기는 데 필요한 은사를 주신다. 고린도전서 12-14장에서 바울은 모든 성도가 그리스도의 몸 된 교회를 세우며 섬길 수 있도록 은사를 받는다고 설명한다. 이에 여러 은사를 소개하는데, 치유와 같이 특별해 보이는 은사가 있는가 하면 행정과 같이 평범해 보이는 은사도 있다. 그리고 누구도 모든 은사를 다 받지는 않는다. 하나님의 뜻에 따라 은사를 많이 가질 수도 있고 적게 가질 수도 있고, 또한 은사를 발전시킬 수도 있고 잃어버릴 수도 있다. 대체로 은사란 다른 지체들이 평범하게 수행하는 일을 더 잘할 수 있는 능력을 의미한다고 볼 수 있다. 예를 들어 다른 사람을 격려하거나 돕는 일에 뛰어난 능력이 있다면 이를 은사라고 할 수 있다. 성령은 그러한 은사를 우리에게 주셔서 서로의 신앙을 돌보며 세워 가도록 하신다.

이와 같이 성령을 보내겠다고 하신 약속에 참여하여 각 사람이 교회의 성장에 필요한 역할을 감당할 수 있다는 것이 얼마나 큰 특권인지 모른다(엡 3:6). 또한 그처럼 복음의 비밀이 드러날 때 그리스도 안에 있는 하나님의 은혜를 우리 모두 알게 된다. 이제는 그 비밀을 알게 된 자로서 우리가 무엇을 해야 할지 알아보도록 하겠다.

측량할 수 없는 그리스도의 풍성함

바울은 계시된 비밀을 알게 된 결과 복음의 일꾼이 되었다고 고백한다(엡 3:7). 여기서 '일꾼'이란 문자적으로 '노예'를 의미한다. 그렇다고 바울이 노예 제도를 지지한다고 생각해서는 안 된다. 안타까운 일이지만, 그가 살던 고대 사회에서는 노예 제도가 이미 일반화된 현실이었다.

오늘날에도 노예가 존재한다. 유엔 조사에 따르면, 인신매매에 연루된 사람이 통상 240만 명에 달하며, 그중 80퍼센트가 성노예로 사고 팔린다. 이러한 노예 제도는 하나님 앞에 소중한 존재인 인간을 착취하는 매우 혐오스러운 문화 행태이다.

이렇게 끔찍한 노예 제도의 본질을 생각할 때, 바울이 스스로를 복음의 노예라고 묘사하는 모습은 의아하게 여겨질 수밖에 없다. 바로 이러한 노예 사역은 다름 아닌 하나님의 권능을 통해 바울에게 주어졌다. 바로 그리스도인의 박해자였던 그가 그리스도의 사도로 바뀌게 된 회심(conversion) 사건에서 복음에 사로잡힌 노예가 되었다. 그래서 바울은 자신을 "모든 성도 중에 지극히 작은 자보다 더 작은" 자라고 묘사한다(엡 3:8). 이는 애써 낮은 모습을 보이려 하거나 과장된 겸양을 나타내려는 표현이 아니다. 오히려 그리스도의 몸 된 교회를 박해하던 시절에 품었던 죄악성을 내면 깊이 의식하는 모습을 보여 준다. 마찬가지로 우리도 교회를 대적하던 자신의 과오가 생각날 수 있는데, 바로 그럴 때 하나님의 은혜에 감격하는 바울의 마음도 더 깊이 공감할 수 있다.

그렇게 깊은 은혜를 경험한 바울은 "측량할 수 없는 그리스도의 풍성함을 이방인에게 전하"는 일이 자신의 사명임을 알게 되었다(엡 3:8; 참고, 행 9:15). 다시 말해 그리스도 안에서 다함없이 주어지는 신령한 복을 선포하는 일이 자신의 사명임을 깨달은 것이다(엡 1:1-14; 3:6).

현재 세계에서 가장 큰 부자를 꼽자면, 빌 게이츠(Bill Gates), 카를로스 슬림(Carlos Slim), 워렌 버핏(Warren Buffett)을 들 수 있다.

그들 각자의 재산은 700억 달러가 넘는다. 하지만 그런 엄청난 돈을 다 투자해도, 단 한순간이라도 천국에 있을 수 있는 기회를 얻을 순 없다. 어떤 돈으로도 미래를 보장하지 못한다. 예를 들어 과거 수많은 이집트 왕도 자신의 사후를 위해 피라미드를 건설하곤 했지만, 결국에는 도굴꾼만 재미를 보게 되었다. 그리스도를 소유하지 못했다면, 억만장자라 하더라도 영생을 위해서는 가진 게 없는 빈털터리일 뿐이다. 따라서 우리는 자신과 가족을 위해 어떠한 부를 쌓고 있는지 진지하게 돌아볼 필요가 있다.

나의 아버지는 재산이 많지 않았다. 그러나 어머니와 함께 예수님을 우리에게 알려 주셨다. 나는 억만장자의 유산보다 이 신앙의 유산을 소중히 여긴다. 얼마 전 아버지가 80세 생신을 맞아 축하해 드렸는데, 그때 십대인 손주들에게 이런 말씀을 남기셨다.

"1947년에 그리스도인이 된 후로, 나는 예수님을 따르기로 한 결심을 단 한 번도 후회한 적이 없단다. 너희는 젊고 세상을 따르고 싶은 유혹을 많이 받겠지만, 꼭 예수님을 따르라고 말하고 싶구나. 영원히 그분을 누릴 수 있는 길이 너희 앞에 있단다."

아버지는 물질적으로 부자는 아니어도 "측량할 수 없는 그리스도의 풍성함을" 누리며 영적으로 부유한 삶을 사셨다. 우리는 그리스도를 알아가며 인생을 사는 길이 부동산으로 재산을 축적하고 멋진 휴양지에서 추억을 쌓는 길보다 훨씬 더 부유한 여정임을 알아야 한다. 우리 교회의 많은 사역자들은 런던에서 연봉이 높은 다른 직업을 가질 수 있었는데도 교회의 스태프가 되었다. 그래서 친구나 가족들이 애석하게 여긴다고 한다. 이는 그 사역자들이 어느 때보다 부유한 길을 가고 있다는 사실을 주변 사람들이 모르기 때문이다. 당신이 속한 교회도 마찬가지이다. 그 교회에는 영적인 억만장자, "측량할 수 없는 그리스도의 풍성함을" 누리는 부자가 가득하다.

이와 같이 바울은 그리스도의 풍성함을 전하는 사명에서 더 나아가 "영원부터 만물을 창조하신 하나님 속에 감추어졌던 비밀의 경륜이 어떠한 것을 드러내"는 사명까지도 수행했다(엡 3:9). 하나님은 아들의 죽음과 부활을 통해 우리를 구원하려는 경륜을 나타내셨는데, 놀랍게도 그 아들을 박해하던 냉혹한 죄인을 불러 자신의 경륜을 선포하게 하셨다. 그리하여 그 비밀은 더욱 진기하게 드러나게 되었다.

윈스턴 처칠(Winston Churchill)은 영국 전쟁 후 다음과 같은 문장을 언급하며 연설한 적이 있다. "인류 전쟁사에서 이렇게 많은 빚을 이렇게 적은 이에게 진 적은 없었다." 최근 알게 된 사실에 따르면, 원래 그 문장은 "인류사에서 이렇게 많은 빚을 이렇게 적은 이에게 진 적은 없었다"였다고 한다. 원고의 문장을 바꿔서 언급하게 된 경위는 이렇다. 처칠이 의회로 가는 차량 뒷좌석에 앉아 원고를 읽으며 연설을 준비하고 있었다. 그런데 동석하던 수행원이 끼어들며 이렇게 물었다. "그런데 예수님과 제자들에게 진 빚은 어떻게 생각하십니까?" 이에 처칠은 잠시 생각하더니, 그 문장에 쓰인 '인류사'를 '인류 전쟁사'로 축소하게 되었다. 왜냐하면 인류사를 통틀어 예수 그리스도와 사도들에게 진 빚보다 더 많은 빚을 그렇게 적은 이에게 진 적은 없었기 때문이다.

지금도 열방에서 수십억의 인구가 모여 예수 그리스도의 몸 된 교회를 이룬다. 그리고 감히 헤아릴 수 없는 하나님의 은혜를 누린다. 이는 모두 그리스도에게 진 빚이다. 또한 그 비밀을 신실하게 전한 사도들에게 진 빚이다. 그렇다면 왜 하나님은 이토록 놀라운 일을 계획하신 것일까?

하나님의 지혜를 펼쳐 보이는 교회

그리스도의 십자가를 중심으로 한 복음의 비밀이 드러날 때, 그 안에 감추어진 하나님의 계획도 함께 드러난다. "이는 이제 교회로 말미암아 하늘에 있는 통치자들과 권세들에게 하나님의 각종 지혜를 알게 하려 하심이니 곧 영원부터 우리 주 그리스도 예수 안에서 예정하신 뜻대로 하신 것이라"(엡 3:10-11).

여기서 '하나님의 각종 지혜'란 그분의 구원 계획에서 다각적으로 드러나는 탁월한 섭리를 의미한다. 이 표현은 정교하게 수놓은 양탄자나 다방면으로 빛깔을 내는 값비싼 다이아몬드를 떠올리게 만든다. 이와 같은 하나님의 지혜는 복음 가운데 아름답게 펼쳐진다. 그래서 "교회로 말미암아 하늘에 있는 통치자들과 권세들에게" 가시적으로 드러나게 된다. 이런 차원에서 모든 교회는 하나님의 지혜를 보여 주는 작품이라고 할 수 있다.

회의적인 비신자에게 복음을 전할 때 매우 설득력 있게 사용할 수 있는 설명이 있다. 바로 전 세계에 있는 교회에서 온갖 부류의 사람들이 모여 예수 그리스도를 예배하고 있다는 설명이다. 왜냐하면 이슬람교나 불교나 무신론의 경우는 모든 문화권에서 확산되는 경향을 나타내지 않기 때문이다. 그러나 예수 그리스도를 전파하는 복음은 모든 나라와 문화권에서 수용되는 현상을 보여 준다.

이와 같은 지상의 교회는 "하늘에 있는 통치자들과 권세들" 곧 영적 세계 앞에 가시적으로 드러난다. 그래서 영적 세계에 있는 사탄과 악한 권세들조차도 수많은 사람들이 그리스도의 통치 아래 교회를 이루어 가는 모습을 보며 하나님의 영원한 계획이 성취되고 있음을 인정할 수밖에 없다. 이러한 측면에서 볼 때, 전 세계에서 드려지는 각 지역 교회의 예배는 마치 프리미어리그에서 우승한 축구팀이 오픈 탑 버스로 순회하며 승리를 축하하는 모습을 방불케 한다. 물론 축구팀은 경기장에서 거머쥔 한 해의 승리를 기념할 뿐이지만, 교회는 십자가에서 사탄과 죄악과 죽음을 짓밟으신 하나님의 영원한 승리를 기념한다.

그러므로 이제 우리는 "그 안에서 그를 믿음으로 말미암아 담대함과 확신을 가지고 하나님께 나아"간다(엡 3:12). 우리가 어디서 부르심을 받았든 또 무엇을 하고 살았든, 우리는 복음을 통해 담대하게 하나님께 나아가 그분의 임재 가운데 살아간다. 단지 이 땅에서만이 아니라, 하늘에서도 그렇게 살아가게 된다. 이제는 그분을 싫어하는 원수가 아닌 그분을 사랑하는 귀한 자녀가 되었기 때문이다.

이러한 이유에서 바울은 권면한다. "너희에게 구하노니 너희를 위한 나의 여러 환난에 대하여 낙심하지 말라 이는 너희의 영광이니라"(엡 3:13). 이 모든 일이 하나님의 계획 가운데 있었기에, 바울이 투옥되었다고 해서 낙심할 이유는 전혀 없었다. 십자가를 지신 그리스도를 선포하다가 바울이 옥에 갇혀 고난을 받게 된 일은 헤아릴 수 없는 그리스도의 풍성한 은혜를 비천한 일꾼을 통해 영적 세계에 드러내고자 하신 하나님의 계획이었다.

오늘날도 마찬가지이다. 북한이나 파키스탄 또는 예멘 등지에서 그리스도인이 신앙을 지키다가 박해를 받는다고 해서 낙심할 이유는 없다. 이 모든 상황에서 복음이 급속도로 전파되고 있기 때문이다. 예수 그리스도는 지상에 있는 모든 민족 가운데 사람들을 불러 교회를 세우신다. 또한 그렇게 세워진 각 교회는 하나님의 놀라운 지혜와 은혜를 영적 세계 속에 드러내고 있다. 심지어 박해의 현장에서도 그러하다. 이처럼 역사상 가장 큰 미스터리는 그리스도 안에서 밝혀졌다. 그리고 그 결과 드러난 영광스러운 지혜는 지금도 당신의 교회를 통해 전파되고 있다.

하나님의 충만한 사랑(3:14-21)

흘러넘치는
하나님 사랑으로
인생을 세우다

사랑하는 사람과 결혼을 해서 신혼집을 꾸밀 때 많은 변화가 있기 마련이다. 보통은 그 사람의 분위기나 취향에 따라 모든 환경이 만들어진다. 내가 결혼했을 때도 마찬가지였다. 이런 일은 나의 경우에만 해당되는 것이 아니다. 어떤 변화가 나타났던가? 촌스러운 가구가 바뀌었고, 더러운 양탄자가 깨끗해졌으며, 창가에는 새로운 커튼이 달리게 되었다. 그보다 더욱 적극적인 변화도 일어났다. 벽에 붙여 놓은 축구팀 포스터가 따뜻한 그림으로 대체되었고, 푹신푹신한 쿠션이 여기저기 놓이게 되었다. 갑작스러운 변화였지만, 내가 사랑받는다고 느끼는 한, 얼마든지 수용할 수 있었다.

사실 모든 그리스도인은 지속적으로 그런 변화를 경험한다. 그리스도의 영이 우리 가운데 거하시면, 우리의 내면을 자신의 거룩한 성품에 맞게 단장하시기 때문이다. 그리고 우리의 마음을 사랑으로 채워 가신다. 과연 얼마나 많은 이들이 이와 같은 예수 그리스도의 사랑을 알고 있을까? 이번 장에서는 바울이 나누는 기도의 내용을 살펴보며 바로 그 사랑에 대해 알아보도록 하겠다.

무릎을 꿇고 드리는 기도

바울은 3장 1절에서 운을 뗀 말을 14절에 와서 다시 꺼낸다. 바로 "이러므로"라는 말이다. "이러므로 내가 하늘과 땅에 있는 각 족속에게 이름을 주신 아버지 앞에 무릎을 꿇고 비노니"(엡 3:14-15). 그는 에베소 교인들을 위해 또 다시 기도할 수밖에 없는 이유를 밝힌다. 세 가지 분명한 이유가 있다.

첫 번째 이유는, 에베소서의 전체 주제인 하나님의 영원한 계획이 담고 있는 놀라움 때문이다. 곧 "하늘에 있는 것이나 땅에 있는 것이 다 그리스도 안에서 통일되게 하려"는 데 그분의 계획이 있었는데(엡 1:10), 이 계획을 생각할 때 기도하지 않을 수 없었다. 바울은 유대인이나 이방인이 다 그리스도 안에서 구원받을 수 있다는 복음의 비밀, 다시 말해 "측량할 수 없는 그리스도의 풍성함을" 선포하는 자신의 사명을 소개하며 그 영광스러운 계획에 대해 이미 설명했다(엡 3:2-13).

또한 그 결과, "이제 교회로 말미암아 하늘에 있는 통치자들과 권세들에게 하나님의 각종 지혜"가 알려지게 되었다는 사실을 밝혔다(엡 3:10). 이처럼 그리스도의 죽음을 통해 죄인을 불러 모으시는 하나님의 지혜가 악을 정복하신 그분의 승리와 더불어 영적 세계에 드러났는데, 바로 이 원대한 계획을 생각할 때 그는 기도하지 않을 수 없었다. 그래서 하나님이 펼쳐 가시는 계획을 에베소 교인들도 기뻐하기를 간구했다.

두 번째 이유는, 그리스도의 통치 아래 서로를 화목하게 하시려는 하나님의 계획이 이미 그분과의 수직적 관계(엡 2:1-10)와 다른 사람과의 수평적 관계(엡 2:11-22) 속에 성취되고 있었기 때문이다. 이러한 이중적 화목 관계를 생각하며, 바울은 에베소 교인들이 하나님과 다른 이들과의 관계에서 화평을 누릴 수 있게 해 준 그리스도의 죽음과 부활을 깊이 묵상하며 감사하기를 간구했다.

세 번째 이유는, 앞서 설명한 바와 같이 에베소 교인들이 "성령 안에서 하나님이 거하실 처소가 되기 위하여 그리스도 예수 안에서 함께 지어져"가고 있다는 사실에 큰 격려를 받았기 때문이다(엡 2:22). 이로써 바울은 그들을 위해 기도할 수 있는 특권과 기도해야 할 책임을 동시에 안게 되었다.

이처럼 그는 에베소 교인들의 삶에 큰 역사를 이루어 주시기를 기도했다. 여기서 우리는 그의 기도를 통해 우리의 기도를 돌아볼 필요가 있다. 하늘에 계신 우리 아버지는 분명 우리의 일상적 필요와 같이 작은 문제에도 관심을 가지고 계신다. 그러나 때로 우리는 그러한 사실에만 기대어, 자신과 관련된 사소한 문제를 위해서만 기도한다. 흔히 성경 공부 모임에서도, 에베소서처럼 장엄한 주제를 다루는 본문을 읽고 나서도 성경책을 덮으며 주말에 있을 바비큐 파티나 감기에 걸린 자녀의 회복을 위해서만 기도하고 마치는 경우가 많다. 만일 우리가 일상적 필요만이 아니라 본문이 보여 주듯이 다른 이들을 향한 하나님의 영원한 계획을 위해서도 기도한다면, 우리는 그분이 우리의 기도에 어떻게 응답하시는지 더 뚜렷이 목격하는 복을 누리게 된다. 하나님은 우리 아이가 수학 시험에서 좋은 성적을 받는 일보다 성령이 거하시기 적합한 마음을 갖는 일에 더 깊은 관심을 가지고 계시기 때문이다.

완전한 사랑을 보이신 하늘 아버지

우리는 바울이 누구를 의식하며 기도하고 있는지 주목할 필요가 있다. "내가 하늘과 땅에 있는 각 족속에게 이름을 주신 아버지 앞에 무릎을 꿇고 비노니"(엡 3:14-15). 바울은 하늘에 계신 아버지 앞에 철저히 복종하는 마음으로 무릎을 꿇는다. 본문에서는 아버지는 각 족속에게 이름을 주신 분으로 묘사된다. 이는 인류에게 가족을 주신 분임을 의미한다. 이 가족은 삼위일체 하나님의 가족을 반영한다.

여기서 하나님의 가족이란, 전 세계 모든 문화권에서 형성되는 가족뿐만 아니라 하나님의 자녀가 모인 지역 교회라는 가족, 더 나아가 하늘에 있는 천사들까지 포함한다. 이중 각 문화권에서 형성되는 가족은 하나님이 우리에게 기본적으로 제공하신 사랑의 공동체이다. 여기서 우리는 자녀를 양육하며 하나님 사랑을 가르친다. 이처럼 가족이란 '사회적 진화'(social evolution)에 따라 어쩌다가 발생한 산물이 아니다. 비록 죄악으로 인해 가족의 역기능이 나타날 순 있지만, 가족이란 엄연히 삼위일체 하나님, 곧 성부, 성자, 성령 하나님의 가족을 반영하는 조직이다. 따라서 지역 교회라는 가족은 우리의 문화적 가족이 학대나 알코올 중독 또는 폭행 등으로 손상되어 있을 때 그 가족이 제공할 수 없는 사랑을 제공해 주어야 한다. 또 교회는 심각한 질병, 사별, 실직, 노숙 등으로 고통 받는 지체들도 돌아봐야 한다. 흔히 우리가 고통 받을 때, 하늘에 계신 우리 아버지는 고통스러운 세상을 우리 앞에서 제거하시기보다 바로 그 세상 속으로 교회 식구를 보내어 우리를 돕게 하신다.

이러한 이유에서 바울은 무릎을 꿇고 전능하신 그분을 '아버지'라고 부르며 기도한다. 우리는 이 최상의 존재, 우주의 창조자이자 통치자이신 그분을 아버지라고 부르는 일이 얼마나 충격적인 일인지 모를 수 있다. 예수님이 사용하신 '아바'라는 아람어는 사랑과 존경의 마음을 담고 있는 '아빠'를 의미한다. 인류 역사상 어떤 종교에서도, 심지어 유대 랍비조차도 하나님을 감히 '아빠'라고 부르지 못했다.

이와 달리 예수님은 기도의 우선적인 원리가 무엇인지를

보여 주셨다. 곧 기도하게 만드는 능력은 기도의 기술이 아니라 기도의 신학에 있음을 알려 주셨다. 또 기도의 방법이 아니라 기도의 대상을 인식할 때, 올바른 기도를 드릴 수 있음을 알려 주셨다. 예수님이 가르쳐 주신 기도의 머리말인 "하늘에 계신 우리 아버지여"는 바로 그분의 복음 사역 전체를 요약하는 표현이었다(마 6:9). 이는 "예수 그리스도로 말미암아 자기의 아들들이 되게" 하시는 하나님의 은혜를 우리가 누릴 수 있게 되었음을 선포하는 표현이기도 했다(엡 1:5). 바로 이 기적과 같은 사실이 기도의 전제 조건이다. 우리는 하나님의 자녀가 되었다. 그래서 예수님의 이름과 성령의 능력을 힘입어 기도하며 그분을 아버지로 부를 수 있게 되었다. 그 결과 우리는 지상에 있는 어느 아버지보다, 또한 위기의 순간에 의지하고 싶은 어떤 사람보다 하늘에 계신 우리 아버지가 능력과 사랑과 지혜에 있어 더욱더 탁월하시다는 사실을 알게 되었다.

바로 이 하늘 아버지는 뜨거운 사랑, 완전한 사랑을 우리에게 보이신다. 그분은 육신의 아버지와 달리, 언제나 우리를 만나 주신다. 우리가 예수님을 닮아 갈 수 있는 최상의 길을 아신다. 그리고 늘 오래 참고 인자하시다. 나아가 모든 필요를 제공할 수 있는 능력도 가지고 계신다. 그뿐 아니라 관대하시고 지혜로우시며, 우리를 강하게 훈계하시면서도 이내 용서하신다. 결코 약속을 어기시는 법도 없다. 어디든지 우리와 함께 가신다. 그러므로 그분은 최고의 아버지시다. 특별히 육신의 아버지를 일찍 여의었거나 그 아버지에 대한 기억이 좋지 않은 이들에게는 더욱 그러하다.

그렇다면 바울은 그러한 아버지가 무엇을 해 주시기를 기도하고 있을까? 놀랍게도 그는 세 번씩이나 '능력'을 구하고 있다(엡 3:16, 18, 20). 우리는 그렇게 능력을 구하는 모습에 우려를 표할지 모른다. 간혹 부자가 된다거나 병 고침을 받을 수 있다는 식으로 능력을 앞세워 순진한 교인들의 재물을 착취하려는 사람들이 있기 때문이다. 하지만 바울은 그런 능력을 구한 게 아니다. 여기서 그는 "성령으로 말미암아 [우리] 속사람을 능력으로 강건하게 하시"고(16절) "능히 모든 성도와 함께 지식에 넘치는 그리스도의 사랑을 알고"(18절) "우리 가운데서 역사하시는 능력대로"(20절) 우리 모두가 성장하는 데 필요한 그런 능력을 구하고 있다.

예수 그리스도를 구하는 기도

우선 바울은 그리스도가 에베소 교인들의 마음에 계시기를 기도한다(엡 3:16-17). 우리는 이 본문을 좀 더 자세히 들여다볼 필요가 있다.

먼저, "그의 영광의 풍성함을 따라"(16절). 에베소 교인들에게는 하나님의 무한한 영광에서 주어지는 능력이 필요했다. 왜냐하면 사람이 자신의 마음이나 행동을 바꾸고자 할 때, 그러한 노력은 언제나 하나님의 영광에서 비롯되는 능력을 힘입어야 근본적이고 지속적인 변화를 이끌어낼 수 있기 때문이다.

다음으로 "그의 성령으로 말미암아 너희 속사람을 능력으로 강건하게 하시오며"(16절). 에베소 교인들에게 주어질 능력은 타인에게 과시할 수 있도록 가시적으로 주어지는 능력이 아니라, 그들 마음에 계시는 성령이 일으키시는 영적 확신으로서 눈에 보이지 않는 능력을 의미했다.

마지막으로 "믿음으로 말미암아 그리스도께서 너희 마음에 계시게 하시옵고"(17절). 바울은 예수 그리스도가 에베소 교인들의 마음에 편하게 거하시기를 기도했다. 이러한 기도가 좀 이상하게 들릴 수도 있다. 왜냐하면 그는 이미 1장 13-14절에서 에베소 교인들이 "그 안에서 또한 믿어 약속의 성령으로 인치심을 받았으니 이는 우리 기업의 보증이 되사 그 얻으신 것을 속량하"셨다고 말했기 때문이다.

다시 말해, 그들이 복음을 믿을 때, 이미 성령이 그들의 마음에 오셨다. 그러나 3장 17절에서 사용된 '계시다'라는 표현은 어딘가에 도착하는 일이 아니라 거기에 온전히 정착하는 일을 묘사한다. 따라서 바울은 에베소 교인들의 마음에 내주하시는 성령이 또 다시 오시기를 기도한 게 아니라, 그분이 자신의 집과 같이 편하게 그곳에 거하시기를 기도하였다. 그들의 정서와 결정과 행동이 일어나는 자리에 그분이 온전히 함께하시기를 기도한 것이다.

결국 성령님이 충만히 거하시는 일이 바로 예수 그리스도가 마음에 계시는 일이다. 이는 곧 하늘에 계시는 그리스도가 성령의 권능으로 우리 마음에 임재하셔서 내면을 변화시키시는 과정을 의미한다. 이러한 임재는 "믿음으로 말미암아" 경험하게 된다(엡 3:17). 그렇다고 해서 아무 믿음이라도 있으면 그런 임재를 경험할 수 있다는 말은 아니다. 또 어떠한 결단을 내린다고 해서 그런 임재를 경험하며 우리가 원하는 바를 얻어낼 수 있다는 말도 아니다. 예수 그리스도에 대한 믿음은 성령께서 말씀을 통해 일으키시기 때문이다. 그러한 믿음을 통해서만 그리스도를 더 친밀히 알아갈 수 있다.

이런 차원에서 믿음이란, 단지 구원받을 때 처음으로 그리스도를 의지하는 마음만 가리키는 게 아니다. 믿음은 그리스도를 신뢰하는 일상 속에서 자라나는 마음을 가리키기도 한다. 곧 우리를 용서하시고 안전하게 보호해 주시는 구원자이자, 또 우리를 인도하시고 매일의 필요를 채워 주시는 주님으로서 예수 그리스도를 믿고 의지하는 마음을 가리킨다. 성령은 말씀을 통해 그러한 믿음이 자라나게 하신다.

이와 같은 성령의 사역을 보여 주는 예가 있다. 언젠가 나는 이스탄불의 '술탄 아흐메트 모스크'(Blue Mosque)에서 굉장한 불꽃 쇼를 본 적 있다. 여러 각도에서 뿜어져 나오는 환상적인 빛줄기가 중앙에 있는 둥근 지붕과 6개의 뾰족탑, 그리고 8개의 작은 돔을 비추었다. 그런데 그 광선은 모두 광선 자체를 주목하게 하려고 비추어진 빛이 아니었다. 오로지 웅장한 모스크를 드러내기 위해 비추어지고 있었다. 마찬가지로 성령님도 예수 그리스도를 드러내기 위해 일하시는 분이다. 그러므로 성령이 충만하게 거하시는 교회란, 바로 예수 그리스도가 지속적으로 영광 받으시는 교회이다.

영적 리노베이션

성령이 강하게 일하시면, 우리 마음속 깊은 데서 변화가 일어난다. 그분이 우리 안에 거하시는 이상, 우리 마음을 계속 변화시켜 예수 그리스도가 거하시기 편하도록 만드시기 때문이다. 왜 그렇게 하실까?

그 이유는 예수 그리스도가 우리 마음에 영원히 계시기 때문이다. 우리가 어떤 방에 잠시 묵을 때는, 여행가방에서 짐도 다 빼지 않고 방도 어지럽히지 않은 채 그대로 사용한다. 그러나 완전히 거하려고 입주할 때는, 벽지도 바꾸고 천장에 페인트칠도 다시 하고 카펫도 새로 깔고 오래된 가구도 처분한다. 마찬가지로 성령이 우리 마음에 들어오시면, 마음 구석구석을 계속해서 단장하신다. 그래서 이기심으로 찌든 벽지가 사랑의 분위기를 풍기는 새로운 벽지로 바뀐다. 죽음에 대한 두려움으로 어둑어둑해진 천장이 그리스도의 부활을 바라보는 소망의 빛깔로 환히 채색된다. 오랜 세월 부도덕한 삶으로 얼룩진 카펫이 순결하고 온화한 느낌의 카펫으로 교체된다. 우상 숭배에 견디지 못해 삐걱거리던 가구 대신 예수 그리스도를 경배하기 위한 새 가구가 들어선다.

갓 결혼한 부부가 함께 살기 위해서는 모든 일을 서로 의논하며 함께 결정해야 하듯이, 그리스도인도 모든 일을 그리스도와 함께 결정해야 한다. 그러기 위해서는 성경을 통해 그분의 생각을 알아야 한다. 또한 우리는 무언가를 선택하기에 앞서 그분의 말씀을 바르게 적용하며 경건한 결정을 내릴 수 있는 지혜를 얻기 위해, 그리고 그 결과를 다스리실 그분의 주권을 의지하기 위해 기도를 익혀 가야 한다.

마찬가지로 부부가 이기적인 욕망을 내려놓고 공동의 유익을 추구해야 하듯이, 그리스도인도 성령의 도우심으로 이기적인 죄성을 죽이고 타인을 섬기는 삶을 살아가야 한다. 우리가 그렇게 변화되어 갈 때, 내주하시는 그리스도가 우리의 마음을 더욱 편히 느끼신다. 바울이 능력을 구하며 기도한 이유가 바로 여기에 있다. 그는 에베소 교인들이 성공하여 유명해지기를 원해 능력을 구한 게 아니라, 그들이 더욱 거룩하고 정결해지게 하고자 능력을 구했다. 한마디로 그들의 마음이 새롭게 바뀌기를 바라며 능력을 구했다. 그러한 능력이 임해야 우리 삶에는 눈에 띄는 변화가 일어난다. 물론 그런 와중에도 주님을 거역하거나 순종하지 않는 일이 발생할 수도 있다.

가령 심술 난 룸메이트가 음악을 크게 틀며 함께 사는 친구를 괴롭히거나 또는 철없는 남편이 양말을 아무데나 벗어 던지며 아내를 귀찮게 할 수 있듯이, 우리도 주님의 뜻에 어긋나게 행동할 수가 있다. 그러나 그럴 때조차도, 주님은 우리와 함께 살기를 포기하지 않으신다. 우리 마음이 바로 그분이 거하시는 집이 되었기 때문이다. 물론 주님과 함께 사는 일이 우리에게 늘 편하기만 한 것은 아니다. 왜냐하면 우리를 사랑하셔서 우리의 죄악에 대해 결코 가만히 계시지 않기 때문이다. 그분은 우리의 내면을 철저하게 변화시켜 가신다. 우리를 너무나도 사랑하시기 때문이다.

개인적으로 내가 지난 20년 이상 교회를 섬기면서 가장 기뻤던 경험은 말씀과 성령의 사역으로 사람들이 계속해서 회심하는 장면을 지켜보았던 일이다. 언젠가 나는 진보적인 성향의 지역 목회자 모임에 초대받아 우리 교회가 성장하는 이유에 대해 강연한 적이 있다. 그들이 나를 초대한 이유는 자신들이 섬기는 교회는 계속 쇠퇴하고 있었기 때문이다. 그래서 우리 교회가 어떤 경영 전략을 사용했기에 사람들이 그처럼 시간과 물질을 아끼지 않고 자원하며 섬기게 되었는지를 알고자 했다.

하지만 나는 그날, 우리 교회가 성경을 주의 깊게 가르친다는 설명밖에는 하지 않았다. 물론 그들이 듣고자 한 것이 아니었다. "어떻게 젊은이를 교회에 오게 만듭니까?" "어떻게 리더십을 개발합니까?" "어떻게 재정 마련을 하고 있습니까?" "어떻게 비전을 제시하며 어떻게 팀 사역을 하고 있습니까?" "교회 개척을 위한 지원자는 어떠한 전략으로 모집하고 있습니까?" "왜 교인들이 많아진다고 생각합니까?"

이러한 질문에 대하여, 나는 우리 교회에서 일어나는 모든 일은 말씀을 통한 성령님의 역사로 사람들이 계속해서 변화될 때 따라오는 자연스러운 결과일 뿐이라고 답했다. 그들이 섬기는 교회도 성장하고 변화되기 위해서는 오직 그리스도의 영이 그들 안에 계시며 능력을 주셔야만 했다. 곧 그들에게 새로운 생명을 주시며 그들 안에 거하셔서 각 사람을 경건하고 진실한 복음 사역 자로 꾸준히 변화시켜 가시는 성령님의 사역 없이는 그들이 이끄는 교회가 변화될 수 없었다. 그런데 그들은 이런 내용을 듣고 싶어 하지 않았다. 성경의 가르침을 원하지 않았기 때문이다. 그러나 우리는 그들과 달라야 한다. 바울처럼 하나님의 능력을 구해야 한다. 그리하여 그리스도가 친히 우리 마음을 고치시도록 우리를 그분의 말씀에 복종시켜야 한다.

그리스도의 사랑을 알기 위한 기도

이제 바울은 에베소 교인들을 위해 자신이 무엇을 기도하는지 설명하기 위해 살아 있는 식물 이미지를 사용한다. "너희가 사랑 가운데서 뿌리가 박히고 터가 굳어져서"(엡 3:17). 십자가에서 가장 극명하게 드러난 하나님의 희생적 사랑, 우리가 그분과의 관계 속에서 늘 경험하는 그리스도의 사랑은 우리의 신앙을 나무에 비유할 때 그 나무가 뿌리를 내리는 토양과 같다. 바로 이 토양으로부터 우리의 신앙이 성장하고 꽃을 피우기 위한 영양소가 공급된다. 인간관계에서 경험하는 사랑도 단지 뜨거운 열정에 사로잡혀 있을 때만이 아니라 시간이 지나며 지속되는 인내와 도움을 통해 드러나게 마련이다. 마찬가지로 그리스도의 사랑도 십자가 사랑에 감격할 때만이 아니라 세월이 흐르며 지속되는 그분의 보호와 격려를 경험하면서 알아가게 된다.

바울은 하나님과의 인격적인 관계 속에서 에베소 교인들을 위해 기도하며, 그들이 그리스도의 무한한 사랑을 머리가 아닌 전인격으로 알게 되기를 간구한다. 그러한 앎은 그들의 능력이 아니라 하나님의 능력으로만 얻을 수 있었기 때문이다. 이처럼 그리스도의 사랑을 알게 하는 하나님의 능력은 놀랍게도 "모든 성도와 함께" 복음을 묵상할 때 더욱 역동적으로 나타난다(엡 3:18). 우리 혼자서는 그분의 사랑을 충분히 이해할 수 없다.

얼마 전 우리 교회는 창립 25주년을 맞이하며 그간 베풀어 주신 하나님의 은혜에 감사하는 예배를 드렸다. 그때 우리가 분명히 알게 된 사실이 있다. 우리 중 어느 누구도, 혼자서는 특별할 게 없다는 점이다. 우리는 교회라는 한 가족으로서 존재하며 주님이 행하신 여러 가지 역사를 함께 목격해 왔음을 알게 되었다.

우리가 "모든 성도와 함께 지식에 넘치는 그리스도의 사랑을 알고 그 너비와 길이와 높이와 깊이가 어떠함을 깨달아" 가기 위해서는 성령의 사역이 필요하다(엡 3:18-19). 이 본문을 해석할 때 성령의 조명하심에 따라 성경의 다른 문맥을 참고하면 도움을 얻을 수 있다. 특별히 온 우주와 자연 만물에 빗대어 하나님의 측량할 수 없는 성품을 찬양하는 문맥이라면 더욱 좋다. 다음 시편처럼 말이다. "하늘이 땅에서 높음 같이 그를 경외하는 자에게 그의 인자하심이 크심이로다 동이 서에서 먼 것 같이 우리의 죄과를 우리에게서 멀리 옮기셨으며"(시 103:11-12).

바울은 하나님의 은혜를 전하고자 하는 본 서신의 주제에 걸맞게 여기서 '크기'의 개념을 도입한다. 그리스도의 사랑이 얼마나 큰지를 묘사하기 위해 그가 사용하고 있는 개념을 하나씩 살펴보면 다음과 같다.

첫째, '너비'는 그리스도의 포용적인 사랑을 묘사한다. 바울은 그리스도의 사랑이 유대인과 이방인뿐 아니라 그분의 긍휼을 구하기 위해 나오는 사람이라면 누구라도 받아준다는 사실을 설명한 바가 있다. "또 오셔서 먼 데 있는 너희에게 평안을 전하시고 가까운 데 있는 자들에게 평안을 전하셨으니"(엡 2:17).

그리스도의 진실한 사랑을 받기에는 우리가 너무나 부도덕하고, 가난하고, 세속적이고, 불경건하며, 병들어 있다고 느낄지도 모른다. 만일 그렇다면, 하나님의 도우심 가운데 그리스도의 사랑이 얼마나 넓은지를 깨달아야 한다. 우리가 정말로 그리스도를 신뢰한다면, 우리가 저지른 어떠한 일도, 또 우리가 저지를 수 있는 어떠한 일도 그분의 사랑 밖으로 우리를 몰아낼 수 없다. 그 사랑은 심히 넓어 우리를 다 끌어안기 때문이다.

둘째, '길이'는 그리스도의 지속적인 사랑을 묘사한다: 바울은 하나님의 사랑이 창세전에 시작되어 영원히 지속된다는 사실을 이미 설명했다. "곧 창세전에 … 그 기쁘신 뜻대로 우리를 예정하사 예수 그리스도로 말미암아 자기의 아들들이 되게 하셨으니"(엡 1:4-5).

우리는 자신에게 사랑을 주어야 할 대상이 오히려 우리를 버리는 아픔을 겪었을지도 모른다. 아버지나 남편 또는 친구가 그렇게 자신을 버리고 떠났을지도 모른다. 그처럼 세상에는 '사랑한다'라고 말하지만 그 사랑을 지키지 못하는 이들이 많다. 또 어쩌면 우리는 자신이 크게 성장하지 않고 있어 그리스도가 우리를 포기할지 모른다고 걱정할 수도 있다. 혹은 지속되는 실패에 그리스도 역시 답답해하실 것이라고 생각할 수도 있다. 만일 그렇다면, 그분의 사랑은 영원하다는 사실을 깨달아야 한다. 우리가 얼마나 심각하게 또 얼마나 빈번하게 그분을 실망시켰든, 그분은 결코 우리를 떠나지 않으신다. 그리스도는 창세전부터 우리를 사랑하셨고, 또한 영원토록 우리를 사랑하실 분이다. 그러므로 결코 우리를 포기하시는 법이 없다. 그 사랑은 심히 길어 영원히 지속된다.

셋째, '높이'는 그리스도의 초월적인 사랑을 묘사한다. 바울은 그리스도 안에서 주어진 하나님의 사랑이 단지 우리를 지옥에서 건질 뿐만 아니라 우리를 하늘까지 높이는 사랑임을 앞서 설명했다. "또 함께 일으키사 그리스도 예수 안에서 함께 하늘에 앉히시니 이는 그리스도 예수 안에서 우리에게 자비하심으로써 그 은혜의 지극히 풍성함을 오는 여러 세대에 나타내려 하심이라"(엡 2:6-7).

어쩌면 우리는 그리스도인이 되는 일이 정말로 가치가 있는지, 과연 그리스도는 모든 걸 주실 수 있는 분인지, 그분을 따르는 데 드는 희생보다 그로 인해 얻을 유익이 정말로 더 클지 궁금할지도 모른다. 만일 그렇다면, 그분의 사랑이 얼마나 숭고한지, 또한 그분이 우리를 위해 비축해 놓으신 복이 얼마나 큰지, 그리고 장차 회복될 세상에서 우리가 누릴 특권이 얼마나 영광스러운지 깨달아야 한다. 그리스도의 사랑으로 인해 우리는 시궁창 같은 밑바닥에서 이 자리로 오게 되었다. 다시 말해 지옥에서 천국으로 옮겨지게 되었다. 이러한 사랑은 심히 높아 세상의 모든 가치를 초월한다.

넷째, '깊이'는 그리스도의 희생적인 사랑을 묘사한다. 바울은 그리스도가 우리 죄를 위해 죽으심으로써 그 사랑을 나타내셨다고 이미 설명했다. "우리는 그리스도 안에서 그의 은혜의 풍성함을 따라 그의 피로 말미암아 속량 곧 죄 사함을 받았느니라"(엡 1:7).

어쩌면 우리는 그리스도가 얼마나 심한 고난을 당하셨는

지 제대로 묵상해 본 적이 없을지도 모른다. 단지 죄수로 몰려 매를 맞고 십자가에서 벗겨진 채 매달려 대중 앞에서 조롱과 학대를 당하신 육체의 괴로움뿐 아니라, 자기 백성이 당해야 했던 지옥의 고통까지도 감수한 영혼의 괴로움을 제대로 묵상해 본 적이 없을지도 모른다. 과연 우리는 그리스도가 우리를 사랑해서 그토록 깊은 고난을 당하셨다는 사실을 얼마나 생각하며 살고 있을까? 또 어쩌면 우리는 유흥가에서, 사무실에서, 인터넷에서, 혹은 우리의 생각 속에서 너무나 끔찍한 죄를 자주 저질렀기에 결코 용서받을 수 없다고 생각할지도 모른다. 만일 그렇다면, 그리스도는 우리가 저지른 크고 작은 죄뿐만 아니라 우리가 저지르고자 했으나 그렇지 못했던 수많은 일들까지 다 아시고도, 그런 우리가 받아야 했던 형벌을 자기 영혼 깊숙한 데까지 받으셨다는 사실을 깨달아야 한다.

안타깝게도 이와 같은 사랑의 크기가 많은 사람들에 의해 과소평가되고 있다. 우리는 그리스도인이면서도 그처럼 넓고 포용적인 사랑, 길고 지속적인 사랑, 높고 초월적인 사랑, 그리고 깊고 희생적인 사랑을 받고 살아간다는 사실을 쉽게 망각하곤 한다. 따라서 비극이지만, 우리와 다른 비신자는 하나님의 사랑이 어떠한지를 거의 알지 못한 채 살아가는 게 당연하다. 그 결과, 이미 언급한 리처드 도킨스나 스티븐 프라이 같은 무신론자는 하나님을 잔혹한 괴물이라고까지 말한다. 그분의 사랑을 경험하지 못하기 때문이다.

2009년에 영국 신문 〈데일리 미러〉(Daily Mirror)는 2차 대전때 자신이 소지한 수류탄이 터져 사망했던 로버트 키(Robert Key)포병에 관한 이야기를 소개했다.

1944년 9월, 사건이 일어났을 당시 군 보고서는, 영국이 탈환했던 프랑스의 어느 마을에서 수류탄을 터뜨려 버린 일로 인해그를 비난하는 내용을 실어 놓았다. 그리고 그의 가족조차 65년동안 로버트에 관한 언급은 삼갔다. 복무 기록에도 사망 원인에대해 '어리석은' 행동이었다고 적어 놓았기 때문에 가족의 수치심은 매우 클 수밖에 없었다. 그러다가 2008년이 되어 바로 그 프랑스 마을에서 봉직하는 의원이 로버트 가족을 찾아가 자기 마을에 길을 내고 이름을 정하는 데 '로버트'라는 이름을 사용할 수 있는지 물어보면서 사건의 전말이 드러났다. 그날 가족이 알게 된사실은 이랬다. 당시 로버트는 마을에서 수류탄을 가지고 노는아이들을 보았다. 그때 한 아이가 수류탄의 핀을 뽑아 들었고, 이에 로버트는 수류탄을 바로 낚아채고 멀리 뛰었다. 아이들을 살리기 위해 수류탄을 움켜쥐고 뛰었던 것이다. 그 이후로 로버트는 마을에서 전설 같은 인물로 남게 되었다. 이제 예순이 넘은 그의 조카 로버트 퍼버(Robert Furber)는 이렇게 인터뷰했다. "그 소식은 충격적이었고 그동안 우리가 알던 내용과는 완전히 다른 사실을 말해 주었습니다."

그리스도의 사랑도 마찬가지이다. 신앙이 없는 사람에게뿐 아니라 신앙이 있는 사람에게조차 그 사랑은 그동안 우리가 알던 내용과는 완전히 다른 사실을 말해 주는 사랑이다.

넘치는 사랑을 확신하는 삶

바울은 에베소 교인들이 신앙을 갖고 "사랑 가운데서 뿌리가 박히고 터가 굳어져"(엡 3:17) 그리스도의 사랑이 얼마나 큰지 지식적으로 아는 데서 그치지 않기를 원했다. 다시 말해 그들이 "지식에 넘치는 그리스도의 사랑을" 알게 되기를 바랐다(엡 3:18). 왜냐하면 그분의 사랑을 지식적으로 아는 데서 그치고 살아가는 경우도 많았기 때문이다.

현재 과학자들에게 가장 깊은 바다로 알려진 지역이 있다. 바로 북서 태평양 마리아나 해구에 속한 챌린저 해연이다. 이 해연의 깊이는 에베레스트산의 높이를 능가한다. 따라서 지금까지도 그 밑바닥을 탐사하며 엄청난 압력을 견뎌 낼 수 있는 잠수정이 존재하지 않는다. 그렇게 그 해양의 깊이를 온전히 측정하는 일조차 불가능한 상황이지만, 사람들은 그 지역 휴양지에서 수영을 즐긴다. 그저 해변에 서 있기만 하는 게 아니다. 이는 마치 영국 해안가에서 윈드서핑을 하고, 호주 산호초 지대에서 다이빙을 하며 열대어를 구경하고, 카리브 해변에서 일광욕을 즐기는 일을 한다.

바울도 에베소 교인들이 광대한 그리스도의 사랑을 깊이 경험하며 매일 그 사랑을 확신하는 가운데 살기를 바랐다. 그리하여 죄악에 대한 수치심, 세상의 핍박, 그리고 마귀의 역사가 불어 닥칠 때에도 복음을 확신하며 측량할 수 없는 사랑의 대양을 즐기기를, 그렇게 "지식에 넘치는 그리스도의 사랑을" 알아가기를 바랐다. 우리도 확신을 가지고 그분의 사랑을 알아가기 위해서는 하나님의 능력이 필요하다. 따라서 우리도 바울처럼 그분의 능력을 구하며 기도해야 한다. 우리만이 아니라 다른 지체를 위해서도 말이다.

그렇게 해서 하나님이 우리로 하여금 측량할 수 없는 사랑을 알아가게 하실 때, 우리는 서서히 그분의 사랑으로 충만해지는 은혜를 누리게 된다(엡 3:19). 바울은 앞서 "교회는 그의 몸이니 만물 안에서 만물을 충만하게 하시는 이의 충만함"이라고 표현한 바가 있다(엡 1:23). 이는 우리가 경험할 수 있는 관계에 대한 설명이다.

갓 결혼한 아내는 남편이 자기를 사랑하는지 개념적으로

만 아는 경우가 많다. 그러나 오랜 세월이 흐르며 수만 가지 경험으로 자신이 사랑받고 있다는 사실을 확인하게 되면, 비로소 남편의 사랑으로 가득 채워진 삶을 살게 된다. 마찬가지이다. 그리스도 역시 우리를 부르신 순간부터 우리와 함께하신다. 그러나 우리의 삶은 계속해서 그분의 영으로 채워져야 한다(엡 5:18). 이는 "그리스도의 말씀이 [우리] 속에 풍성히 거하"게 해 달라고 기도하는 내용과 일맥상통한다(골 3:16). 우리는 포용적이고 지속적이고 초월적일 뿐 아니라 희생적으로 드러난 그 사랑이 수만 가지 방식으로 표현되는 말씀을 묵상해야 한다. 십자가를 바라보도록 이끄는 그분의 말씀을 묵상하며 그 사랑으로 계속 채워져야 한다.

그렇다면 우리는 어떻게 그리스도가 계시기에 적합하도록 성장할 수 있을까? 어떻게 지식에 넘치는 그리스도의 사랑을 실제로 알아갈 수 있을까? 바울이 너무 이상적인 말을 한 것은 아닐까? 너무 높은 기준을 제시한 것은 아닐까? 그렇지 않다. 바울이 기도했던 하나님, 또 우리가 기도하는 하나님의 능력을 깨달아야 한다. 그분은 "우리 가운데서 역사하시는 능력대로 우리가 구하거나 생각하는 모든 것에 더 넘치도록 능히 하실 이"시기 때문이다(엡 3:20). 하나님은 우리가 구하거나 생각하는 정도보다 더 넘치도록 일하신다. 그 엄청난 능력이 우리 안에서 역사하여 우리를 변화시키고 또 우리로 하여금 그분의 영광을 위해 살게 만든다. 실제로 그분의 능력이 변화시키지 못할 만큼 굳어진 인생이란 없다.

지난 20년 동안 우리 교회는 매달 '기도 집회'를 열었다. 그러면서 집회를 마칠 때마다 에베소서 3장 20-21절을 큰 소리로 읽었다. 이런 행동을 통해 우리의 기도를 들으신 분이 얼마나 위대하신지 서로에게 일깨워 주었다. 흔히 우리는 하나님이 최고의 길로 우리를 인도하시려는 선한 의도를 가지고 있어도 실제로는 아무 변화를 일으키지 못하신다고 생각하는 경향이 있다. 그래서 확신을 가지고 기도하기를 꺼린다. 그러나 기억해야 한다. 우리가 누구에게 기도하고 있는지 기억해야 한다는 말이다. 그래야만 모든 일을 그리스도의 통치 아래 두시려는 하나님의 계획을 알 수 있다.

다시 말해 우리를 변화시켜 그리스도가 계시기에 적합하게 만드시며, 또 지식에 넘치는 그분의 사랑을 알게 하시려는 하나님의 계획이 우리의 기도 가운데 이루어지는 역사를 볼 수 있다. 하나님은 누구도 상상할 수 없을 만큼 우리를 위해 넘치도록 일하신다. 측량할 수 없는 어마어마한 사랑으로 우리를 사랑하신다. 따라서 오랫동안 우리를 변화시켜 가시는 그 사랑을 깊이 경험할수록, 우리는 바울과 같이 기쁨으로 고백하게 된다. "교회 안에서와 그리스도 예수 안에서 영광이 대대로 영원무궁하기를 원하노라 아멘"(엡 3:21).

Ephesians for you

part 2

하나님을 향한 교회의 실천

교회의
'하나 됨'을
힘써 지키라

교회의 성장 원리(4:1-16)

하나님이 주신
은사로
교회를 섬기다

교회는 어떻게 자라날까? 이 물음은 교회 개척이나 선교 사역에 관심을 두고 있는 사람에게만 중요한 질문이 아니다. 이는 모든 교회와 모든 성도에게도 중요한 질문이다. 왜냐하면 "하늘에 있는 것이나 땅에 있는 것이 다 그리스도 안에서 통일되게 하려"는 일이 하나님의 영원한 계획이며(엡 1:10), 그 계획의 중심에는 교회가 있기 때문이다. 바울은 "이제 교회로 말미암아 하늘에 있는 통치자들과 권세들에게 하나님의 각종 지혜를 알게 하려 하"신다고 말했다(엡 3:10). 하나님은 그리스도의 죽음과 부활에서 나타난 자신의 지혜를 교회를 통해 영적 세계 가운데 펼쳐 보이려 하신다. 여기서 그분의 성품이나 계획도 함께 드러나게 된다. 이러한 일은 지상에 있는 교회로 모든 민족이 모여 그리스도의 통치 아래서 하나님의 거룩한 백성이 될 때 이루어진다.

그러므로 교회는 양과 질 모든 면에서 성장해야 한다. 숫자만 늘어날 뿐 아니라 거룩해져야 한다는 말이다. 그러한 성장이 하나님을 영화롭게 한다. 따라서 우리는 교회가 거룩해지는 일과 전도를 통해 성장하는 일을 서로 분리해서는 안 된다. 하나님의 거룩하심도 사랑으로 하나가 된 삼위일체 관계 속에서 표현된다. 마찬가지로 그분의 은혜 가운데 우리가 거룩해지는 일도 서로가 전도하며 교회에 함께 모일 때 표현된다. 이런 차원에서 교회 성장은 이차적인 목표가 될 수 없다. 오히려 에베소서는 그리스도 안에서 사람들이 계속 모이는 일이야말로 교회가 추구해야 할 우선적인 목표임을 말해 준다. 그렇게 모여야만 하나님의 지혜가 드러나기 때문이다. 결국 교회의 성장이 하나님을 영화롭게 한다.

그렇다면 교회의 성장을 위해, 하나님은 우리가 무엇을 하기 원하실까? 물론 교회 성장에 관한 수많은 이론을 배울 수도 있다. 매력적인 비전이라든가 동기 부여에 탁월한 리더십, 헌신적인 성도를 키우는 방법이나 자기 성찰을 통해 함양하는 겸손, 아니면 탄력적인 교회 구조를 세우는 전략 등 여러 가지 팁을 제안하는 이론을 공부할 수도 있다. 그러한 이론은 분명히 이치에 합당한 내용을 싣고 있는 경우가 많다. 그러나 대개는 교회만이 아니라 회사를 일구는 데도 적용되는 경우가 많다. 일부 대형 교회는 막대한 건물과 자산을 소유한 조직이 되었어도, 예수 그리스도의 십자가 복음과는 무관한 사역만 일삼는 경우가 많다. 결국 교회에서는 양적 성장이나 물적 성장이 곧 영적 성장을 의미하지는 않는다는 말이다. 그렇다면 성도가 늘어나는 양적 성장이 하나님을 영화롭게 하는 영적 성장으로 이어지기 위해서는 무엇을 해야 할까?

흔히 우리는 영적으로 성장한 다른 교회의 사례를 통해 배움을 얻을 수 있다. 예를 들면, 런던 '올소울스교회'(All Souls Church)에서 존 스토트(John Stott)가 목회할 당시 그의 리더십에 따라 마련했던 전도 전략이라든가 그 교회에서 개발한 〈크리스채너티 익스플로어드〉(Christianity Explored)와 같은 복음주의 자료를 참고하기도 한다. 또는 런던 세인트헬렌스비숍스게이트(St. Helen's Bishopsgate)에서 목회한 딕 루카스(Dick Lucas)의 방법을 따라 강해설교 모델을 답습한다든가 그 공동체에서 발전시킨 심화 성경 공부반 내지는 일대일 성경 읽기반을 운영하기도 한다. 아니면 시드니 세인트 마티아스(St. Matthias)의 필립 젠슨(Phillip Jensen)이 추진하는 복음사역자 훈련을 도입하여 다음 세대를 위한 지원자를 받기도 한다. 그리고 뉴욕 맨해튼 리디머교회(Redeemer Church)에서 목회했던 팀 켈러(Tim Keller)의 전략적 사고라든가 호주 이비교회(EV Church)에서 사역하는 앤드류 허드(Andrew Heard)의 조직적 사고를 모방하기도 한다. 그 결과, 자신이 속한 지역에 맞는 사역을 어떻게 적용해야 할지 고민하기도 전에 복음의 비전을 제시할 수 있는 교회부터 개척해야 한다는 생각에 사로잡히기도 한다.

하지만 우리는 그처럼 도심에 세워진 여러 교회의 사역을 맹목적으로 따라해서는 안 된다. 각 교회의 배경과 자원과 지나온 역사가 우리가 속한 교회와는 전혀 다를 수 있기 때문이다. 따라서 우리는 각자의 경험을 통해 먼저 배워야 한다. 우리와 다른 상황에서 개발된 사역 모델을 무조건 받아들이는 것은 좋지 않다. 오히려 성경의 원리를 우리의 상황에 적용하며 어떻게 실천할 수 있을지를 고민하는 게 훨씬 중요하다. 그렇다면 우리가 적용해야 할 성경의 원리는 무엇일까? 하나님은 그 원리를 누군가가 지나온 길이 아닌 그분의 기록된 말씀을 통해 알려 주신다. 따라서 우리는 교회 성장의 핵심적인 원리가 무엇인지를 바로 그분의 말씀을 펴고 알아보아야 한다.

교회 성장의 근본 원리

에베소서 4장에서 바울은 시간과 장소를 불문하고 하나님이 교회를 성장시키시는 근본 원리를 설명한다. 그의 편지는 전후반전이 있었고 에베소서도 그렇다. 이미 살펴봤듯이, 1-3장에서는 하나님의 영원한 계획을 다루었다. 즉 1장에서는 하늘과 땅에 있는 모든 것이 그리스도 안에서 통일되게 하시는 데 하나님의 계획이 있음을 소개했고, 2장에서는 그 계획이 그리스도의 죽음과 부활을 통해 하나님과 다른 지체와 더불어 화목하게 될 때 실현됨을 밝혔고, 3장에서는 그러한 과정에서 복음의 비밀이 나타나며 결국에는 하나님의 지혜가 교회로 말미암아 영적 세계에 드러나게 됨을 설명했다. 이제부터 살펴볼 4-6장에서는 그리스도 안에서 교회로 모이게 된 성도가 어떻게 살아야 하는지를 다룬다. 그리고 바울은 가장 먼저 교회의 성장에 필요한 기본 요소부터 설명하고자 한다(엡 4:1-6).

이러한 영적 성장의 근본 원리는 상황과 상관없이 모든 교회에 똑같이 적용된다. 여기에는 이상하거나 복잡한 내용이 전혀 없다. 물론 기도하면서 세심하게 이 원리를 적용하는 데는 시간과 희생이 따른다. 그러나 이 원리는 하나님이 자신의 교회를 성장시킬 때 늘 사용하시는 방법이다. 그 내용은 다음과 같이 표현될 수 있다. '교회가 성장하기 위해서는 서로 하나 되어 사역해야 한다.' 바로 이를 위해 하나님은 사람들을 불러 그리스도 안에서 교회로 세우신다.

하나 되게 하신 교회

바울은 지상에 있는 교회가 하나 되어 천상에 있는 교회의 모습을 드러내야 한다고 말한다. 왜냐하면 하나님이 복음을 통해 각 성도를 부르신 소명은 그리스도와 연합하는 일만이 아니라 그분의 교회와 연합하는 일도 포함되기 때문이다(엡 4:1).

그런데 현재 문맥에서 바울은 세계 각지에 있는 교회들이 어떻게 협력할지에 관심을 두고 있는 게 아니다(엡 4:2-6). 마치 오늘날 세계 선교나 국내 교단의 연합 또는 지역 파트너십이나 교회 개척을 위한 네트워크처럼 교회들 간에 이루는 협력 사역에 관심을 두고 있는 게 아니다.

물론 그러한 사역은 세계 곳곳에 있는 그리스도인이 파트너가 되어 모든 민족에 복음을 전하고 그리스도의 통치를 선언하며 하나님 나라의 진전을 이끌어 내는 놀라운 협력을 보여 준다. 또한 그 과정에서 서로 다른 신학적 견해가 있더라도 공통된 사역의 원칙을 고수하는 모습을 보여 주기도 한다. 그러나 바울이 여기서 관심을 두는 문제는 교회 내부에서 복음을 통해 이루어야 하는 관계적 연합이다. 그래서 이러한 연합을 이루는 데 필요한 세 가지 자세와 일곱 가지 동기를 밝히게 된다.

먼저 교회가 연합하여 성장하는 데 필요한 세 가지 자세란 '겸손'과 '온유'와 '인내'이다. 바울은 우선 겸손하라고 당부한다(엡 4:2). 겸손은 수줍어하는 자세를 말하지 않는다. 겸손은 자신의 특권이 아닌 타인의 관심이나 문제에 주의를 기울이는 자세를 말한다. 상대를 존중하는 마음으로 그 사람의 이익을 추구하는 자세이다.

교회에서 이런 자세는 자신이 가진 재능보다 타인의 재능, 이를테면 성도를 가르치는 형제의 능력이라든가 악기를 다루는 자매의 솜씨가 더욱 돋보이도록 곁에서 도와주는 모습으로 나타난다. 또는 아무도 알지 못하는 절박한 상황에 시달리며 힘들어하는 지체를 돌보는 모습으로 나타나기도 한다. 혹 다른 사람이 알아주지 않더라도 말이다. 이러한 겸손은 C. S. 루이스가《순전한 기독교》(*Mere Christianity*)에서 한 말을 빌린다면 다음과 같이 표현될 수 있다. "겸손이란 자신을 낮게 생각하는 게 아니라 적게 생각하는 것이다."[8]

다음으로 온유는 약함을 의미하지 않는다. 온유란 타인을 거칠게 대하지 않고 친절하게 대하는 자세를 의미한다. 그런 자세에는 강압적으로 무언가를 요구하는 완력이 아닌 상대의 마음을 깊이 공감하는 긍휼이 배여 있다. 그리고 상대를 가혹하게 대하기보다 부드럽게 격려하는 모습이 드러난다. 이러한 온유는 지나친 일을 강요하며 자신이 해결해야 할 문제를 상대에게 떠맡기는 게 아니라, 스스로 본을 보이면서 상대가 주님을 위해 열심히 일할 수 있도록 도와주는 자세로 나타난다.

끝으로 인내는 타인이 잘못했을 때 오래 참고 용납하는 자세를 말한다. 쉽게 질책하지 않는 자세를 말한다. 인내는 우리 모두가 성장 과정에 있으며 그 성장에는 시간이 걸린다는 사실을 깨달을 때만 가능한 자세이다. 이러한 인내가 특별히 요구되는 상황이 있다. 신앙이 약한 지체가 무책임하게 보이거나 나태하게 보일 때, 또는 우리가 베푼 관심보다 돌아오는 관심이 적다고 여겨질 때, 그럴 때 특별히 인내가 요구된다.

지금까지 언급한 세 가지 자세는 우리 중에서도 특권 의식을 가진 사람이나 콧대가 높은 사람에게는 매우 어려운 요구처럼 느껴질 수 있다. 게다가 우리가 자란 세상에서 폭력이나 절도 내지 음행은 쉽게 벌어져도 겸손이나 온유나 인내를 찾아보기란 쉽지 않다. 현대 문화는 자신이나 가족을 위해서라면 독단적이고 공격적이며 야심적인 태도로 살아가는 모습을 좋게 여기는 가치관을 조장하는 경향이 있다. 하지만 그와 같은 이기적인 오만은 교회 성장을 가로막는 죄가 된다. 그러한 죄가 우리 안에 만연할 때, 교회는 본래 방향을 잃고 엉뚱한 곳으로 치달을 수 있다.

예수님은 이 땅에 계실 때 모든 사람에게 겸손과 온유와 인내의 자세를 보이셨다. 또 지금까지 우리를 대하실 때도 겸손과 온유와 인내의 자세로 대하셨다. 따라서 바울도 주님을 닮아가는 성장을 우리에게 요구하고 있다. 이러한 성장은 성령의 도우심 가운데 오래된 이기심을 깨닫고 회개할 때, 또 자신의 성공과 타인의 인정만 추구해 온 인생길에서 돌아설 때, 끊임없는 갈증과 소비를 불러일으켜 온 욕심을 버리게 될 때 이루어진다. 그래서 우리가 대화할 때는, 자신에 관한 이야기를 하기 전에 상대가 들려주는 이야기나 고민을 '겸손'하게 경청해야 한다. 또 교회에서 회의를 할 때는, 다른 지체가 중요한 순서에 발언할 수 있도록 '온유'하게 양보해야 한다. 그리고 다른 모임에서도, 우리의 필요가 채워지지 않고 다른 지체가 더 많은 관심을 받더라도 '인내'하며 그 상황을 기뻐해야 한다.

이처럼 우리가 참된 겸손과 온유와 인내를 보이신 그리스도의 본을 따라 자라날 때, 바울이 교회에 제시한 두 가지 목표도 성취할 수 있게 된다. 첫 번째 목표는 "사랑 가운데서 서로 용납하"는 것이다(엡 4:2). 이는 서로를 사랑하기 때문에 상대의 실패와 결점도 용납하는 일을 말한다. 두 번째 목표는 "평안의 매는 줄로 성령이 하나 되게 하신 것을 힘써 지키"는 것이다(엡 4:3). 이는 성령께서 공동체 가운데 이루신 특별한 연합을 지키는 일을 말한다.

이러한 목표는 우리가 하나님의 가족이 되어 그리스도 안에서 그분과 화목하고 또 다른 지체와도 화목할 때만 성취된다. 공동체에서 각자의 역할이 무엇이든, 우리는 분열을 야기하기보다 최선을 다하여 그리스도 안에서 공동체가 하나 되기를 추구하며 그 연합을 힘써 지켜야 한다. 물론 교인들 간에도 긴장이 발생할 수 있다. 그럴 때는 지나친 확신으로 자기 의견만 피력한다거나 상대를 험담하면서 관계를 무너뜨린다거나 혹은 앙심을 품고 공격하며 문제를 더 크게 일으키게 된다. 하나님 앞에서 기도하며 상대의 말을 '겸손'하게 경청한 후 '온유'하게 대답하며 '인내'하는 마음으로 용서함으로써 서로를 세워 주어야 한다.

특별한 연합을 위한 지혜

이처럼 바울은 하나님이 그리스도 안에서 특별한 연합을

우리에게 허락하셨다고 설명한다. 이러한 연합은 다른 조직에서는 찾아볼 수 없는 관계로서 그 안에서 우리는 공동체를 세우는 데 필요한 일곱 가지 동기를 확인하게 된다. "몸이 하나요 성령도 한 분이시니 이와 같이 너희가 부르심의 한 소망 안에서 부르심을 받았느니라 주도 한 분이시요 믿음도 하나요 세례도 하나요 하나님도 한 분이시니 곧 만유의 아버지시라 만유 위에 계시고 만유를 통일하시고 만유 가운데 계시도다"(엡 4:4-6).

여기서 바울은 삼위일체 하나님이 교회 안에서 이루시는 연합에 관해 설명한다. 4절에서는 '한 성령'이 복음 가운데 '한 소망'으로 우리를 부르셔서 교회라는 '한 몸'이 되게 하셨다고 설명한다. 5절에서는 복음을 통해 '한 주님'이신 예수 그리스도가 선포되며 이로써 우리는 성경이 가르치는 '한 믿음'을 가지게 되는데, 이는 우리가 거듭날 때 성령으로 말미암아 '한 세례'를 받음으로써 표현된다고 설명한다. 즉 이러한 모든 과정은 그리스도 안에서 깨끗해지는 과정을 상징하는 세례를 통해 표현된다. 6절에서는 '한 하나님 아버지'가 만유의 창조자시고 통치자시며 공급자가 되신다고 설명한다.

삼위일체 하나님이 서로 다르지만 동등하게 사랑하시는 위격적 질서 가운데 한 분으로 계시듯이, 그분이 그리스도 안에서 부르신 교회도 서로 다른 인격체가 서로를 위해 희생하며 섬기는 사랑의 역할을 통해 하나가 된다. 따라서 우리가 속한 교회라는 공동체는 우리를 창조하신 분의 하나 되심을 반영할 수 있는 놀라운 존재이다.

이러한 차원에서 각 교회는 하나의 오케스트라와 같다. 서로 다른 단원들이 재능을 조화시켜 한 곡의 음악을 만들어 낸다. 그런데 다음과 같은 상황이 벌어진다고 가정해 보자. 먼저 현악기 섹션이 경쟁심에 과시하려고 빨리 연주하기 시작한다. 그러자 금관악기 단원들이 질세라 더 큰 소리로 연주하며 음악 전체를 장악해 버리자 어떤 연주 소리도 잘 들리지 않는다. 이에 관악기 섹션은 신경질이 나서 연주를 아예 멈춰 버린다. 엎친 데 덮친 격으로 타악기 섹션은 흥분해서 다른 단원들을 향해 드럼스틱을 던진다. 이렇게 되면 음악은 최악의 상태에 빠지고, 지휘자는 단원들을 꾸짖을 수밖에 없으며, 그 사이에 청중은 재빨리 자리를 떠나게 된다.

그런데 이런 상황이 의외로 교향악단이 아닌 교회에서 자주 일어난다. 성도 간에 자기중심적인 생각으로 날카로운 말을 내뱉으며 투쟁을 일삼는 경우가 얼마나 많은지 모른다. 그러고는 다시 돌아오지 않을 기세로 교회를 떠나기도 하고, 서로를 기피하기도 한다. 그럴 때 하나님은 결코 영광 받지 않으신다.

사소한 일로 다툼을 벌인 오케스트라는 이런 말을 들어야 마땅하다. "이제 다툼을 그만두십시오! 여러분은 모차르트의 작품을 연주하기 위해 선발된 교향악단이 아닙니까! 그러니 훌륭한 연주를 위해 최선을 다하십시오!" 마찬가지로 바울도 우리에게 권고한다. "이제 다툼을 그만두라! 너희는 하나님의 계획을 이루기 위해 선발된 그분의 교회가 아니냐! 그러니 겸손과 온유와 인내로 서로를 대하라!"

간혹 우리는 "우리 하나님의 은혜를 도리어 방탕한 것으로 바꾸고 홀로 하나이신 주재 곧 우리 주 예수 그리스도를 부인하는 자"를 대할 때가 있다. 그럴 때는 마땅히 성경의 진리를 위해 맞서 싸워야 한다(유 4장). 이는 안타깝게도 오늘날 많은 사람들이 복음을 왜곡하고 믿음이 없는 교사를 세우기도 하며 성경이 가르치는 거룩한 진리를 훼손하고 있기 때문이다. 그런데 바울은 또 다른 편지에서 이렇게 말했다. "어리석고 무식한 변론을 버리라 이에서 다툼이 나는 줄 앎이라 주의 종은 마땅히 다투지 아니하고"(딤후 2:23-24).

결국 종합하면, 우리는 다른 지체를 대할 때 서로 화평하기를 구하며 모든 사람에 대하여 관용하는 자세를 보이되, 복음을 위해 거짓 교사와 담대히 싸워야 할 때는 과감히 싸워야 한다. 동시에 그리스도 안에서 형제자매를 인내하며 받아주어야 할 때는 한없이 부드러워야 한다. 두 경우 모두, 교회에 피해를 입히기 때문이다. 각각의 경우를 분별하는 지혜는 복음을 신뢰하는 믿음 가운데 여러 지체들이 하나 될 때, 그 하나 됨을 기뻐하는 신앙으로부터 주어진다. 하나님은 우리가 그러한 지혜를 드러내며 살기를 원하신다.

은사를 사용해 섬기는 교회

바울은 지금까지 그리스도의 몸이 영적으로 성장하기 위해 하나 되는 일이 얼마나 중요한지를 강조했다. 이제 그는 각각의 지체들이 다양한 사역을 감당하는 일이 얼마나 중요한지를 설명하고자 한다. "우리 각 사람에게 그리스도의 선물의 분량대로 은혜를 주셨나니"(엡 4:7).

그리스도 안에 있는 모든 성도는 한 사람도 예외 없이 '은혜'를 받는다. 여기서 바울은 우리가 그리스도 안에서 구원받을 때 경험하는 은혜를 말하는 게 아니라, 구원받은 이후 지속되는 은혜를 말하고 있다. 우리가 사역할 수 있도록 그리스도가 나누어 주시는 은혜, 즉 은사를 언급한다. 그리스도는 이러한 은사를 개인의 만족이나 명성을 위해 주시는 게 아니라 교회 안에 있는 지체들을 섬기며 그들의 삶을 더욱 풍요롭게 하라고 주신다. 따라서 은사는 우리의 능력이 아닌 사역의 연장에서 이해되어야 한다. 은사는 교회를 섬기는 데 필요한 수단이기 때문이다.

바울은 고린도전서 12장이나 로마서 12장에서 은사에 관하여 자세히 설명했다. 에베소서의 현재 문맥도 그러한 설명과 마찬가지로 다음과 같은 사실을 분명히 밝힌다. 곧 우리 중 누구도 자신이 열등하다고 느낄 필요가 없다는 사실이다. 우리 모두가 교회에 헌신할 수 있는 은사를 가졌기 때문이다. 따라서 자신의 은사로 잘할 수 있는 사역을 감당하지 않으면, 교회는 건강하게 자랄 수 없다. 또한 우리 중 누구도 자신이 우월하다고 느껴서는 안 된다는 사실을 분명히 밝힌다. 우리 가운데 모든 은사를 가진 사람은 아무도 없기 때문이다. 우리는 교회에서 다른 지체의 사역을 늘 필요로 한다. 그러므로 각자의 사역이 다양하게 이루어지는 모습을 볼 때 감사하고 기뻐해야 한다. 혹 서로의 배경이나 성향의 차이에서 오는 불편함이 있더라도 말이다.

또한 우리는 예수 그리스도가 우리에게 은사를 주시는 분이므로 다른 지체의 은사를 시기하거나 자신의 은사에 대해 우쭐해서는 안 된다. 그리스도가 자신의 뜻대로 은사를 나누어 주시기 때문이다. 천국에서도 하나님은 우리의 은사가 아니라 우리의 신앙을 보시며 칭찬하고 상급을 주신다. 우리가 교회에서 다른 사람을 섬기는 모습은 다양하게 나타난다. 기도로 섬기고, 말씀으로 격려하며 섬기고, 식당 봉사나 주일학교 교사로 섬기고, 성경 공부를 인도하며 섬기기도 한다. 그러나 어떤 모양으로 섬기든, 바울은 우리가 지닌 은사가 누구에게서 주어졌는지를 주목하길 바란다.

그는 4장 7절을 부연하기 위해 시편 68편을 인용한다. 이 구절은 해석하기 어려워 보일 수 있다. 그러나 여기서 그는 부활하신 그리스도가 우리를 구원하셨을 뿐 아니라 우리에게 교회를 섬기도록 은사를 주셨다는 사실을 강조하기 위해 시편을 인용하였다. "그러므로 이르기를 그가 위로 올라가실 때에 사로잡혔던 자들을 사로잡으시고 사람들에게 선물을 주셨다 하였도다"(엡 4:8).

이 시편은 원래 애굽에서 이스라엘 백성을 건지시고 그 백성을 세상으로 보내신 하나님의 승리를 기념하기 위해 지어졌다. 바울은 이 시편이 장차 나타날 그리스도의 승리, 즉 세상에 내려와서 우리를 위해 죽으시고 부활하신 후에 하늘로 올라가셨을 뿐 아니라 교회를 위한 선물로서 우리를 보내신 그리스도의 승리를 보여 준다고 설명한다(엡 4:9-10). 이러한 의미에서 우리는 단지 은사를 가진 자들이 아니라, 하나님이 교회에 보내신 선물, 곧 은사라고 할 수 있다. 따라서 우리가 속한 교회도 단지 우리를 축복하기 위해 존재하는 것이 아니다. 우리가 마트에 가서 카트에 물건을 채우듯이 마음속에 무언가를 채우기 위해 교회가 존재하지 않는다. 오히려 우리는 다른 사람을 섬기고 축복하는 선물로서 교회에 보냄을 받았다.

성도를 온전하게 하는 교회

그렇다면 우리는 어떻게 교회를 위한 선물이 될 수 있을까? 바울은 예수 그리스도가 교회에 사도, 선지자, 복음 전도자, 목사, 교사를 주셔서 "성도를 온전하게 하여 봉사의 일을 하게 하며 그리스도의 몸을 세우려 하"신다고 밝힌다(엡 4:11-12).

앞서 바울은 사도와 선지자를 가리켜 그들이 곧 그리스도가 세우시는 교회의 터가 된다고 설명했다(엡 2:20). 그리고 이제는 더욱 다양한 사역자를 교회에 주신다고 설명한다. 먼저 사도를 언급하는데, 이는 그리스도의 부활을 목격한 증인으로서 성령의 영감을 입어 신약성경을 기록한 사람들을 가리킨다. 이어서 선지자를 언급한다. 이는 2장 20절에서와 마찬가지로 복음 전도와 성경 해석을 위해 예언의 은사를 사용하는 일반 성도가 아니라, 신약성경이 완성될 때까지 진리를 가르치고 보존했던 1세기 당시의 선지자를 가리킨다. 다음으로는 복음전도자를 언급하는데, 이는 복음을 전파해서 사람들을 그리스도께로 인도하고 또한 그 일을 감당할 수 있도록 사람들을 훈련시키는 사역자를 가리킨다. 끝으로는 동일한 직분을 염두에 두고 목사와 교사를 함께 언급한다. 이는 성도의 신앙을 성장시켜 그리스도 안에서 각 사람을 세우는 목회자를 가리킨다.

이러한 모든 일꾼이 교회를 위한 선물인데, 우리는 이 선물을 그저 받기만 하는 수혜자가 아니다. 예수 그리스도가 교회에 주시는 일꾼이라면 모두 다 "성도를 온전하게 하여 봉사의 일을 하게" 만든다. 여기서 '봉사'란 '사역'이나 '예배'로도 번역될 수 있는 단어이다. 결국 그리스도는 우리 모두를 다양한 사역자로 훈련시켜 교회를 세우고 성장시키며 하나님께 영광을 돌리게 하고자 모든 일꾼을 보내신 것이다. 따라서 우리 모두는 사역자이다. 각 사람에게는 부여된 사역이 있다. 이를 위해 지금도 우리는 훈련 중이다. 교회 성장을 위해 각 사람에게 부여된 사역을 감당하기 위해서 훈련을 하고 있다.

이러한 내용은 교회 사역에 우리 모두가 참여해야지 일부 사역자만 참여해서는 안 된다는 사실을 의미하기도 한다. 이런 점에서 교회를 축구 경기에 비교할 수 있다. 경기가 한참 진행되어 2만 2천 명의 관중에게는 운동이 필요하고, 22명의 선수에게는 휴식이 필요한 축구 경기와 같다. 그러나 현실에서는 정반대로 생각한다. 곧 수많은 관중(성도들)이 모여 전문적인 선수(목회자)가 시합(설교와 심방)하는 모습을 지켜보는 장소가 교회라고 생각한다.

그러나 이미 설명했듯이, 예수 그리스도가 교회에 일꾼을 주신 이유는 "성도를 온전하게 하여 봉사의 일을 하게 하며 그리스도의 몸을 세우려"는 데 그 목적이 있다(엡 4:12). 여기서 성도가 감당해야 할 봉사 또는 사역이란, 다름 아닌 교회의 연합과 성숙을 도모하는 일이다. 이는 일부 사역자만 감당하는 일이 아니다. 모든 성도가 주님이 세우신 사역자로서 교회를 세우는 일에 참여해야 한다. 축구 유비(analogy)를 계속 사용하자면, 교회는 축구팀이고 성도들은 필드를 뛰는 선수들로 이해할 수 있다. 목회자는 감독 혹은 코치로서 하나님과 이웃과 공동체 사랑을 목표(골)로 정하여 세상과 육신과 사탄과의 경기에서 승리하도록 선수들을 훈련시킨다. 관중은 (성도들이 아니라) 믿지 않는 가족, 친구, 직장 동료, 지역 사회 전체이다.

　이러한 관점은 교회 생활에 깊은 영향을 미친다. 여기서 감독에 해당하는 목회자는 꼭 전문적인 사역자만 가리키지 않는다.

〈그림1〉

거기에는 평신도 리더도 포함될 수 있다. 성도들을 훈련시켜 사역에 동참하게 만드는 모든 사람이 거기에 해당한다. 따라서 사역팀은 교회 구성원 전체를 포함할 정도로 커져야 한다. 한마디로 교회는 훈련하는 교회가 되어야 하고, 모든 구성원은 사역자가 되어야 한다. 이러한 방법으로 예수님은 교회를 세워 가신다.

장성한 분량으로 성장하기

교회는 여러 성도가 하나 되어 다양한 사역을 감당하는 상태에서 더 나아가 그리스도를 닮아가는 성숙까지 이루어야 한다. 바울은 이 목표를 설명하기 위해 세 가지 표현을 사용한다. 바로 '믿는 일에 하나가 된다', '온전한 사람을 이룬다', '그리스도의 장성한 분량이 충만한 데까지 이른다'는 표현이다(엡 4:13).

여기서 믿는 일에 하나가 된다는 표현은 그리스도 안에서 자신을 계시하신 하나님에 관해 서로가 바른 이해를 공유하게 되는 상태를 말한다. 이는 성경에 계시된 대로 하나님을 믿는다는 말이기도 하다. 우리 중 누구도 하나님을 완벽하게 이해할 수 없다. 따라서 그리스도는 우리가 성경을 통해 하나님을 끊임없이 알아가며 그에 따라 새로운 마음을 갖게 되기를 바라신다. 우리는 어린아이처럼 무지한 상태에 머물러 있거나 신앙생활에서 중요한 문제를 대할 때 서로 상충하는 견해를 취해서는 안 된다. 또한 자신만의 신념에 집착하면서 오류를 신봉하는 잘못을 저질러도 안되고, 무엇보다도 하나님을 알고자 하는 열망을 저버려서도 안 된다. 왜냐하면 우리의 구원자를 바르게 알아가는 데 참된 기쁨이 있기 때문이다. 그분의 말씀을 한마음으로 믿는 일이야말로 그리스도 안에서 만물이 통일되는 데 핵심적인 역할을 하기 때문이다.

교회는 결코 집단적으로 고착화되어 성령께서 말씀을 통해 개혁하시기 어려운 상태에 빠져서는 안 된다. 변화되지 않는 교회란 완벽한 공동체 아니면 말씀을 경청하지 않는 공동체이다(당연히 전자보다 후자일 가능성이 높다). 그분의 말씀을 듣고 회개하는 공동체는 끊임없이 변화될 수밖에 없기 때문이다. 따라서 우리는 계속해서 믿는 일에 하나가 되어 온전한 사람을 이루는 데까지 나아가야 한다. 여기서 온전한 사람이 된다는 말은 영적으로 끊임없이 성장하는 상태, 바꿔 말하면 어린아이와 같은 상태에 머물러 있지 않는 것이다. 마치 피터팬처럼 우리의 영혼이 성장하지 않고 머물러 있는 모습에 만족해서는 안 된다. 그렇게 정체되어서 하나님의 인도나 심판 또는 하늘의 천사에 대해 어린아이처럼 미숙한 관점을 가져서는 안 된다. 이는 다 큰 성인이 어릴 때 가지고 놀던 테디베어를 아직도 가지고 노는 것이나 마찬가지이다.

오히려 바울의 권면처럼, 우리는 계속 자라야 한다. 말씀을 통해 그리스도를 아는 지식도 계속 자라야 한다. 주님은 우리가 학구적으로 그분을 알아가길 원하시지 않는다. 그러나 성경을 삶 가운데 어떻게 적용해야 할지를 고민하며 가족이나 교회와 더불어 믿는 일에 하나 되기를, 또한 그분에 관한 이해가 점점 더 온전해지기를 바라신다. 그래서인지 새신자가 하나님의 말씀을 통해 그분을 알아가며 사랑하는 모습을 지켜보는 일만큼 기쁜 일이란 없다.

이러한 성장이 과연 어떠한 결과를 가져올지에 대해 바울은 다음과 같이 설명한다. 곧 우리는 그리스도의 장성한 분량이 충만한 데까지 이르게 된다(엡 4:13). 하나님은 우리가 교리의 일치를 추구하며 동일한 신조를 암송하는 데서 더 나아가 그리스도의 성품을 실제로 닮아가며 성숙하기를 바라신다. 그리스도인의 성장이란 완전한 본이 되시는 그분을 계속해서 닮아가는 과정이다. 이러한 성장은 "우리가 이제부터 어린아이가 되지 아니하여 사람의 속임수와 간사한 유혹에 빠져 온갖 교훈의 풍조에 밀려 요동하지 않게" 됨을 의미하기도 한다(엡 4:14).

어떤 교회나 교인을 보면, 마치 대양에 떠 있는 작은 보트와 같다는 느낌을 받는다. 큰 바다를 가로질러 오는 영적 기류에 밀려 이리저리 요동하기 때문이다. 최근 우리 주변에도 왜곡된 신학 사상이 연이어 불어닥치는 바람에 여러 교회들이 흔들렸다. 가령 '토론토 축복'(Toronto Blessing)이라든가 '캔자스시티 예언가들'(Kansas City Prophets), 아니면 더욱 최근에 일어나고 있는 '이머징 교회'(Emerging Churches) 등이 그러한 강풍에 해당한다. 우리는 마치 어린아이가 바비 인형을 좋아했다가 좀 더 크면 햄스터나 도마뱀을 보며 안달하고, 그러다가 스케이트보드나 오토바이에 사로잡혀 세월을 보내다가 나중에는 클럽에 열광하는 것처럼 굴면 안 된다. 계속해서 무언가에 마음을 빼앗기지 않도록 주의해야 한다.

물론 신학적으로 보수적인 교회라고 해서 그런 위험에서 배제된 것은 아니다. 오히려 또 다른 종류의 위험, 이를테면 기도하지 않고 지식만 추구하며 점점 교만해지는 지성주의에 빠진다든가 아니면 차가운 유물론 사상에 젖어들기도 한다. 이와 반대로 간혹 '복음주의'를 표방한다고 하면서 말씀을 가볍게 다루는 교회는, 지나치게 단순한 가르침만 제공하여 결국 세상의 유혹에 맞서고 세속적인 일터에서 핍박을 견딜 수 있을 만큼 성도를 단단히 무장시키지 못한다. 따라서 우리는 성장하여 다음과 같은 수준에 이르러야 한다. "오직 사랑 안에서 참된 것을 하여 범사에 그에게까지 자랄지라 그는 머리니 곧 그리스도라 그에게서 온 몸이 각 마디를 통하여 도움을 받음으로 연결되고 결합되어 각 지체의 분량대로 역사하여 그 몸을 자라게 하며 사랑 안에서 스스로 세우느니라"(엡 4:15-16).

이러한 차원에서 언제나 진실하게 사랑을 담아 행동해야 한다. 서로의 고민을 들어주며 조언할 때도 복음이 삶의 방식과 결정과 태도에 영향을 미칠 수 있도록 고려해야 한다. 예를 들면 최근 일어나고 있는 '성경적 상담' 과정을 통해 복음서에서 예수님이 보여 주신 대화 방식이 강조되고 있는데, 이러한 복음적 대화의 중요성을 재발견하는 일은 매우 중요하다. 우리는 예수 그리스도와 성령께서 우리에게 가장 필요한 '카운슬러'가 되신다는 사실을 기억해야 한다. 비록 성경에 기록된 주님의 대화가 주로 양육보다는 복음 전도에 초점이 맞추어져 있고 우리가 이 땅에서 완벽한 상담자가 될 순 없지만, 성경적 대화 과정을 장려해야 할 필요가 있다. 특히 여러모로 심각한 마음의 장애를 안고 있는 사람을 위해서는 성경적 상담 훈련을 제대로 받은 일꾼이 필요하다. 이러한 대화는 공동체가 그리스도를 닮아 성숙하게 자라도록 도와주는 교육 과정의 일환이 된다.

이때 주의해야 할 점이 있다. 이와 같은 대화나 상담의 필요성을 앞세워 우리가 싫어하거나 실망한 사람에게 하고 싶은 말을 해 상처를 준다든지 또는 우리 자신은 끌어올리고 상대는 끌어내리는 말을 해서는 안 된다. 이는 상대의 마음을 어루만지는 데 은사가 있는 사람이 특히 주의해야 할 점이다. 상대를 고치거나 판단하거나 자신의 충고로 컨트롤하고 싶은 마음을 쉽게 품는 사람일수록 경계해야 할 점이기도 하다. 우리는 타인을 그리스도의 말씀 앞으로 인도하여 그분의 상담을 받게 해야 한다. 그리고 우리 중 누구도 완벽하지 않으며, 우리 모두가 지속적으로 성경적 상담을 필요로 하는 존재임을 기억해야 한다. 이런 차원에서 교회는 성경에 기록된 영적 진리를 서로가 사랑으로 나누며 대화할 수 있는 기회를 많이 제공해 주어야 한다. 이와 같은 사역은 복음 전도에도 큰 진전을 준다. 왜냐하면 복음이 우리의 일상에 미치는 영향을 나누며 대화하는 과정은 기독교의 신학적 진술이 과연 우리 삶에 어떠한 관련성을 갖는지 궁금해 하는 사람을 전도하는 데 유익이 되기 때문이다.

각자 맡은 일을 하라

결국 교회 성장이란 복음 사역으로 한 몸 된 모든 지체를 필요로 하는 과정이다. 다시 말해 모든 성도와 그들을 훈련하여 사역하도록 준비시키는 목회자와 교회의 머리로서 자신의 말씀을 통해 온 몸을 다스리시는 그리스도를 필요로 하는 과정이다. 이런 점에서 우리가 교회 성장을 위해 할 수 있는 사역이 무엇인지 목회자에게 찾아가서, 또는 장로들에게 찾아가서 이야기해 보는 것은 어떤가? 그리고 우리가 사역할 수 있도록 훈련의 기회를 제공해 달라고 요청해 보는 것은 어떤가? 혹은 성경에 기록된 그리스도의 명령에도 불구하고, 그러한 머리의 지시를 거부하고 있는 사항이 교회에 있지는 않은가? 이를테면 질 높은 양식에 대한 몸의 요구를 무시함으로써 그 몸이 성숙하게 자라는 일을 저해하고 있지는 않은가? 다시 말해 진지한 가르침이 제공되지 않아 믿는 일에 하나가 되어 그리스도를 닮아가는 교회로 성장하지 못하고 있지는 않은가?

교회는 "각 지체의 분량대로 역사하여" 전체 공동체가 성숙해지도록 돕는 사역이 있어야 비로소 하나가 될 수 있다(엡 4:16). 이 원리를 잘 보여 주는 예가 있다. 최근에 회심하게 된 한 청년에 관한 이야기이다. 그는 기독교 가정에서 성장했다. 그의 가족은 수년 동안 그를 위해 기도했다. 하지만 그는 신앙을 거부한 채 대학에 들어갔다. 감사하게도 그의 친구들은 신앙이 좋아 약 10년 동안 한결같이 그를 위해 기도했다. 그러다가 어느 날 교회에서 설교를 듣고 다음과 같은 말씀에 사로잡히게 되었다. "믿음 없는 자가 되지 말고 믿는 자가 되라"(요 20:27). 그리고 한 교사가 '크리스채너티 익스플로어드'(Christianity Explored) 과정을 통해 그에게 복음을 가르치고 매주일 아침에 성경을 함께 읽었다. 그 자리에 그를 위해 기도해 온 친구 한 명도 동참했다. 마침내 그는 예수님께 순종하게 되었고, 자신의 삶을 그분께 드리기로 했다. 그 결과 현재는 다른 교회를 신실하게 섬기는 중이다. 이러한 협력 사역이 보여 주는 사실이 있다. 바로 예수님은 여러 사람들이 수행하는 다양한 사역을 통해 자신의 교회를 성장시키신다는 사실이다.

그렇기에 교회 성장은 팀워크의 결과라고 할 수 있다. 이를 누군가는 다음과 같이 표현했다. "우리 각자가 하나님이 세상에 던져 놓으신 그물을 엮고 있는 매듭이다." 교회는 우리 모두가 최선을 다해 참여하기를 요구한다. 우리가 살펴보는 에베소서 본문도, 우리가 서로 하나 되어 각자의 사역으로 교회에 헌신하며 장성한 분량으로 성장해야 한다고 가르친다. 그래야만 하나님이 그리스도 안에서 모이게 하신 교회가 그분의 승리를 영적 세계 속에 드러낼 수 있기 때문이다. 그러므로 늘 수고하는 지체에게 모든 일을 맡기지 말고, 각자가 할 수 있는 사역을 하기 바란다.

내가 섬기는 교회에서는 그리스도가 우리 모두에게 바라시는 게 무엇인지 알 수 있도록 벽에 공통 기도 제목을 붙여 놓았다. 당신이 속한 교회도, 성도의 헌신을 강요하기보다 그리스도가 그들 모두에게 원하시는 바가 무엇인지 알려 주고자 노력할 줄로 안다. 사실 우리 모두는, 골프 클럽 회원처럼 때가 되면 문득 나타나 누군가 찾아와 섬겨 주기만을 바라는 그런 '회원'을 원하지 않는다. 오히려 다른 사람을 찾아가 섬기고자 하는 '사역자'를 원한다. 그러므로 당신의 교회도 다음과 같은 기도 제목을 붙이고 함께 기도하며, 하나님 앞에서 교회를 꾸준히 섬기기로 결단해 보면 어떠한가? 교회는 그리스도의 몸이기에, 그분이 원하시는 게 무엇인지 아는 일보다 중요한 일은 없다.

〈공동 기도 제목〉

전능하신 하나님 아버지,

예수 그리스도의 은혜와 성령의 권능을 베풀어 주소서. 그리하여 우리 모두 거룩해지고 당신의 말씀에 기쁨으로 순종할 수 있도록 도와주소서. 또 교회의 구성원으로서 리더십을 따르며 다음과 같은 일을 할 수 있도록 도와주소서.

먼저 그리스도가 우리의 구원자요 살아 계신 주님이심을 믿고 이 복음을 선포할 수 있도록 도와주소서. 다음으로 주일예배에 정기적으로 참여하고 주중 소그룹 모임에도 참여할 수 있도록 도와주소서. 나아가 교회 성장과 사역을 위해 기도와 시간과 재능으로 헌신할 수 있도록 도와주소서. 끝으로 우리 교회와 선교 단체가 함께 추진하는 복음 사역에도 물질로 섬길 수 있도록 도와주소서.

예수 그리스도의 이름으로 기도합니다.

아멘.

chapter 08

숨길 수 없는 정체(4:17-32)

부르심에
합당한 삶을
살다

카멜레온은 도마뱀을 닮은 파충류이다. 그런데 놀랍게도, 주변 환경에 따라 천적에게 들키지 않기 위해 피부 색깔을 바꿀 수 있다. 그리스도인도 영적 카멜레온과 같이 살아가는 경우가 있다. 자신을 둘러싼 세상을 모방하며, 천적이 다가와서 비방하거나 피해를 끼치지 못하도록 위장한 채 살아가는 경우가 있다.

만일 시간을 보내는 다른 사람이 우리가 그리스도인이라는 사실을 알고 충격을 받는다면, 우리는 영적 카멜레온으로 살고 있을 가능성이 높다. 물론 우리가 문화적으로 그리 이질적이지 않은 모습을 하고 살아가기 때문에 그럴 수도 있지만, 대개는 적당히 타협하고 살아가기 때문에 그런 현상이 자주 발생한다. 우리는 의식적으로 누군가를 흉내 낸다. 인기 많은 친구나 잘나가는 직장 동료, 혹은 유명 연예인이나 대중에게 호소력 있는 인물을 따라한다. 하지만 무의식적으로 영향을 받는 경우가 더 많다. 집안 배경이나 교육 과정 또는 사회 매체의 영향을 자기도 모르게 받는다. 예를 들어 우리는 출세를 기대하는 부모 아래 자라서 연봉이나 직급에 집착하며 살아갈 수도 있다. 아니면 현대 문화가 무분별한 관용을 조장하고 다른 견해에 대해 판단하는 사람을 싫어하기 때문에, 자기도 모르게 비신앙적인 견해를 무비판적으로 받아들일 수도 있다. 혹은 결혼을 했든 안 했든, 자기 삶에 만족하지 못할 경우 스스로를 애처롭게 여기며 그릇된 방식으로 성적 쾌락을 추구할 수도 있다. 온갖 매체가 그런 쾌락을 마치 아무런 제재 없이 마음대로 추구할 수 있는 권한이라도 우리에게 있는 것처럼 묘사하고 있기 때문이다. 더욱 심각하게는, 스스로 세속적인 가치관에 물들어 가고 있다는 사실도 모른 채 영적 카멜레온으로 사는 경우도 있다. 이런 경우는 단지 세상에서 자신의 정체를 숨기고 사는 카멜레온 정도가 아니라, 서서히 끓는 물속에서 죽음을 맞이하는 개구리 신세와 같다. 온도가 오르고 있다는 사실도 모른 채 물속에서 서서히 죽어가는 개구리 같이 비참해질 수 있다는 말이다.

바울은 우리 모두에게 도전한다. "이제부터 너희는 이방인이 그 마음의 허망한 것으로 행함 같이 행하지 말라"(엡 4:17). 더 이상 카멜레온처럼 세상을 흉내내지 말고, 하나님을 닮아가라고 도전한다.

옛사람을 벗고 새사람을 입다

에베소서 4장 17절은 '그러므로'라는 표현으로 시작된다. 이 표현은 바울이 앞서 말한 내용을 전제로 하고 있다. 이미 살펴봤지만, 1장에서는 그리스도 안에서 모든 것을 통일시키려 하시는 하나님의 계획을 설명했다. 2장에서는 그리스도의 죽음으로 하나님과 다른 지체와 더불어 화목하게 된 사실을 설명했다. 3장에서는 하나님의 지혜가 교회를 통하여 영적 세계 가운데 드러나게 된 상태를 설명했다. 그리고 4장에 들어와서는 "부르심을 받은 일에 합당하게 행하"라고 권하며, 그에 필요한 과정으로서 교회의 일치성을 지키고 나아가 각자가 자신의 사역을 감당하며 공동체의 성숙을 위해 일해야 한다고 설명했다. 그러다가 16절에서 "각 지체의 분량대로 역사"한다는 내용을 언급한 후에 17절에서 '그러므로'라는 표현을 사용하게 된 것이다. 그러므로 우리는 각 지체의 분량대로 역사한다고 했을 때, 그 일이 구체적으로 어떤 일을 말하는 것인지 물어야 한다. 도대체 바울은 우리에게 어떤 일을 요구하고 있을까?

이에 대해 그는 놀랍게도 교회의 프로그램이 아니라 신앙을 문제로 삼는다. 왜냐하면 교회를 섬기는 데 필요한 은사는 사실상 우리의 능력보다는 신앙과 더 깊이 관련이 있기 때문이다. 그래서 어떤 교회는 재능 있는 사람들로 가득하지만 점점 더 쇠퇴해 간다. 각자가 탁월한 실력을 발휘하며 서로 다른 방향으로 교회를 끌고 가려고 하기 때문이다. 요한계시록 2-3장을 보면, 당시에 건전한 신학을 가졌어도 사랑이 메마른 공동체가 된 에베소 교회라든가 외관은 부유했지만 내면은 미지근한 물과 같이 생기가 없어진 라오디게아 교회보다도, 가난하더라도 충성스러웠던

서머나 교회나 빌라델비아 교회를 더 칭찬하시는 모습을 볼 수 있다. 그들이 더욱 경건한 신앙으로 그리스도께 순종하며 하나님의 지혜를 널리 드러냈기 때문이다.

교회에 필요한 능력은 하나님이 주신다. 그러나 우리에게는 바로 그 능력으로 더욱 거룩해져야 할 책임이 있다. 현재 본문은 우리의 재능보다 신앙에 더 깊은 관심을 가지게 만든다. 여기서 바울은 독자들에게 세상적인 사고방식을 버리고(엡 4:17-19), 신앙적인 사고방식을 갖추라고 말한다(엡 4:20-21). 그리하여 자기 희생으로 사랑을 실천하면서 하나님을 닮아가는 자가 되라고 도전한다(엡 4:25-32). 이는 한번 그렇게 해 보면 어떠냐는 제안이 아니다. 그리스도의 권위를 가진 사도의 명령이다. 이런 차원에서 바울은 "주 안에서 증언"한다고 밝힌다(엡 4:17). 이는 결코 선택 사항이 아니다.

우리가 살아가는 방식은 곧 생각하는 방식에서 비롯된다는 사실을 기억해야 한다. 성경은 우리의 사고가 결코 중립적이지 않다는 사실을 계속 상기시킨다. 곧 우리의 죄악된 행동은 하나님을 의식하지 못할 정도로 부패해 있는 우리의 마음가짐에서 비롯된다는 사실을 상기시킨다. 그와 마찬가지로 경건한 행동도 변화된 마음에서부터 출발한다. 또 그러한 변화는 하나님의 말씀을 통해 우리의 생각이 깨끗하게 정돈될 때 일어난다. 그럴 때 우리의 마음가짐도 새로워지고, 하나님을 향한 순수하고 뜨거운 사랑도 일어나며, 우리의 의지도 방향을 바꾸어 마침내는 예수 그리스도를 따르고자 하는 행동으로 이어진다.

따라서 우리는 마음의 경향성을 무시하거나 가볍게 여겨서는 안 된다. 성령님도 성경을 통해 우리의 마음을 새롭게 하심으로써 우리를 각성시키고 변화시키신다. 예를 들어 느헤미야 당시에 이스라엘 백성이 죄를 통회하며 부흥을 경험했던 사건도 에스라가 율법책을 편 후 레위 사람들이 곧 "백성이 제자리에 서 있는 동안 그들에게 율법을 깨닫게 하였는데 하나님의 율법책을 낭독하고 그 뜻을 해석하여 백성에게 그 낭독하는 것을 다 깨닫게" 할 때 일어났다(느 8:7-8). 오늘날도 마찬가지이다. 하나님의 말씀을 주의 깊게 가르치고 적용하는 교회에서 사람들은 꾸준히 회심한다. 그들의 생각과 마음과 정서와 의지가 바뀌고 결국에는 행동까지 바뀌게 된다. 반대로 그러한 가르침이 없는 교회는 꾸준히 쇠퇴한다.

간혹 하나님의 말씀을 배우기 힘들다며 염려하는 사람이 있다. 만일 누군가의 도움이 없다면, 그러한 걱정을 나무랄 수 없다. 그러나 모든 그리스도인은 성경의 의미를 깨닫도록 도와주시는 성령의 사역을 경험할 수 있다. 바울은 디모데에게 이렇게 말했다. "내가 말하는 것을 생각해 보라 주께서 범사에 네게 총명을 주시리라"(딤후 2:7). 이 구절은 두 부분으로 이루어져 있다. 상반절은 우리에게 생각하라고 명령한다. 성령께서는 우리가 말씀을 읽고 생각할 때 통찰을 주신다. 그러니 말씀을 묵상하지도 않는데, 그에 대한 통찰을 주실 것이라고 순진하게 생각해서는 안 된다. 복 있는 사람은 "여호와의 율법을 즐거워하여 그의 율법을 주야로 묵상하는" 사람이다(시 1:2). 흔히 말씀 공부를 자주 하는 사람이 말씀에 대한 통찰도 깊은 사람이 된다.

다음으로 하반절은 우리가 말씀을 생각할 때 주님이 총명을 주시지 않는 한 그 무엇도 깨달을 수 없다는 사실을 내포한다. 그렇기 때문에 회심하지 않는 신학자는 우리에게 문법과 단어를 가르칠 순 있어도 성경의 영적 의미를 가르칠 순 없다. 또한 그렇기 때문에 우리는 성경을 읽기 전에 기도하며, 주님이 우리에게 본문의 의미를 가르쳐 주시기를 구해야 한다. 영적 지식은 성경을 공부할 때 역사하시는 성령을 통해 주어진다. 그래서 바울은 다음과 같이 말했다. "우리가 이것을 말하거니와 사람의 지혜가 가르친 말로 아니하고 오직 성령께서 가르치신 것으로 하니 영적인 일은 영적인 것으로 분별하느니라 육에 속한 사람은 하나님의 성령의 일들을 받지 아니하나니 이는 그것들이 그에게는 어리석게 보임이요, 또 그는 그것들을 알 수도 없나니 그러한 일은 영적으로 분별되기 때문이라"(고전 2:13-14).

이처럼 성령의 지도를 받을 때, 우리는 세상적인 사고방식을 버리게 된다.

영적 카멜레온처럼 살지 않기 위해서는 비신자처럼 생각하는 일부터 멈추어야 한다. "이제부터 너희는 이방인이 그 마음의 허망한 것으로 행함 같이 행하지 말라"(엡 4:17). 이는 우리가 부활하신 그리스도 안에서 새로운 사람이 되었기 때문에, 더 이상 이방인과 같이, 곧 불신의 세상에 속한 사람과 같이 허망한 생각을 따라 행해서는 안 된다는 의미이다. 여기서 바울이 지적하는 허망한 생각을 따라 행하는 일이란, 가령 짐승이나 강 또는 커다란 바위와 같은 자연물 내지는 죽은 사람의 뼈 등을 숭상하는 이교 신앙을 가리킬 수도 있다. 혹은 세상에 떠도는 미신적인 생각을 받아들이는 일을 가리킬 수도 있다.

이를테면 죽은 사람이 어디선가 행복하게 웃으면서 우리를 내려다보고 있다든가 아니면 그러한 사람의 정신이 우리 마음속에 거한다든가 하는 생각이 세상에 떠돌아다니는데, 그런 감상적이고 신화에 가까운 망상을 아무렇지도 않게 받아들이는 일을 가리킬 수도 있다. 이외에도 허망한 생각을 따라 행하는 일이란, 어떤 신이 존재하든 간에 그러한 신은 우리의 나쁜 점보다 좋은 점을 중히 여겨서 결국에는 우리를 천국에 받아들일 것이라고 맹목적으로 믿는 일을 가리킬 수도 있다.

그렇다면 왜 사람들은 그렇게 공허한 생각이나 신념을 확신하며 받아들이는 것일까? 바울은 다음과 같이 이유를 밝힌다. "그들의 총명이 어두워지고 그들 가운데 있는 무지함과 그들의 마음이 굳어짐으로 말미암아 하나님의 생명에서 떠나 있도다"(엡 4:18). 즉 사람들의 총명이 어두워져 있기 때문이다. 다시 말해 그들이 영적으로 눈먼 장님이기 때문에, 헛되고 무익한 사상을 따른다. 성경의 진리를 보지 못한다. 그렇기에 리처드 도킨스와 같이 똑똑한 과학자도 예수 그리스도의 죽음에 관해서는 망상에 젖어 이렇게 주장했다.

> "나는 이미 기독교의 핵심 교리인 '대속'을 악질적이고, 자학적이며, 혐오스러운 사상으로 묘사했다. 우리는 또한 그 교리를 완전히 미친 사상으로 여기고 거부해야 한다."[9]

도킨스는 하나님의 미친 행위라고 말했지만, 사실은 그 행위가 하나님의 참된 사랑이었음을 알지 못했다. 그는 과학적으로는 밝았으나, 영적으로는 어두웠다. 왜 그렇게 어두운 장님이 되었을까? 바울은 그 이유를 직설적으로 밝힌다. 바로, 창조 세계를 보며 가질 수밖에 없는 하나님에 대한 의식을 애써 억누르고 있기 때문이다. 그리하여 하나님에 관해 무지한 마음을 갖게 되었다(롬 1:18-21). 따라서 인간은 자연스럽게 그분과 관계를 맺고 그분에 대해 알고자 하지 않는다. 마음이 굳어 있기 때문이다(엡 4:18). 마음이 굳어 있기에, 믿지 않는 사람들은 그들의 생각을 결코 바꾸려 하지 않는다. 지적으로 거부하는 행동 이면에, 그들의 굳어진 마음이 자리하고 있기 때문이다.

많은 사람들은 그처럼 딱딱하게 굳은 마음을 가지고 있어, 영적 진리를 묵상하거나 인식하거나 심지어는 생각해 보려고 하지도 않는다. 이러한 죄는 한센병과 같다. 한센병은 온몸의 감각이 상실되어 육체가 서서히 죽어갈 수밖에 없는 무서운 병이다. 죄도 채워지지 않는 욕망으로 사람들을 사로잡아 그로부터 벗어나지 못하게 만든다. 그리하여 한때는 충격적으로 보이던 게 그에 대한 감각이 무뎌져 점점 더 퇴폐적인 죄까지 용인하게 만든다. 게다가 피해자와 가해자 모두를 해칠 정도로 파괴적이다.

에베소서 4장 18절에서 바울은 죄의 발전 과정을 밝히고 있다. 완고하게 굳어진 마음에서 하나님에 대한 무지함이 생겨나고, 이는 다시 총명이 어두워지는 상태를 야기하는 과정이다(참고로 "그들의 총명이 어두워지고 그들 가운데 있는 무지함과 그들의 마음이 굳어짐으로 말미암아"라고 번역된 한글 성경의 문장은 병행 관계로 서술되어 있지만 원문은 인과 관계로 서술되어 있다-번역자 주). 그리고 이 상태로부터 바로 다음 구절에서 묘사되는 악한 행동이 나오게 된다.

덫이 되면 안 되는 자유

당신이 혹 그리스도인이 되기 전에 어떤 삶을 살았는지 기억하지 못한다면, 사람들이 어떻게 방탕의 늪에 빠져 사는지를 알고 놀랄지도 모른다. 많은 사람들은 금요일 밤 클럽이나 사교 모임 등에 나가서 술을 잔뜩 마시기도 하고, 도심 속 스탠드바에서 댄서가 춤추는 모습을 보며 즐거워하기도 한다. 심지어는 서로가 합의해서 혼외 관계를 맺기도 한다. 어떻게 이런 행동을 아무렇지 않게 행하면서 가정을 파괴하고 자녀들에게 상처를 줄 수 있을까? 인간이 창조될 때 하나님 앞에서 본래 지니고 있던 '감각'을 타락과 동시에 상실했기 때문이다. 그렇기 때문에 사람들은 '방탕'과 '더러운 것'과 '욕심'으로 표현되는 죄악상을 드러내게 된 것이다(엡 4:19).

여기서 방탕이란 육욕에 빠져 부끄러운 마음조차 상실한 상태를 말하고, 더러운 것은 방종한 생활을 야기하는 부도덕성을 말하며, 욕심이란 결코 만족할 줄 모르는 죄악된 욕망을 말한다. 바울은 믿지 않는 비신자를 묘사하며 이러한 죄악상을 언급하고 있지만, 사실 그러한 내용은 그리스도인에게도 낯설게 느껴지지 않는다. 왜냐하면 그리스도인이 그러한 죄악상을 점점 더 멀리하기 위해 노력하는 것은 사실이지만, 여전히 그리스도인의 마음에도 죄성이 남아 있기 때문이다. 다시 말해 성령께서 꾸준히 변화시켜 가시지만, 우리는 여전히 성장의 과정 중에 있다.

　　바울이 밝히고 있는 내용을 살펴볼 때, '방탕'이란 오늘날 문화에서 암시하는 바와 달리 결코 누구에게도 해를 끼치지 않고 누릴 수 있는 재미가 아니다. 새로운 시대에 주어진 자유도 아니고, 인생의 원기를 북돋우거나 결혼 생활을 행복하게 해 주는 묘책도 아니다. 아니 오히려, 먹지 못할 초를 치듯 서로의 신뢰를 완전히 용해시켜 버린다. 또한 '더러운 것'에 해당하는 불결 역시도, 타인에게 해를 끼치지 않고 경험할 수 있는 재미가 아니다. 오히려 시궁창에 흐르는 하수처럼 서로의 관계에 악취를 풍긴다. '욕심'도 인생을 전진시키며 성공에 이르게 만드는 길이 아니다. 오히려 쇠붙이에 생기는 녹과 같이 인간의 영혼을 끝까지 좀먹는다. 이 모든 게 사실이라면, 왜 사람들은 어둠 가운데 무익한 행동을 하게 만드는 잡지나 영상을 보고 또 그러한 행동을 하고 다니는 친구를 모방하려 할까? 그리고 누군가 방탕의 늪에 빠진다면, 과연 그를 건질 수 있는 자는 누구일까?

　　언젠가 한 형제가 자신의 비참한 결혼 생활을 털어놓은 적이 있다. 그의 결혼 생활은 그 형제가 포르노에 중독되면서 문제가 생기기 시작했다. 그때 나는 형제의 죄를 감옥에 빗대어 설명했다. 그런데 그 설명이 결과적으로 큰 도움이 되었다. 말하자면 이렇다. 우리 모두는 그리스도인이 되기 전에 죄의 노예였다. 사탄이 하나님의 율법에 따라 우리가 사형 선고 받기를 기다리며 인질로 잡아 놓았기 때문이다. 악취 나는 감옥에 갇힌 상황과 같았다. 간혹 창살을 통해 바깥세상을 내다보며 그 생활이 어떨지 궁금해 하기도 했지만, 도저히 감옥에서 도망칠 수는 없었다. 한 마디로 어둡고 더러운 독방에 갇혀 우리가 얼마나 더러운지조차 알지 못했다.

그런데 예수님은 우리가 석방될 수 있도록 값을 지불하셨다. 이는 우리를 속량하려고 십자가에서 피를 흘리실 때 일어난 일이었다(엡 1:7). 그리하여 우리는 햇살이 비치는 밝은 세상으로 나오게 되었다. 그리고 두 눈을 깜빡이며 놀라게 되었다. 환하게 내리쬐는 빛 아래서 우리가 얼마나 더럽고 불결했는지를 알게 되었기 때문이다. 또 그처럼 밝은 세상에서 살아갈 인생이 얼마나 아름다울지도 알게 되었다. 그렇게 우리는 예수님과 같이 깨끗해지기를 갈망하게 되었다.

그런데 술을 마시고 잔뜩 취하거나 세속적인 무리 가운데 자기 연민에 빠져 인생의 어두운 국면을 맞이할 때면, 우리는 또다시 이전에 갇힌 독방으로 기어들어가 '방탕'과 '더러운 것'과 '욕심'을 끌어안고 웅크리는 자신의 모습을 보게 된다. 하지만 우리는 더 이상 이전과 같지 않기에, 그 상황이 견딜 수 없을 만큼 비참하게 느껴진다. 그래서 고개를 든다. 독방의 문이 완전히 열려 있다. 이미 그리스도의 몸값이 지불되어 우리에게는 자유가 주어졌다. 감옥에 다시 찾아오지 않아도 될 자유가 주어졌기 때문이다. 이에 주님은 우리가 감옥에 들어가려 할 때마다 끊임없이 빛 가운데로 우리를 이끄신다. 그러면 우리는 기꺼이 따라나서기도 하고, 때로는 마지못해 따라나서기도 한다. 그러나 날이 이르면, 곧 주님이 오셔서 우리를 완전히 변화시키실 날이 이르면, 그 더러운 방은 폐쇄될 것이다. 우리가 다시는 돌아갈 수 없도록 문이 아예 봉쇄될 것이다.

혹 죄 가운데 뒹구는 자신의 모습을 발견할 때, 우리는 앞서 언급한 형제처럼 교회에서 신앙이 성숙한 리더나 동료에게 도움을 요청할 수 있다. 그렇게 함으로써 자신이 벌써 감옥에서 나왔으며 빛 가운데 살아가는 인생이 얼마나 좋은지 다시금 상기할 수 있다.

자신이 누구인지 제대로 알라

이제 자신이 누구인지 알게 되었는가? 아니면 여전히 허망한 생각을 따라 행하고 있는가? 우리는 다시 그 더러운 독방에 들어가지 않도록 자신의 몸값으로 우리를 석방시키신 주님을 찬양해야 한다. 혹 다시 죄를 지을 때는, 그분 앞에 죄를 고백해야 한다(시편 51편에서 다윗이 그랬듯이 말이다). 그리고 그분의 용서를 구해야 한다. 사도 요한의 가르침처럼 "만일 우리가 우리 죄를 자백하면 그는 미쁘시고 의로우사 우리 죄를 사하시며 우리를 모든 불의에서 깨끗하게 하실 것이"기 때문이다(요일 1:9).

혹 스스로 죄를 고백하며 밝은 세상으로 나오지 못하겠다면, 신앙이 성숙한 누군가에게 도움을 요청해 볼 수 있다. 그리하여 다시금 햇볕을 쬐고 맑은 공기를 마시며 실천 가능한 방책을 마련하는 게 좋다. 즉 감옥으로 가는 길목을 차단하는 게 좋다. 그래야만 자신의 약함을 핑계 삼아 어두운 방으로 다시 돌아갈 수 없기 때문이다.

더 나아가 우리는 교회에 있는 다른 지체들이 그들의 독방에서 나오도록 도와야 한다. 때로는 부드러운 격려로, 때로는 단호한 훈계로 필요한 도움을 제공해 주어야 한다. 그렇게 우리 모두는, 더 이상 이방인처럼 살아서는 안 된다.

예수님을 친밀히 아는 자

앞서 바울은 우리가 카멜레온처럼 이방인을 따라해서는 안 된다고 설명했다. 이어지는 본문에서는 그렇다면 어떻게 거룩하게 구별된 삶을 살 수 있을지를 설명한다. 그런데 이 주제 역시도, 우리의 마음에서부터 출발한다.

여기서 바울은 무언가를 가르치고 배우는 학습에 관련된 표현을 사용한다. "오직 너희는 그리스도를 그같이 배우지 아니하였느니라 진리가 예수 안에 있는 것 같이 너희가 참으로 그에게서 듣고 또한 그 안에서 가르침을 받았을진대"(엡 4:20-21). 그는 새로운 삶의 방식을 배우는 일, 곧 예수 그리스도 안에 있는 진리를 듣고 그 가르침을 받는 일에 관해 말한다. 그런데 유독 이 본문에서만 그리스도가 '예수'라는 이름으로 언급된다. 지금까지 바울은 하늘 보좌에 계시며 모든 권세 위에 뛰어나신 주님을 강조하려는 목적에서 '그리스도'라는 칭호를 주로 사용했다. 그러나 현재 본문에서는 하나님이 인간이 되어 우리를 위해 의로운 삶을 사시고 말씀하신 바를 몸소 실천하시며 우리를 친히 가르치신 일을 강조하고자 한다. 그래서 '예수'라는 이름을 언급한 것이다.

하나님이 예수님을 통해 역사 가운데 스스로를 계시하심으로써 우리는 그분이 어떤 분이신지 알게 되었다. 성경은 여러 군데서 바로 그 예수님을 묘사한다. 말하자면 예수님을 보여 주는 사진과 같다. 우리가 어떤 사진이든 확대해서 보면, 사진 속 인물을 구성하는 수많은 점들을 발견할 수 있다. 비록 점과 점 사이에는 여백이 있지만, 사진은 그 인물의 모습을 정확히 보여 준다. 그래서 우리가 사진 속의 인물을 실제로 만나게 되면, 사진에서 보았을 때보다 더 자세한 모습을 보게 될 뿐이지 전혀 다른 모습을 보게 되는 게 아니다.

성경에 기록된 말씀도 마찬가지이다. 그 말씀은 예수님의 모든 모습을 보여 주고 있진 않지만, 우리가 꼭 알아야 할 모습을 보여 준다. 그래서 우리가 예수님을 실제로 만나게 되면, 이전보다 더 자세한 모습을 보게 되지 성경을 통해 알고 있던 모습과 상치되는 모습을 보게 되는 게 아니다. 한마디로 우리는 성경을 통해 진짜 예수님을 알아갈 수 있다. 바로 그분이 우리가 본문의 의미를 알고자 할 때, 자신의 영적 권능으로 의미를 알려 주신다.

이러한 이유에서 우리는 성경을 소중히 여긴다. 그런데 기억해야 할 사실이 있다. 바로 우리는 어딘가에 기록된 글이 아니라 그 글이 증언하는 분에 의해 구원받았다는 사실이다. 우리는 구원에 관해 말할 때, 여러 가지 표현을 사용한다. 때로는 우리가 믿는 핵심적인 사실을 강조하기 위해 '복음'이라는 표현을 사용한다. 이를테면 예수님이 왕으로서 이 땅에 오셔서 우리 죄를 위해 죽으셨고 또 우리를 다스리기 위해 부활하셨으며 마침내는 세상을 심판하기 위해 다시 오신다는 사실을 강조하기 위해 그와 같은 표현을 사용한다. 때로는 성경에 기록된 복음을 좀 더 광범위하게 강조하기 위해 '말씀'이라는 표현도 사용한다. 또 우리의 행위가 아니라 하나님이 그리스도 안에서 행하신 일을 강조하기 위해 '은혜'라는 표현도 사용한다. 그러나 우리는 그 모든 표현이 적용되는 한 분, 바로 예수님에 의해 구원받았다는 사실을 잊어서는 안 된다. 우리는 어떠한 진술을 믿어 그리스도인이 된 게 아니다. 우리는 그분을 믿어 그리스도인이 되었다.

물론 우리는 역사적 사실을 알게 되어 구원을 받은 것이 아니다. 오히려 그 사실이 가리키는 분에 의해 구원을 받았다. 1700년대 스코틀랜드에서는 로버트 산데만(Robert Sandeman)의 추종자가 일어났다. 그들은 당시에 확산되던 주정주의(emotionalism)에 반대하며 '순전한 사실에 대한 순전한 믿음'(bare belief in bare facts)을 통해 구원받는다고 선언했다. 이러한 산데만주의(Sandemanianism)는 결국 완전히 메마르고 비인격적인 지성주의로 치닫게 되었다. 그러나 감사하게도 앤드류 풀러(Anderw Fuller)와 같은 신학자가 등장하여, 성경적 믿음은 복음이 선포하는 예수 그리스도를 통해 경험하는 인격적 기쁨(곧 감정)을 수반한다고 가르쳤다. 오늘날 우리도 우리의 구원자를 친밀히 알 때 경험하는 기쁨을 놓쳐서는 안 된다. 그러한 친밀한 관계 속에서 자신을 구원자에게 맡기는 일이 구원에 이르게 하는 믿음이다. 그리스도인이 된다는 말은, 다름 아닌 그리스도를 믿고 기뻐하는 사람이 된다는 뜻이다.

또 한편으로 우리는 반대의 극단으로 치우쳐도 안 된다. 가령 존재하지도 않는 신화적인 인물로서 예수님을 생각하며 감정적으로 흥분해서는 안 된다. 구원에 이르게 하는 믿음이란, 성경이 증언하는 예수님을 기쁨으로 신뢰하는 일이다. 곧 실제 역사에서 그분이 행하신 일에 근거하여 그분을 신뢰하는 일이다. 안타깝게도 에베소교회는 이후에 예수님으로부터 책망을 듣게 된다. 희생적인 사역과 건전한 교리에도 불구하고 예수님에 대한 처음 사랑을 버렸기 때문이다(계 2:1-7). 그 결과 에베소교회는, 역사에서 결국 자취를 감추고 만다.

옷을 갈아입는 방법

예수님의 거룩하심을 배우는 일은 세 가지 단계로 설명될 수 있다. 바울은 그 일을 옷을 갈아입는 과정에 비유한다. 곧 우리가 태어날 때부터 가지고 있는 본성이 이 땅에서 완전히 사라지지는 않아도, 우리는 마치 옷을 갈아입듯이 그 오래되고 더러운 옛 성품을 벗고 예수님을 닮은 새 성품을 조금씩 입을 수 있다고 설명한다. 그런데 우리가 그리기 위해서는, 어린아이와 같이 옷을 갈아입는 방법을 순서대로 배워야 한다.

먼저는 옷을 벗는 방법부터 배워야 한다. 그리스도인이 되었다는 말은 "유혹의 욕심을 따라 썩어져 가는 구습을 따르는 옛 사람을 벗"게 되었다는 뜻이다(엡 4:22). 반드시 우리는 유혹의 욕심을 따라 썩어져 가는 이전의 생활 방식을 버려야 한다. 여기서

'유혹'이라는 표현을 사용하는 이유는 그러한 생활 방식이 우리에게 자유와 행복을 약속하는 듯하지만 실제로는 우리를 비참한 지경에 옭아매다가 나중에는 지옥에 가두고 말기 때문이다. 따라서 그러한 옷을 벗음으로써 우리는 비로소 "심령이 새롭게" 될 준비를 하게 된다(엡 4:23).

이처럼 썩어져 가는 구습을 멀리할 때, 성령은 말씀을 통해 우리의 심령을 새롭게 하신다. 그 결과 새로운 정서가 우리 속에 일어나게 된다. 이때 우리의 목표는 갈망 자체를 제거하는 게 아니다. 그보다는 더러운 갈망을 깨끗한 갈망으로 바꾸는 게 목표이다. 예를 들면 우리에게 없는 직장이나 파트너 또는 교회를 부러워하지 않는 게 우리의 목표라기보다 하나님이 우리에게 주신 직장과 파트너와 교회에 대하여 감사하는 마음을 갖는 게 우리의 궁극적인 목표이다.

다음으로는 옷을 벗는 방법을 배워야 한다. 곧 "하나님을 따라 의와 진리의 거룩함으로 지으심을 받은 새사람을 입"어야 한다(엡 4:24). 새사람을 입는 일이란, 한없는 사랑 가운데 의로운 삶을 사시고 정결한 마음으로 거룩한 뜻을 이루신 그리스도의 성품을 받아들이는 과정을 의미한다. 이러한 과정은 그리스도를 믿을 때 우리에게 그분의 의로우심과 거룩하심이 선물로 주어짐으로써 시작된다. 이로써 우리는 영원히 하나님께 받아들여지고 그리스도와 함께 하늘에 앉는다(엡 2:6). 그리스도를 믿음으로 말미암아 하나님의 은혜로 값없이 의롭다 하심을 얻게 되었기 때문이다. 즉 그리스도의 의가 우리의 의로 여겨져서 그분 안에서 우리가 온전히 받아들여졌기 때문이다. 그리하여 이제 우리는 새로운 신분에 맞는 행동과 삶의 변화가 필요하게 되었다. 다시 말해 믿음으로 말미암아 은혜로 지속되는 성화의 과정이 필요하게 된 것이다. 이는 곧 하나님의 말씀을 신뢰하며 따라가는 과정이기도 하다.

지금까지 나는 근사한 결혼식장에 몇 차례 가 보았다. 최근에도 런던 중심가의 최상급 호텔인 사보이호텔에서 치러진 예식에 참석하게 되었다. 그런데 호텔에 갈 때 입는 정식 예복도 없고 그렇다고 살 수 있는 형편도 안 되어, 누군가에게 빌려야 하는 상황이 되었다(고 한번 가정해 보겠다). 이런 상황에서 고맙게도 마음이 후한 친구로부터 값비싼 예복을 빌리게 되었다. 그런데 친구가 하는 말이, 그 예복을 가지고 있다가 앞으로도 그냥 입으라고 한다. 하나님이 하신 일이 꼭 이와 같지 않을까 싶다. 그분은 우리에게 아들의 의를 전가하셨다. 즉 아들의 의를 우리의 의로 여겨 주셨다는 말이다. 그분은 그처럼 아들의 완전한 의를 우리에게 입히시고 천국에 들어갈 수 있게 해 주셨다. 마치 빌린 예복을 입고 사보이호텔에 들어갈 수 있게 된 것처럼 말이다. 물론 하나님 편에서 그렇게 하신 일은 우리로서는 상상할 수 없는 값을 치르신 일이다. 죄인인 우리와 자리를 바꾸시고 그리스도 안에서 자신을 희생시켜 우리가 당해야 했던 지옥의 고통을 대신 받으셨기 때문이다. 그 결과 우리는 그리스도의 거룩한 옷을 입고, 그분의 혼인 잔치에 참여할 수 있게 되었다.

나는 친구로부터 고급스러운 정식 예복을 얻었기 때문에, 내가 입고 있던 더러운 옷 위에 새로운 양복을 덧입거나 땀에 절어서 냄새나는 티셔츠 위에 정장조끼를 걸치지는 않는다. 그렇게 하면 예복의 가치가 떨어지기 때문이다. 마찬가지로 우리가 그리스도인이 되었을 때 우리는 영원히 그리스도의 의를 입었기 때문에, 이전처럼 죄를 입고 다니는 모습을 주님은 원치 않으신다. 그렇게 하면 새 옷이 대수롭지 않은 옷처럼 보이게 된다. 똑같이 죄를 입고 다닌다면, 그런 모습은 우리의 죄가 얼마나 심각한지 또 우리를 위해 그리스도가 치르신 값이 얼마나 엄청난지를 보여 줄 수 없다. 우리는 전적으로 그분의 거룩하심으로 인해 구원받았다. 그런데 이렇게 구원받은 목적은 바로 그 거룩하심을 입고 새로운 삶을 사는 데 있다.

이제 우리는 그리스도의 거룩한 성품으로 옷을 입었기 때문에, 오래된 죄악의 옷을 함께 입으려고 해서는 안 된다. 오히려 옛 옷은 벗어던지고 그리스도의 거룩한 성품으로 지어진 새 옷을 입어야 한다. 우리가 그처럼 거룩한 옷을 입을 때, 그리스도 안에서 화목을 이루신 하나님의 지혜가 밝히 드러나게 된다.

그리스도인의 모습

그렇다면 새 옷을 갈아입은 그리스도인의 모습은 어떠할
까? 바울은 실제적인 예시를 들며 그 모습을 설명한다. 이러한 모
습을 얼마나 잘 갖추느냐에 따라 교회의 연합과 사명이 강화될
수도 있고 약화될 수도 있다.

첫째, 거짓을 버린다(25절). "그런즉 거짓을 버리고 각각 그
이웃과 더불어 참된 것을 말하라 이는 우리가 서로 지체가 됨이
라"(엡 4:25). 바울은 스가랴 8장에 기록된 약속을 언급하고 있다. 곧
하나님의 새로운 백성이 "이웃과 더불어 진리를 말하며" "진리의 성
읍"이라고 일컬어지게 되리라는 약속을 언급하고 있다(슥 8:3, 16).

우리는 그리스도의 한 몸을 이루는 지체들이기에 서로 진
실해야 한다. 서로에 관해 다른 사람에게 말할 때도 진실해야 할
뿐 아니라, 서로에게 무언가를 말할 때도 진실해야 한다. 이때 결
코 험담을 하거나 그릇된 말로 깎아내려서는 안 되고, 또한 과장
을 하거나 거짓말을 해서도 안 된다. 우리는 늘 복음의 진리를 생
각하며 위선적인 언행을 해서는 안 된다.

둘째, 분을 오래 품지 않는다(26-27절). "분을 내어도 죄를 짓

지 말며 해가 지도록 분을 품지 말고 마귀에게 틈을 주지 말라"(엡 4:26-27). 바울은 분을 낼 수밖에 없는 상황도 있음을 전제하고 있다.

예를 들어 세계 각지에서 그리스도인이 핍박을 받고 있다든가 또는 교회 안에서 한 지체가 다른 누군가에 의해 상처를 받게 되었을 때 분이 날 수 있다. 그러나 우리는 자신의 분노 자체가 중요한 의분처럼 여겨지도록 놔둬서는 안 된다. 바울은 그러한 분노에 시간제한을 두는 게 좋다고 말한다. 곧 해가 지기 전까지 우리 자신의 명분이나 대의를 내려놓는 편이 좋다고 말한다. 그래야만 마귀가 분열의 역사를 일으킬 기회를 얻지 못하기 때문이다.

셋째, 도둑질하지 않는다(28절). "도둑질하는 자는 다시 도둑질하지 말고 돌이켜 가난한 자에게 구제할 수 있도록 자기 손으로 수고하여 선한 일을 하라"(엡 4:28). 바울은 우리가 한때 하나님을 의식하지 않고 도둑질한 적이 있음을 전제하고 있다.

가령 어떠한 일을 위해 필요한 도구를 빌려 놓고 돌려 주지 않는다든가 고객에게 비용을 좀 더 올려서 청구한다든가 세금을 줄이려고 그릇된 정보로 신고한다든가 하는 모든 일이 다 도둑질에 해당한다.

우리는 그리스도인으로서 열심히 일해야지 속이면 안 된다. 또한 다른 사람을 돌아보며 재물을 써야지 자신을 위해 지나친 소비를 해서는 안 된다. 특히 우리는 복음 사역을 위해 가난한 자를 돌아보며 재물을 사용해야 한다. 이제 우리는 무언가를 얻기 위해서가 아니라 주기 위해 살아가는 인생이다.

넷째, 더러운 말은 입 밖에도 내지 않는다(29절). "무릇 더러운 말은 너희 입 밖에도 내지 말고 오직 덕을 세우는 데 소용되는 대로 선한 말을 하여 듣는 자들에게 은혜를 끼치게 하라"(엡 4:29). 바울이 사용한 '더럽다'라는 표현은 '썩고 부패했다'라는 의미를 가진다. 그렇게 더러운 말이란, 저속한 농담이라든가 다른 사람을 해치는 험담 또는 악의로 가득 찬 비난 등을 일컫는다. 우리는 그처럼 더러운 말을 건전하고 유익한 말로 바꾸어야 한다. 그래야만 서로의 신앙을 격려하고 성장시킬 수 있다.

다섯째, 성령을 근심하게 하지 않는다(30절). "하나님의 성령을 근심하게 하지 말라 그 안에서 너희가 구원의 날까지 인치심을 받았느니라"(엡 4:30). 바울은 과거 이스라엘 백성이 약속의 땅으로 가는 길에 성령을 근심시켰던 일을 상기시킨다(사 63:10). 그는 하나님 백성으로 인치심을 받은 독자들이 반복해서 성령을 거슬러 그분을 근심시키는 일을 해서는 안 된다고 강조한다. 만일 끝없이 불평하며 투덜거리거나 부도덕한 행동으로 불순종하게 되면, 하나님의 은혜를 증언하는 삶을 살 수 없기 때문이다.

여섯째, 악의를 버린다(31절). "모든 악독과 노함과 분냄과 떠드는 것과 비방하는 것을 모든 악의와 함께 버리고"(엡 5:31). 우리는 이제 성령의 능력을 힘입어 누군가를 시기하거나 미워하는 마음을 회개해야 한다. 가령 우리가 원하는 무엇인가를 가졌다고 또는 과거에 우리에게 상처를 주었다고 해서 누군가를 시기하고 미워한다면, 그 마음을 버려야 한다.

또한 우리는 자신을 격분시켜 끓어오르게 만드는 상대를 향해 반응하지 않을 수 있는 능력을 구해야 한다. 당연히 술에 취해 떠들며 소동을 일으키는 일이나 다른 사람을 욕하며 비방하는 일을 해서도 안 된다. 오히려 상대에게 선한 말을 해야 한다. 그러자면 우리를 해치려고 비방하는 자에게 악의를 가지고 본능적으로 대하기보다 그리스도가 자신을 대적한 자들에게 보여 주신 사랑을 조금이나마 보여 주어야 한다. 그 대적자 중에는 우리도 포함된다는 사실을 기억하고서 말이다.

그렇다면 우리가 이처럼 극적으로 변화될 수 있는 이유는 무엇일까? 바울은 두 가지를 언급한다. 이제 우리는 "서로 친절하게 하며 불쌍히 여기며 서로 용서하기를 하나님이 그리스도 안에서 [우리]를 용서하심과 같이" 할 수 있는 자들이 되었기 때문이다(엡 4:32). 하나님이 관대하게 우리를 용서하셨기 때문에, 우리는 서로 친절하게 대하고 불쌍히 여기며 용서하는 법을 그분으로부터 배울 수 있다. 따라서 누군가 조금이라도 뉘우치는 마음을 드러내면, 우리는 상대의 잘못을 다시는 들먹이지 않기로 결심해야 한다. 당사자뿐 아니라 타인 앞에서도, 그리고 내 마음속에서도, 심지어는 하나님 앞에서도 말이다. 왜냐하면 우리의 회개가 매우 얕은 수준에 그칠 때조차 하나님은 우리를 용서하시기 때문이다.

또 우리는 상대가 뉘우칠 때까지 기다리되, 되갚고자 하는 마음을 내려놓아야 한다. 혹 상대가 충분히 뉘우치지 않더라도, 유일한 판단자가 되시는 하나님께 기도하며 상대를 긍휼히 여길 수 있도록, 그래서 다시 화목하게 지낼 수 있도록 은혜를 구해야 한다. 우리에게 지옥 형벌을 내리셔야 할 하나님이 오히려 우리를 용서하셨기 때문이다. 개인적으로 생각나는 선교사가 있다. 제임스라고 불렸던 선교사이다. 그는 공적인 자리에서 이런 질문을 받았다. 당신에게 총을 쏘고 당신의 얼굴이 일그러질 정도로 때린 후에 당신의 아내까지 강간했던 그들을 용서할 수 있겠느냐고 말이다. 제임스는 이렇게 답변했다. "하늘에 계신 아버지는 그보다 더 심한 죄를 용서해 주셨습니다. 그러니 저도 용서하겠습니다."

우리가 변화될 수 있는 또 다른 이유는 이제 우리가 "사랑을 받는 자녀 같이 … 하나님을 본받는 자가 되고 그리스도께서 [우리]를 사랑하신 것 같이 [우리]도 사랑 가운데서 행"할 수 있는 자들이 되었기 때문이다(엡 5:1-2). 우리는 카멜레온처럼 세상을 흉내내는 자들이 아니라, 하나님을 닮아가는 그리스도인이 되었다.

특히 그분의 희생적인 사랑을 따라 사랑을 베풀 수 있는 그리스도인이 되었다. 갈보리에서 예수 그리스도는 "우리를 위하여 자신을 버리사 향기로운 제물과 희생제물로 하나님께 드리셨"다(엡 5:2). 그리스도의 본을 따라 사랑한다는 일은 단지 부도덕한 생각을 멀리하며 상대를 대하는 일만이 아니라, 그 상대가 구원의 복을 누릴 수 있도록 적극적으로 자신을 내어 주는 일도 포함한다. 이러한 희생이 하나님 앞에서 향기로우며 그분을 기쁘시게 하며, 그분의 지혜를 널리 드러낸다.

이와 같은 본문을 거울삼아 자신을 들여다본다면, 과연 그 모습은 어떠할까? 혹 세상의 방식대로 관능을 자극하는 옷차림을 하고 있지는 않은가? 더럽고 어두운 생각이 머릿속을 가득 채웠는가? 마치 천적을 피해 자신을 위장하기 바쁜 카멜레온처럼 행동하는가? 아니면 하나님의 말씀으로 새로워진 옷차림을 하고 있는가? 그리스도의 거룩하심을 입어 친절과 긍휼과 용서가 배어나는 모습으로 말이다. 또 지금 벗어던져야 할 게 있다면 무엇인가? 더 나아가 무엇을 새롭게 입어야겠는가?

하나님 앞에 기도하라. 옷을 갈아입을 수 있게 도와달라고, 카멜레온처럼 더 이상 세상 문화에 동화되지 않을 수 있게 도와달라고 기도하라. 그리고 몸소 죽으면서까지 우리를 사랑하신 그리스도를 닮은 진짜 그리스도인이 되게 해 달라고 기도하라.

chapter 09

빛 가운데 사는 인생(5:1-20)

성령의 능력으로
'적당히 타협하는 삶'에서
벗어나다

교회 역사를 살펴보며 배우는 일은 매우 중요하다. 철학자 조지 산타야나(George Santayana)는 다음과 같이 유명한 말을 남겼다. "과거를 기억하지 못하는 자는 과거를 반복한다." 지난 교회 역사에서 일어난 오류를 피하기 위해서는 각 시대마다 교회를 탈선시키려 했던 신학적 도전 앞에서 신앙의 선배들이 어떻게 응전했는지 살펴봐야 한다.

예를 들면 아타나시우스(Athanasius)는 아리우스(Arius)에 대항하여 그리스도의 신성 교리를 정립했는데, 이는 우리가 예수님의 신성을 부인하는 무슬림과 논쟁할 때 참고할 수 있는 내용이다. 또한 어거스틴(Augustine)은 펠라기우스(Pelagius)와 싸우며 죄의 심각성을 강조했는데, 이는 우리가 지옥의 실재성을 부인하는 자들과 논쟁할 때 전제해야 할 사실이다. 그리고 로마 교회와 싸운 마르틴 루터(Martin Luther)는 믿음으로 의롭다 하심을 얻는다는 칭의 교리를 수호했는데, 이는 우리가 가톨릭 교인과 논쟁할 때 간과하면 안 되는 조항이다. 나아가 칼빈의 후예들은 알미니안주의자들(Arminians)을 반박하며 구원에 있어 하나님의 절대 주권을 강조했는데, 이는 미래를 다스리시는 하나님의 주권을 부인하며 교회를 혼란시키고 있는 '열린신학자들'과 논쟁할 때 붙들어야 할 가르침이다.

그러나 이 시대에 무엇보다 큰 도전이 되는 논쟁이 있다. 특히 서구 사회에서 기독교를 갈라놓고 있는 문제인데, 다름 아닌 '구원에 요구되는 거룩의 필요성'에 대한 논쟁이다. 일반적으로 말해, 진보적 성향의 교회는 성적 죄악에 대한 성경의 기준을 약화시키고 있다. 동성애가 대표적인 예다. 이미 서구 사회에 만연한 세속 문화가 성경의 가르침을 벗어난 성적 표현을 할 수 있다고 보기 때문에, 그 문화를 따라가는 교회 역시도 그러한 관점을 받아들여 대중에게 호소력을 갖춰 가고 있다. 즉 성적 순결의 기준을 낮추거나 아니면 최소한 그런 문제에 침묵하는 교회가 점점 더 인기를 끌고 있다. 이러한 상황에서 확고한 성 윤리(ethics)를 지키려는 교회나 그런 교회가 전파하는 메시지에 세상은 점점 더 적개심을 표출하고 있다. 따라서 그와 같은 시대정신을 거스르며 다른 교회의 이탈에 공적으로 맞서기 위해서는 값비싼 대가를 치러야 한다.

그런데 감사하게도 우리에게는 자기 당대에 극단적인 성적 쾌락주의(hedonism)와 맞서 싸운 위대한 신앙의 선배가 있다. 바로 사도 바울이다. 그는 시대를 불문하고 모든 그리스도인에게 적용되는 하나님의 뜻을 분명히 기록했다.

우리는 바울이 기록한 편지인 에베소서를 통해 그리스도 안에서 모든 것을 통일시키려 하시는 하나님의 계획이 다름 아닌 그리스도의 죽음과 부활을 통해 실현되어 이제는 교회로 말미암아 그분의 지혜가 영적 세계 가운데 드러나고 있음을 알게 되었다. 또한 그 지혜는 교회의 각 구성원이 그리스도의 통치 아래 살면서 그분의 거룩하심을 따라 부도덕한 삶을 회개할 때 실제로 드러난다는 사실도 알게 되었다. 이번 본문은 그렇게 부도덕한 삶에서 회개하고 그리스도를 닮아가는 성화의 과정이 구원에 반드시 필요하다는 사실을 가르친다.

예수 그리스도를 반영하는 삶

바울은 앞서 1-3장에 걸쳐 설명한 복음의 진리를 4-6장에서 교회에 적용한다. 우리가 이미 살펴보았지만, 바로 이 편지의 후반부는 다음과 같은 권면으로 시작되었다. "부르심을 받은 일에 합당하게 행하[라]"(엡 4:1). 우리의 신분에 합당하게 행하라는 요구는 4장 17절에서 이미 주어졌는데, 이제부터 살펴볼 5장에서도 반복된다(가령 2절에서는 "사랑 가운데서 행하라"고 요구하고, 8절에서는 "빛의 자녀들처럼 행하라"고 요구한다). 바울은 그리스도 안에서 하나님 및 다른 이들과 더불어 화목하게 된 그리스도인이 어떻게 구별된 생활로 그러한 관계에 부합하게 살아갈 수 있는지를 독자들에게 알려 주고자 한다.

앞서 살펴본 본문은 우리가 구원받기 이전과 이후의 모습이 얼마나 다른지를 날카롭게 대조시켰다. 본문에서는 교회와 세상의 행동이 서로 얼마나 다른지를 더욱 극명하게 대조시킨다. 이러한 대조에 앞서 바울은 다음과 같은 사실을 전제한다. "그러므로 사랑을 받는 자녀 같이 너희는 하나님을 본받는 자가 되고 그리스도께서 너희를 사랑하신 것 같이 너희도 사랑 가운데서 행하라 그는 우리를 위하여 자신을 버리사 향기로운 제물과 희생제물로 하나님께 드리셨느니라"(엡 5:1-2).

이는 그리스도인의 삶이 어떤 점에서 근본적으로 다른지를 보여 준다. 곧 '그리스도께서 사랑하신 것 같이' 다른 사람을 사랑하는 모습이 그리스도인의 삶에 나타나는 근본적인 차이다. 우리는 세상 문화에서 빚어지는 인생이 아니라, 그리스도 안에서 빚어지는 인생을 산다. 따라서 마땅히 타인의 유익을 위해 살아야 한다. 곧 사랑을 실천하는 삶이다.

그리스도가 우리를 위해 자신을 내어 주셨기 때문에, 우리도 다른 사람을 위해 자신을 내어 주어야 한다. 다시 말해 그리스도가 우리의 구원을 위해 "자신을 버리사 향기로운 제물과 희생제물로 하나님께 드리셨"기 때문에, 우리도 다른 사람이 구원받을 수 있도록 자신을 희생하면서 상대를 섬겨 하나님을 기쁘시게 해야 한다. 여기서 그리스도인의 구별된 삶이 드러난다. 즉 사랑을 위해 자신을 희생하는 삶이 드러난다. 우리는 미움의 부재가 아니라 사랑의 실재가 우리에게 요구되는 새로운 윤리임을 기억해야 한다. 이는 불결한 삶을 살지 않는 수준을 넘어 다른 사람에게 은혜를 끼치는 적극적인 실천을 요구한다. 흔히 성경을 굳게 믿는 그리스도인조차도 자신이 하지 말아야 할 행동을 하지 않는 데서는 훌륭한 모습을 보이지만, 다른 사람을 위해 자신이 해야 할 행동을 하는 데서는 그만한 모습을 보이지 못한다. 그렇기에 우리는 예수님을 닮아갈 수 있기를 간절히 바라며 기도해야 한다. 그분은 단지 죄가 없는 삶에서 더 나아가 사랑으로 가득 찬 삶이 어떤 삶인지를 보여 주셨다. 그러니 우리도 심지어 우리를 미워하는 사람을 향해서도 사랑을 베풀 수 있도록 그분을 닮아가야 한다. 이를 위해 바울은 우리가 무엇을 하지 말아야 할지부터 설명한다.

세 가지 금기 사항

우선 바울은 그리스도의 순결에 대한 하나님의 높은 기준을 제시한다. "음행과 온갖 더러운 것과 탐욕은 너희 중에서 그 이름조차도 부르지 말라 이는 성도에게 마땅한 바니라"(엡 5:3). 여기서 그는 세 가지 금기 사항을 언급한다. 곧 '음행'과 '온갖 더러운 것'과 '탐욕'이다.

먼저 음행이란, '포르네이'라고 하는 헬라어를 번역한 표현이다(이 헬라어로부터 '포르노'라는 단어가 나왔다). 이는 결혼 관계 밖에서 일어나는 모든 성적 행위를 가리킨다. 물론 당사자 간에 합의가 있는 관계도 포함된다. 세상은 우리를 향해 '동성애 혐오자'라고 비난할지 모르지만, 사실 우리는 동성애 혐오자가 아니라 그보다 범위가 훨씬 넓은 '포르노 혐오자'가 되어야 한다. 이러한 음행에는 포르노그래피를 보거나 호색 문학을 찾아 읽거나 스트립쇼나 사창가에 가거나 누군가를 희롱하며 음욕을 품는 일까지 다포함된다. 한마디로, 결혼 생활 밖에서 성적 만족을 구하는 행위가 모두 음행이다. 오늘날 우리는 성적으로 매우 개방적인 사회에 살고 있기 때문에, 혼전 또는 혼외 성교를 피하며 살아가는 모습을 찾아보기가 어렵다. 물론 하나님은 성교 자체를 금하지 않으신다. 오히려 그렇게 교제하는 방법을 생각해 내신 분이 하나님이시다. 오직 결혼 관계 안에서 남자와 여자가 평생에 걸쳐 연합을 확인하는 사귐의 방법으로서 성교를 허락하셨다. 하나님은 그 아름다운 선물을 오용하는 잘못을 금하신다. 왜냐하면 성교는 그리스도와 교회의 관계 속에 자리하고 있는 그분의 지혜를 보여주기 위해서 만들어졌기 때문이다. 따라서 그 선물이 잘못 사용되어 하나님의 영광이 가려질 뿐 아니라 우리 역시 고통 받게 되는 일을 그분은 원치 않으신다.

다음으로 온갖 더러운 것이란, 가령 술에 취하거나 외설스러운 대화를 하거나 방탕한 행동을 하는 등 정욕과 음란이 드러나는 모든 행위를 가리킨다. 이는 건전한 장난이나 놀이 또는 춤이나 파티까지 다 정죄하는 표현은 아니다. 그보다는 추잡하고 방탕한 행위와 관련된 표현이다. 우리는 주님이 과연 자신의 행위를 기뻐하실지 자문해 봄으로써 그 행위가 온갖 더러운 것에 해당하는지 그렇지 않은지를 분별할 수 있다.

끝으로 탐욕이란, 절제되지 않은 욕망을 가리킨다. 더 많은 돈, 더 맛있는 음식, 더 넓은 집 등 끊임없이 더 얻고자 하는 욕망이다. 이런 욕망이 있으면, 타인이 가진 것이 탐이 나고 자신이 갖지 못한 게 배가 아프다. 이는 현대 사회에서 많은 사람들이 은밀하게 품고 있는 죄에 해당한다. 물론 우리는 금욕주의자(ascetics)가 되면 안 된다. 살아가는 데 필요한 물질을 비롯해 여러 가지 선물을 우리에게 주시는 하나님의 손길조차 부인해서는 안 된다.

바울은 디모데에게 잘못된 금욕을 주의하라고 당부했다. 이는 하나님을 인색하게 생각하도록 만드는 사탄의 유혹이기 때문이다. 그러면서 바울은 음식이나 결혼과 같이 하나님이 주신 선물을 오히려 누리라고 권면했다. 그 선물이 하나님의 말씀에 부합하다면, 감사함으로 누릴 수 있다는 뜻이다(딤전 4:1-4). 그런데 여기서 경계하는 금욕이나 고행은 오늘날 우리에게는 해당되지 않는다. 우리는 그보다도 쾌락이나 안락 또는 재물에 대한 욕망을 부추기는 세상과 더 자주 씨름하기 때문이다. 그래서 주님을 따라가며 기쁨으로 자신의 소유를 베풀고 검소하게 살아가는 모습을 갖추기가 어렵다. 이러한 기도 역시도 생소하다. "나를 가난하게도 마옵시고 부하게도 마옵시고 오직 필요한 양식으로 나를 먹이시옵소서"(잠 3:8). 그 결과, 복음 사역을 위해 자신이 손해를 보고 다른 사람에게 후히 베푸는 삶에 이르지 못한다. 물론 그러한 삶에는 불편이 따를 수 있다. 그러나 우리의 섬김에 불편이 조금도 없다면, 그것은 자기희생이 전혀 없는 삶일지 모른다.

지금까지 언급한 죄악은 "그 이름조차도 부르지 말라"라고 명할 정도로 우리 생활이나 대화 속에 있어서는 안 될 문제이다. 왜냐하면 그러한 죄악은 "성도에게 마땅한 바"가 아니기 때문이다(엡 5:3). 따라서 우리가 정말 하나님의 가족으로 살아가기 위해서는 삶의 모습이 달라야 한다. 그분의 가족은 느슨한 규범을 가진 무리가 아니다. 오히려 거룩하고 전능하신 분에게 속한 가족이므로 정신을 바짝 차려야 한다. 행동만이 아니라 말에 있어서도 말이다. 바울은 이렇게 명령한다. "누추함과 어리석은 말이나 희롱의 말이 마땅치 아니하니 오히려 감사하는 말을 하라"(엡 5:4). 부도덕한 행동이 우리에게 가당치 않다면, 부도덕한 말도 마찬가지이다. 죄를 가볍게 여기고 내뱉는 더러운 말이 있어서는 안 된다. 그처럼 상스럽고 저속한 말을 하지 않더라도 즐겁게 웃으며 유쾌하게 노는 일이 얼마든지 가능하다. 코미디언인 밀튼 존스(Milton Jones), 팀 호킨스(Tim Hawkins), 팀 바인(Tim Vine)은 크리스천으로 그런 예를 잘 보여 주고 있다.

결국 음행과 온갖 더러운 것과 탐욕을 추구하지 않도록 마음을 지키기 위해서는 하나님이 우리에게 허락하지 않으신 것을 욕망하는 게 아니라 허락하신 것의 가치를 깊이 깨닫는 수밖에 없다. 그런 차원에서 교회는 결혼 관계 안에서 누리는 성교가 하나님이 주신 기쁨의 선물임을 가르쳐야 한다. 이와 더불어 혹 그러한 선물을 누리지 못하는 사람일지라도 궁극적으로는 그리스도 안에서 온전한 만족을 누릴 수 있음을 가르쳐야 한다.

따라서 바울은 우리 모두에게 "감사하는 말을 하라"라고 명령한다(엡 5:4). 왜냐하면 우리가 결혼을 했든 안 했든, 우리는 이미 그리스도 안에서 신령한 복을 받았기 때문이다(엡 1:1-14). 또한 그 안에서 넘치는 복을 생각하며 늘 감사할 수 있다. 나아가 음행과 온갖 더러운 것과 탐욕을 피할 수 있는 길도 다름 아닌 감사하는 삶으로부터 주어진다. 왜냐하면 그리스도인의 성적 방종은 하나님의 은혜를 망각함으로써 결국에는 자기 연민에 빠져 죄악된 방법으로라도 자신을 위로하고 욕망을 채우려 할 때 일어나기 때문이다.

성경이 제시하는 성 윤리

현재 문맥에서 바울이 가르치는 성 윤리는 성경 전체의 신학적 배경을 전제로 한다. 이제는 그 배경을 살펴보며 도움을 얻고자 한다.

우선, 가장 근본적인 사실을 짚고 넘어가야 한다. 곧 우리가 하나님의 형상으로 지음 받았다는 사실이다. 인간에 관한 성경의 가르침은 여기서 출발한다(물론 성경은 인간관계에 대해서도 이러한 사실을 적용한다). 성경 전체는 한 분 하나님이 성부, 성자, 성령, 세 위격의 연합으로 존재하신다고 가르친다. 바로 이 하나님이 인간을 자신의 형상대로 만드셨다. 자신과 인격적인 관계를 맺을 수 있는 존재로 만드신 것이다. "하나님이 자기 형상 곧 하나님의 형상대로 사람을 창조하시되 남자와 여자를 창조하시고"(창 1:27). 이처럼 우리는 그분과 같이 지어졌기에, 그분의 존재를 반영하는 관계 속에서만 행복과 성장을 경험할 수 있다. 이는 우리가 맺는 모든 인간관계에 깊은 영향을 미치는 원리가 된다.

먼저, 하나님은 영원한 관계 가운데 존재하신다. 이 원리에 따라 인간도 일시적인 관계보다는 지속적인 관계에서 성장한다.

한 가정에서 꾸준히 양육받지 못했거나 부모와 일찍 헤어진 자녀들이 성장 과정에서 고통을 겪는 이유도 이와 관련이 있다. 우리는 지속되는 결혼 관계, 우정, 공동체 안에서 건강히 성장할 수 있다.

둘째, 하나님은 (단수가 아닌) 다수의 위격으로 존재하신다. 이 원리에 따라 인간도 스크린 속 가상 세계처럼 고립된 환경이 아니라 가족이나 공동체와 같이 여럿이 함께하는 환경 속에서 성장한다. 이런 이유에서 인간은 여러 사람들과 더불어 지낼 때, 또 혼자 살 때보다는 결혼하여 함께 살 때 성장한다. 가정생활이 소중히 여겨져야 하고 또 반드시 지켜져야 하는 이유도 같은 원리에 기인한다.

셋째, 하나님은 동등한 관계 가운데 존재하신다. 이 원리에 따라 인간도 나이, 인종, 지위, 성별에 상관없이 서로 동등하게 존중해야 한다. 모두 다 동등하게 하나님 앞에서 소중한 존재이기 때문이다. 이런 이유에서 그리스도인은 사회 복지에도 헌신적으로 참여해야 하고, 죄를 범한 사람이 있더라도 그 사람의 인격과 죄를 동일시해서는 안 된다.

넷째, 하나님은 (서로 다른 위격이 서로를 위해 섬기는) 상보적인 관계 가운데 존재하신다. 이 원리에 따라 인간도 동질적인(homogeneous) 환경보다 다양한 구성원이 서로 조화되는 환경에서 성장한다. 이런 이유에서 하나님은 인간을 남자와 여자로 창조하셨고, 결혼도 이성 간에 하도록 계획하셨다.

다섯째, 하나님은 질서 있는 관계 가운데 존재하신다. 이 원리에 따라 인간도 권위와 순종이 이루어지는 역할 관계 속에서 성장한다. 이는 우월의식이나 열등의식을 내포할 수 있는 관계가 아니다. 교회의 머리이신 예수님은 하나님 아버지께 순종하시지만, 여기에는 우월과 열등이 없다. 마찬가지로 부모는 자녀에 대해 또 남편은 아내에 대해 권위를 가지며, 그 권위에 대해 자녀는 부모에게 또 아내는 남편에게 순종하지만, 서로의 존엄성은 완전히 동일하다.

여섯째, 하나님은 사랑의 관계 가운데 존재하신다. 이 원리에 따라 인간도 서로를 사랑하는 관계 속에서 성장한다. 사랑은 모든 인간관계에서 가장 중요한 특징이다. 여기서 말하는 사랑이란, 단순히 감정적인 호감이나 육체적인 욕구 또는 서로가 잘 어울린다는 느낌을 의미하지 않는다. 서로의 외모나 행동을 보고 일어나는 마음을 의미하지도 않는다.

사랑이란, 서로의 유익을 위해 섬기는 헌신을 의미한다. 따라서 결혼도 남자와 여자가 그와 같은 사랑을 서로에게 공개적으로 약속함으로써 맺어지는 연합으로 이해되어야 한다. 이러한 사랑의 연합은 예로부터 다음과 같은 서약으로 표현되었다. "기쁠 때나 슬플 때나 부할 때나 가난할 때나 아플 때나 건강할 때나 서로 사랑하겠습니다."

바울은 이어지는 본문에서 결혼 관계를 더 자세히 설명하게 되는데, 이를 통해 우리는 결혼이 인간 사회의 중심에 자리하고 있는 관계로서 궁극적으로는 그리스도와 교회 사이에 맺어진 사랑의 관계를 보여 준다는 사실을 알게 된다. 바로 그 결혼은 그리스도 안에서 모든 것을 통일시키시는 하나님의 지혜를 보여 주기도 한다.

결국 그리스도와 교회 사이에 서로를 섬기기 위해 맺어진 영원한 연합에 비추어 볼 때, 결혼도 (이혼에 의해 갈라져서는 안 될) 지속적인 관계이자 (동성이 아닌 이성 간에 맺어지는) 상보적인 관계로서 (단순한 우정이 아닌 성교가 동반되는) 연합을 이루기 위해 만들어졌음을 알 수 있다. 오늘날 대중문화의 가르침과 성경의 가르침 사이에 가장 빈번한 충돌이 일어나고 있는 문제가 바로 결혼이다. 성경이 동성애를 정죄하기 때문이다.

요즘에는 기독교 복음도 문화수용적인 성격을 가져야 한다고 강조하며, 그런 차원에서 동성애자 역시도 교회가 받아주고 축복해 주어야 한다는 주장을 흔히 한다. 그리고 1세기 당시의 문화를 재구성하여 결혼과 관련하여 기존의 성경 해석과 다른 해석을 내놓으려는 학자도 많다. 그래서 대중의 관심을 더 받아내기도 한다. 그러나 성경은 매우 강한 표현을 사용하여 동성애를 부끄럽고 순리에 거스르는 행위이자 음란한 행위라고 묘사한다(롬 1:26; 유 7). 바울은 이렇게 경고한다. "불의한 자가 하나님의 나라를 유업으로 받지 못할 줄을 알지 못하느냐 미혹을 받지 말라 음행하는 자나 우상 숭배하는 자나 간음하는 자나 탐색하는 자나 남색하는 자나 도적이나 탐욕을 부리는 자나 술 취하는 자나 모욕하는 자나 속여 빼앗는 자들은 하나님 나라를 유업으로 받지 못하리라"(고전 6:9-10).

여기서 우리는 동성애가 회개로 귀결되지 않을 경우, 하나님 나라에 들어갈 수 없게 만드는 죄임을 알 수 있다. 물론 탐욕을 부리거나 술 취하거나 모욕하는 일 등도 동성애에 다를 바 없는 죄에 해당한다.

그렇다면 이제 우리에게 주어지는 과제는 명백하다. 우리는 동성애적 성향을 가진 자들을 사랑하되 그들의 구원 문제에 있어서는 거짓말을 해서는 안 된다. 복음은 하나님이 아무런 변화도 일으키시지 않고 모두 다 받아주신다는 메시지가 아니다. 오히려 복음은 죄인을 변화시키는 능력으로 하나님이 우리를 구원하신다는 메시지이다. 샘 올베리(Sam Allberry)는 영국 성공회 목사이자 작가로서 수년 동안 동성애적 성향을 느낀 적이 있다. 그는 2012년 10월에 '에반젤리컬스 나우'(Evangelical Now)와 인터뷰하며 다음과 같이 지혜롭게 말했다.

"성경은 하나님이 모든 사람을 사랑하신다고 분명히 가르칩니다. 그리스도를 믿는 신앙을 통해 우리로 그분의 가족으로, 교회로 받아주신다고 가르칩니다. 우리의 성별이나 지위 또는 피부색이나 성적 경향에 상관없이 말입니다. 우리는 이 가르침을 계속 강조해야 합니다. 하지만 또한 우리는 성경이 동성애 자체에 대해서는 시종일관 부정적으로 언급한다는 사실도 기억해야 합니다. 성경은 이성 간에 맺어진 결혼 관계 밖에서 이뤄지는 모든 성행위를 정죄합니다."

우리의 근본적인 정체성과 존재 가치는 하나님의 형상으로 지음 받았다는 사실에 있다. 성별이나 성적 경향에 있는 게 아니다. 그렇기 때문에 그리스도인은 결혼 관계 속에서 성행위를 할 수 있는 자들을 그렇게 할 수 없는 자들, 이를테면 독신이나 과부에 비해 더 나은 처지에 있다고 보지 않는다. 모두의 가치는 동등하며, 모두가 동등하게 인생의 목적을 이룰 수 있다.

더 나아가 우리는 하나님의 참된 형상이신 그리스도를 반영하는 존재로 지음 받았기 때문에, 바로 이 목적을 따라 살기 위해서는 하나님의 말씀을 듣고 따라가야 한다. 그런데 하나님의 말씀은 단호하게 "이성 간에 맺어진 결혼 관계 밖에서 이루어지는 모든 성행위를 정죄"한다. 이 시대에 그러한 결혼관이 대중의 외면을 받고 있다고 하더라도 말이다.

우리가 앞서 살펴본 고린도전서 6장 9-10절의 내용은 다음 구절에도 잘 반영되어 있다. "너희도 정녕 이것을 알거니와 음행하는 자나 더러운 자나 탐하는 자 곧 우상 숭배자는 다 그리스도와 하나님의 나라에서 기업을 얻지 못하리니"(엡 5:5).

우리의 신앙생활에는 확실히 결론 내리기 어려운 여러 가지 문제가 있다. 그러나 다음 문제에 관하여 우리는 분명히 결론지을 수 있다. 곧 음행과 온갖 더러운 것과 탐욕을 일삼으면서도 회개하지 않는다면, 곧 일시적으로가 아닌 습관적으로 그러한 죄악을 추구하며 생활 방식 자체가 그와 같은 모습으로 점철된다면, 그 사람은 우상 숭배자라고 결론지을 수 있다. 왜냐하면 하나님이 아니라 자신의 욕구를 예배하는 삶을 살고 있기 때문이다. 따라서 회개하지 않는다면, 그 사람은 결코 하나님 나라를 유업으로 받지 못한다.

성경이 제시하는 윤리보다 더 쉽고 편한 윤리를 제시하려는 자들은 언제나 있었고, 앞으로도 있을 게 분명하다. 그래서 바울은 우리에게 이렇게 경고한다. "누구든지 헛된 말로 너희를 속이지 못하게 하라 이로 말미암아 하나님의 진노가 불순종의 아들들에게 임하나니"(엡 5:6). 심지어 교회 안에서도 헛된 말로 우리를 속이려는 자들이 있다. 그러나 우리는 속아서는 안 되며 "그들과 함께하는 자가 되"어서도 안 된다(엡 5:7). 그래야만 우리는 죽어가는 세상을 살리고, 어두운 마음에 빛을 비추며, 다가오는 심판으로부터 인생을 건져 그리스도의 은혜 가운데 생명을 얻게 할 수 있다.

반대로 우리가 세상을 닮아간다면, 우리는 더 이상 하나님의 지혜를 세상 속에 드러낼 수 없다. 오직 우리가 그리스도의 통치에 순종할 때에만, 하나님이 교회를 통해 영광을 받으신다.

빛의 자녀로 살라

지금까지 바울은 무엇을 하지 말라고 명하며 소극적인 차원의 경고를 했는데, 이제는 무엇을 행하라고 명하며 적극적인 차원의 권면을 한다. 다음과 같이 말이다. "너희가 전에는 어둠이더니 이제는 주 안에서 빛이라 빛의 자녀들처럼 행하라"(엡 5:8).

이 구절은 우리가 죄의 심각한 결과를 기억하는 데서 나아가 하나님이 우리 안에서 이루신 깊은 변화를 의식하며 살아야 한다고 요구한다. 여기서 우리는 단지 복음의 빛 가운데 살아가는 자들로 언급되지 않는다. 우리는 곧 '빛'이라고 언급된다. 왜냐하면 그저 새로운 환경 속에 있게 된 자들이 아니기 때문이다. 우리는 그리스도 안에서 새로운 사람으로 거듭났다(엡 2:11-22). 그 결과 그리스도의 성품을 지닌 빛이 되었다. 하나님이 빛이시기에, 그 자녀인 우리도 빛이 된 것이다. 바울은 그러한 성품이 자연스럽게 맺는 열매가 바로 '착함'과 '의로움'과 '진실함'이라고 말한다(엡 5:9).

이는 그리스도의 선하심을 따라 타인을 너그럽게 대하는 마음과 그분의 의를 따라 순종하며 살아가는 생활, 그분의 진리를 정직하게 대면하는 자세 등을 의미한다. 이러한 삶을 살고자 할 때, 우리는 늘 "주를 기쁘시게 할 것이 무엇인가"를 알아보게 된다(엡 5:10). 다시 말해, 날마다 주님의 말씀을 통해 어떻게 주님을 기쁘시게 할 수 있는지를 생각하는 일이 우리의 일상이 된다. 그래서 자신이나 타인을 어떻게든 만족시키려는 삶을 살지 않는다.

더 나아가 세상이 추구하는 삶의 방식도 멀리하게 된다. "너희는 열매 없는 어둠의 일에 참여하지 말고 도리어 책망하라"(엡 5:11). 어둠의 일에는 쓸모 있는 열매가 전혀 맺히지 않는다. 그렇기에 우리는 어둠의 일을 우리 안에 숨기거나 혹은 모른 척해서는 안 된다. 그렇게 하면, 마룻바닥 아래 숨어 다니는 생쥐들 같이 순식간에 번식하게 된다. 곧 어둠이 우리 자신과 교회 안에 퍼지게 된다. 우리가 그 어둠을 몰아내기 전까지는 계속 퍼지게 된다.

여기서 우리는 이러한 내용이 7절에 이어지고 있다는 사실을 주목할 필요가 있다. 그 구절에서 바울은 어떠한 자들과 함께하지 말라고 명하는데, 그에 이어서 바로 '어둠'을 언급한다. 이 맥락은 어둠의 일에 참여하지 않기 위해 우리가 누구와 함께하는지부터 살펴볼 필요성이 있음을 상기시킨다. 그래서 바울은 인생의 파트너를 선택하는 일도 "주 안에서만 할" 일이라고 설명한 적이 있다(고전 7:39).

우리는 그리스도인으로서 성숙해질수록 어떠한 영향을 받을 수 있는 자리인지를 생각하며 그 자리에 참여하게 된다. 예를 들어 다른 성도와 자신의 삶을 나누는 자리에 있다 보면, 삶의 어떤 영역에 어둠이 자리하고 있는지 드러나게 되고, 또 그에 따라 어떻게 빛 가운데 살아갈 수 있을지도 알게 된다(엡 5:11).

따라서 우리는 교회를 드문드문 오가는 뜨내기 신앙을 해서는 안 되고, 오히려 성경을 진실하게 믿는 공동체에서 성숙한 지체들과 교제하며 자신의 삶을 나누려고 해야 한다. 그저 설교만 듣지 말고, 기도 모임과 소그룹 등에도 참여해야 한다. 석탄 한 개를 화롯불 밖에 끄집어내면, 금방 식어 버린다. 그러나 다시 불 속으로 집어넣으면 금세 달아오른다. 실제로 많은 성도들이 거룩한 성장을 이루지 못하는 이유가 다른 지체들과 떨어져 지내며 그들과 교제하지 않기 때문인 경우가 많다. 우리가 시간과 에너지를 들여 다른 지체들과 교제할 때, 우리는 빛의 자녀로 생활하며 어둠의 습관을 몰아낼 수 있다.

그렇다면 "열매 없는 어둠의 일에 참여하지 말"라는 명령은 구체적으로 우리에게 무엇을 요구하는 것일까? 여기서 주의를 기울여야 할 표현은 '참여하지 말라'이다. 어느 억만장자 이야기가 있다. 그는 값비싼 요트를 가지고 있는데, 어느 날 선장을 고용하려고 인터뷰를 했다. 이에 3명의 지원자가 자신의 항해 실력을 뽐내기 위해 요트 위에 모였다. 그러자 억만장자는 말했다. 언제든 자신이 원할 때면, 자신과 친구들 또는 고객들이 요트를 탈 수 있도록 운항할 수 있는 실력자를 구한다고 했다. 그리고 상당한 금액의 보수를 약속했다. 이에 3명의 지원자는 차례대로 자신의 실력을 보여 주기 시작했다. 첫 번째 사람은 요트를 전속력으로 몰아 암석이 많은 해안 절벽에 30미터 근처까지 접근했다. 다들 그 실력에 놀랐다. 그런데 두 번째 사람은 실력이 더욱 뛰어났다. 똑같이 요트를 몰더니 해안 절벽에서 15미터 떨어진 지점까지 갔다. 모두가 놀라 숨이 멎을 정도였다. 그러면서 세 번째 사람은 어떤 실력을 보여 줄지 기대하게 되어 시작도 하기 전부터 긴장되었다. 그런데 세 번째 사람은 차분하게 요트를 몰았다. 그러더니 항구를 벗어나 모두 다 아름다운 전경을 보며 편안하게 항해를 즐길 수 있도록 운항했다.

결국 억만장자는 세 번째 사람을 고용하겠다고 발표했다. 그리고 이렇게 말했다. "여러분 모두 뛰어난 실력을 가졌습니다. 그런데 저한테는 요트가 너무 소중해서 그렇게 넘치는 자신감으로 해안 절벽 근처까지 돌진하면 불안합니다. 거기에는 암석이 많아 한 번의 실수로 큰 낭패를 당할 수 있으니까요. 따라서 저는 소중한 요트를 안전한 길로 운항하며 주변 경관을 즐길 수 있도록 안내해 준 사람을 뽑게 되었습니다."

하나님은 우리의 소중한 몸을 함부로 몰아대며 어둠의 영역까지 가지 않기를 원하신다. 우리는 암초를 다 피할 수 있다고 생각할지 모르겠지만, 한 번의 실수로 우리의 인생은 파선될 수 있다. 그보다 하나님이 원하시는 규칙을 따라 인생의 여정을 항해할 때, 참으로 아름다운 경관이 펼쳐진다. 그 결과 즐겁고 만족스러운 삶을 살 수 있다. 그처럼 어둠의 영역에는 아예 근처에도 가지 말아야 한다는 사실을 생각할 때, 가령 여자만 보면 시시덕거리는 직장 동료와 퇴근 후에 술자리를 같이해도 되겠는가? 또 해외 출장을 가서 다른 직원과 의기투합하여 클럽에 간다든가 스트립 바에 가도 되겠는가? 또 만일 배우자가 성인 케이블 방송을 시청한다면, 그런 프로그램을 차단하라고 요구해야 하지 않겠는가? 그리고 인터넷을 어떻게 사용하는지 서로가 함께 돌아보며 점검해야 하지 않겠는가? 더 나아가 다른 사람의 아내나 남편과 더불어 자기 고민을 나누어도 되겠는가? 그렇게 다른 배우자를 예배 후에 데려다 주며 차 안에서 이야기를 함께 나누어도 되겠는가? 암석이 많은 해안 절벽으로는 아예 인생을 몰아가지 말라. 가까이 가지 말고 멈추어라. 그게 열매 없는 어둠의 일에 참여하지 않는 방법이다.

두말할 필요 없이 "그들이 은밀히 행하는 것들은 말하기도 부끄러운 것들이"다(엡 5:12). 여기서 바울은 그러한 죄악이 무엇인지 언급하는 일조차 하지 말라고 하는 게 아니다. 그보다는 죄를 확산시키고 용인할 뿐 아니라 그에 새로운 의미까지 부여하는 세상 문화에 동화되어 그러한 죄를 아무렇지도 않게 언급하지 말라는 것이다. 이러한 명령은 우리가 세상에 떠도는 소문이나 험담을 주고받는 대신 서로 건전하고 유익한 대화를 하라는 적극적인 요구까지 포함한다. 따라서 우리는 한때 어떻게든 세상에서 소속감을 확인하려고 애썼지만, 이제는 그리스도 안에서 진정한 소속감을 누려야 한다.

그리스도는 세상의 빛으로 오셨다. 그 결과 "책망을 받는 모든 것은 빛으로 말미암아 드러"난다(엡 5:13). 여기서 바울은 이사야의 한 구절을 인용하여 다음과 같이 말한다. "그러므로 이르시기를 잠자는 자여 깨어서 죽은 자들 가운데서 일어나라 그리스도께서 너에게 비추이시리라 하셨느니라"(엡 5:14). 이사야가 전한 영광스러운 약속이 반영되어 있다. "일어나라 빛을 발하라 이는 네 빛이 이르렀고 여호와의 영광이 네 위에 임하였음이니라"(사 60:1).

이처럼 예수 그리스도가 죽은 자 가운데서 부활하셔서 스스로를 세상의 빛으로 드러내셨기 때문에, 우리는 잠에서 깨어 그분의 가르침을 따라 살아야 한다. 우리는 한때 죄로 물든 감옥처럼 어두운 세상 속에 갇혀 지냈다. 그러다가 독방에 전등이 켜지듯 복음의 빛이 세상에 비치자, 더럽고 누추한 지난날의 모습을 깨닫고 잠에서 깨어나게 된 것이다.

행동을 주의하라

우리는 이제 "어떻게 행할지를 자세히 주의하여"야 한다. 또 어떻게 행할지를 고민할 때 "지혜 있는 자 같이 하여"야 한다(엡 5:15). 이를테면 "세월을 아끼"는 자세로 주어진 기회를 잘 활용해야 한다. "때가 악하"기 때문이다(엡 5:16). 이 구절의 의미는 그리스도를 섬길 수 있는 모든 기회를 포착해야 한다는 뜻이다. 예를 들어 직장 동료에게 복음을 전할 수 있는 기회든, 주일학교 교사로 아이들에게 성경을 가르칠 수 있는 기회든, 아니면 주변 이웃을 교회로 인도할 수 있는 기회든, 자신에게 주어지는 기회를 놓치지 말라는 뜻이다. 우리는 주님이 세상을 심판하러 다시 오시기 전까지, 우리에게 주어진 나날을 바로 그분을 전파할 수 있는 기회로 삼아야 한다. 그래야만 이 악한 때에, 사람들이 그리스도의 부르심을 듣고 모일 수 있다.

그러한 차원에서 바울은 당부한다. "지혜 없는 자 같이 하지 말고 오직 지혜 있는 자 같이 하여 세월을 아끼라 때가 악하니라 그러므로 어리석은 자가 되지 말고 오직 주의 뜻이 무엇인가 이해하라"(엡 5:15-17). 바울은 그 뜻 가운데 하나로 "술 취하지 말라"라고 명한다. 알코올로 우리 삶을 채우지 말라는 의미이다. 술은 적당히 마신다 하더라도 마음을 들뜨게 한다. 성경의 애가도 묘사하듯이, 술은 결혼 관계에서도 우리의 절제력을 떨어뜨린다. 또 과음하게 되면, 방탕과 난봉에 빠질 수도 있다. 현대 사회에서 많은 그리스도인은 술을 절제하지 못하는 생활을 하고 있다. 잠언은 그러한 생활이 야기할 수 있는 비참한 모습을 다음과 같이 그린다.

"재앙이 뉘게 있느뇨 근심이 뉘게 있느뇨 분쟁이 뉘게 있느뇨 원망이 뉘게 있느뇨 까닭 없는 상처가 뉘게 있느뇨 붉은 눈이 뉘게 있느뇨 술에 잠긴 자에게 있고 혼합한 술을 구하러 다니는 자에게 있느니라 포도주는 붉고 잔에서 번쩍이며 순하게 내려가나니 너는 그것을 보지도 말지어다 그것이 마침내 뱀 같이 물 것이요 독사 같이 쏠 것이며 또 네 눈에는 괴이한 것이 보일 것이요 네 마음은 구부러진 말을 할 것이며 너는 바다 가운데에 누운 자 같을 것이요 돛대 위에 누운 자 같을 것이며 네가 스스로 말하기를 사람이 나를 때려도 나는 아프지 아니하고 나를 상하게 하여도 내게 감각이 없도다 내가 언제나 깰까 다시 술을 찾겠다 하리라"(잠 23:29-35).

혹시 이러한 모습이 친숙하게 느껴지는가? 그렇다면 명심하라. 우리는 결코 술 취해서는 안 된다. 바울은 술이 아니라 '성령으로' 우리의 삶이 채워져야 한다고 말한다(엡 5:18). 이 구절과 병행을 이루는 골로새서 3장 16절을 참고해 보면, 성령으로 충만한 삶은 다름 아닌 그리스도의 말씀이 풍성히 거하는 삶임을 알 수 있다. 우리는 술이 아니라 성령의 지배를 받는 사람이 되어야 한다. 그럴 때 육욕이 아닌 기쁨에 차서 "시와 찬송과 신령한 노래들로 서로"를 세워 줄 수가 있다(엡 5:19).

바울은 그처럼 "서로 화답하며" 공적으로 찬송할 뿐만 아니라 또한 "마음으로 주께 노래하며 찬송"하라고 명한다(엡 5:19). 왜냐하면 우리는 감정을 지닌 존재로 지음 받아 복음의 영광을 마음으로 느낄 수가 있기 때문이다. 그래서 우리는 하나님이 받으셔야 할 찬송을 그분께 온 마음으로 올려 드릴 수 있다. 또 우리가 찬송하는 모습이 다른 이들에게는 복음을 접하는 기회가 될 수도 있다. 우리 가운데 어떤 이들은 감정을 절제해야 하는 문화에서 성장했을지 모른다. 그런 경우는 입술을 열어 주님을 찬송할 수 있게 해 달라고 기도해야 한다(시 51:15).

또 우리 가운데 어떤 이들은 감정을 지나치게 표현하는 문화에서 성장했을지 모른다. 그런 경우는 감정에만 취해 찬송하지 않고 하나님에 대한 진리를 바르게 고백하게 해 달라고 기도해야 한다. 어떤 경우든, 찬송은 선택 사항이 아니다. 바울은 찬송하라고 명령한다. 우리를 구원하신 하나님의 은혜가 복음 가운데 넘치도록 드러났기에, 우리의 전 존재는 감사함으로 반응해야 한다.

그럼에도 죄는 하나님 앞에 감사한 마음을 품지 못하게 만든다(롬 1:21). 따라서 복음을 통해 은혜를 경험한 그리스도인만이 진정한 감사를 고백할 수 있다. 더 이상 죄에 종노릇하지 않기 때문이다. 바울은 "범사에 우리 주 예수 그리스도의 이름으로 항상 아버지 하나님께 감사하"라고 명령한다(엡 5:20). 죄는 본질적으로 반역하고 불평하는 태도, 즉 배은망덕한 마음과 관련이 있다. 그러나 신앙은 하나님이 그리스도 안에서 베푸신 은혜에 감사하는 마음과 직결되어 있다. 이러한 감사가 고백되고 예배를 통해 표현될 때, 하나님의 지혜는 세상 속에 드러나게 된다. 복음의 빛을 따라 살아가는 삶이란, 바로 그리스도 안에서 자신을 내어 주신 하나님께 감사하는 삶이다.

chapter 10

천상에서 맺는 결혼(5:21-33)

주께 하듯,
존경과 배려로
가정을 만들다

오늘날 서구 사회에서는 이혼율이 급증하는 반면 혼인율은 떨어지고 있다. 또한 결혼 없이 동거하며 자녀까지 낳아 기르는 커플이 증가하고 있다. 이런 상황에서는 아무리 로맨틱하고 아름다운 결혼식을 올린다고 해도 다음과 같은 질문을 피할 수 없다. '결혼이 정말 필요한 것일까? 수많은 나라에서 동성애 결혼까지 법적으로 허용하는 마당에 그리스도인은 과연 어떻게 결혼을 해야 하는 것일까?'

결혼 관계는 인간 사회를 이루는 기본 조직으로서 그 관계에 대한 갈망은 우리의 본능 속에 주입되어 있다. 이번 본문을 통해 우리는 그러한 갈망이란 바로 하나님이 우리로 하여금 그리스도의 사랑을 바라보도록 하기 위해 심어 두신 마음임을 알게 된다. 원래 하나님이 디자인하신 그리스도인의 결혼은 예수 그리스도 안에서 모든 것을 통일시키고자 하시는 그분의 계획을 창조 세계에 영광스럽게 드러내는 수단이 된다.

따라서 하나님 백성에게 결혼은 싸움터가 아니요 승리의 현장이다. 두 죄인이 그리스도 안에서 연합하여 그분을 섬기는 자리가 되기 때문이다. 이와 같은 결혼은 바로 교회를 향한 그리스도의 언약적 사랑을 강력하게 보여 주는 그림이기도 하다. 그렇기에 우리가 미혼이든 기혼이든 또는 배우자와 헤어져 홀로 지내든, 이번 본문은 결혼한 이들에 대한 교훈을 넘어 궁극적으로는 그리스도와 교회 사이에 맺어지는 친밀한 영적 연합이 무엇인지를 우리 모두에게 가르쳐 준다. 날이 이르면, 우리는 그분과 온전한 연합을 이루어 천상에서 결혼을 하게 된다. 그러므로 이번 장에서 살펴볼 본문이 단지 결혼한 이들을 위한 교훈만 다루고 있다고 생각하지 말기를 바란다. 결국에는 바울이 이렇게 밝히기 때문이다. "나는 그리스도와 교회에 대하여 말하노라"(엡 5:32).

서로에게 복종하라

앞선 본문에서 바울은 성령으로 충만해진 그리스도인의 모습이 어떠한지를 설명했다. 이제는 그 단락에 이어 그리스도인의 가정생활이 어떠해야 하는지를 설명한다. 이에 가장 기본적인 원리를 다음과 같이 밝힌다. "그리스도를 경외함으로 피차 복종하라"(엡 5:21).

신약성경에는 '복종하다'라는 표현이 40여 차례 등장하는데, 기본적으로 자신을 타인의 권위 아래 둔다는 의미를 가진다. 군대에서 상급자의 권위를 받아들이는 행위를 떠올리면 된다. 현재 본문에서 사용된 '복종하라'는 명령에 대하여 어떤 이들은 모든 그리스도인이 서로에게 복종해야 한다는 뜻으로 해석한다. 그런데 이러한 복종은 공평하게 들릴지 몰라도, 현실적으로는 불가능하다. 또 어떤 이들은 그리스도인이 모든 종류의 권위에 복종해야 한다는 뜻으로 해석하기도 한다. 하지만 이보다 더 적합한 견해가 있다. 그것은 바울이 다양한 가족 관계 안에서 이루어져야 하는 복종을 설명하고 있다고 보는 견해이다. 이를테면 남편에 대한 아내의 순종이라든가 부모에 대한 자녀의 순종 또는 상전에 대한 종의 순종을 설명한다고 보는 견해이다.

이러한 순종 내지 복종의 동기는 다름 아닌 그리스도를 경외하는 마음에 있다. 즉 거룩하고 전능하신 심판자, 바로 우리 주님을 두려워하는 마음으로 피차 복종해야 한다는 것이다. 바울은 그러한 복종을 명할 때, 복종해야 할 사람을 먼저 언급하고 권위를 가진 사람을 다음으로 언급한다. 그리고 모든 경우에 그리스도에 대한 경외를 그 동기로 제시한다. 결국 모든 사람은 그리스도 앞에서 자신의 삶을 고백해야 할 책임이 있다. 또 그분으로 인해 속량을 받았기에, 모든 관계 속에서도 그분을 기쁘시게 하며 살아야 한다.

성경의 다른 서신에서 제시된 가정생활의 규범도 그러하지만(골 3:18-25; 벧전 2:18-3:7), 여기서 바울이 제시하는 규범도 1세기 그레코로만 문화에서 일반적으로 수용된 가정의 질서를 존중하는 내용처럼 보일 수 있다. 그러나 당시의 기준으로 볼 때, 매우 독특하면서도 혁신적인 원리를 전제하고 있다는 사실을 간과해서는 안 된다. 곧 모든 사람이 동등한 존엄성을 가지고 있다는 원리를 전제하는데, 이는 우리가 반드시 짚고 넘어가야 할 부분이다. 이 원리는 각 사람이 자신의 행동에 대해 하나님 앞에서 책임을 져야 한다는 의미도 내포한다. 이런 점에서 어떤 이에게는 권위가 부여되어 바르게 인도해야 하는 책임이 주어진다. 또 어떤 이에게는 그 리더십에 기쁨으로 순종해야 하는 책임이 주어진다. 그러나 누구도 다른 사람보다 우월하거나 열등하지 않다.

하나님을 알아야 결혼 생활이 바뀐다

이제 우리가 살펴보게 될 바울의 가르침은 하나님의 형상으로 창조된 인간의 존엄성에 대한 깊은 이해를 반영하고 있다. 우리의 근본적인 정체성과 가치는 표면적으로 드러나는 결혼 생활에서 확인되는 게 아니라, 우리가 하나님에 의해 창조되어 그분을 위해 살아가는 존재라는 사실에서 확인된다. 이는 세상에서 바라보는 인간에 대한 관점과는 완전히 다르다. 그렇기 때문에 그리스도인은 결혼한 사람의 존엄성만이 아닌 어린아이나 독신자 또는 과부의 존엄성도 똑같이 소중히 여긴다. 또한 그렇기 때문에 그리스도인은 누군가에게 결혼을 강요하지도 않는다.

바울이 고린도전서 7장에서 밝히듯이, 독신으로 있을 때 오히려 복음 사역에 유익이 될 수도 있기 때문이다. 하나님은 남자와 여자가 평생에 걸쳐 연합하는 수단으로 결혼 제도를 만드셨다. 단지 부부의 행복을 위해서만이 아니라 궁극적으로는 하나님의 영광을 위해 함께 섬기라고 만드셨다. 구원받은 죄인이 그리스도의 통치 아래 결혼이라는 수단을 통해 하나가 될 때, 이 연합은 하나님의 영원한 계획이 담고 있는 지혜를 세상에 보여 준다. 따라서 우리는 각자의 행복을 우상으로 삼아 결혼 생활을 추구하는 게 아니라, 그러한 관계 안에서 서로가 그분을 함께 섬길 때 행복을 경험할 수 있다.

예를 들어 부부가 서로 자전거를 타며 바람을 쐰다고 해 보자. 이때는 두 사람이 시선을 앞에 두고 타야 함께한다는 즐거움을 누릴 수 있지, 서로에게만 시선을 두면 어딘가에 부딪히고 만다. 마찬가지로 남편과 아내도 서로에게만 시선을 두고 그들만의 행복을 추구해서는 안 된다. 그보다는 그리스도를 함께 바라보며 복음의 가치를 추구할 때, 서로 간의 친밀한 행복을 누릴 수 있다. 이러한 원리는 자녀 양육에도 적용된다. 아이에게만 마음을 두지 않고 그리스도 안에서 하나님 백성을 준비시킨다는 사명에 마음을 둘 때, 성경이 제시하는 창조 목적 곧 온 땅에 하나님을 아는 지식을 충만히 채우는 일에 동참하며 행복을 누릴 수 있다.

여기서 우리는 결혼 생활에서 각자에게 주어진 역할이 무엇인지 알아보기 전에 하나님의 본질부터 묵상해 보고자 한다. 성경은 한 분 하나님이 삼위, 즉 성부, 성자, 성령의 연합으로 존재하신다고 가르친다. 이러한 하나님의 본질은 그리스도인의 결혼에도 깊은 영향을 미친다.

우리가 앞서 살펴봤듯이, 삼위일체 하나님은 영원한 관계 가운데 세 위격이 서로를 동등하게 섬기면서 질서 있는 사랑의 연합으로 존재하신다. 우리는 하나님의 형상으로 지어졌기에, 우리의 결혼 관계도 그분의 삼위일체적 연합을 반영한다. 이를테면 하나님이 영원하시므로, 우리의 결혼도 중간에 끝낼 수 있는 관계가 아니라 사랑으로 지속되어야 할 관계로 만들어졌다.

또한 하나님이 다수의 위격으로 계시기에, 우리의 결혼도 남자와 여자가 서로의 필요를 돌보며 친밀하게 동반해야 할 관계이다. 그리고 하나님은 동등한 세 위격으로 계시기에, 우리의 결혼도 똑같은 존엄성을 지닌 남편과 아내의 관계로 만들어졌다. 그뿐 아니라 하나님은 서로 다른 위격이 서로를 섬기는 관계 가운데 계시므로, 우리의 결혼도 동성 간의 연합이 아니라 이성 간에 서로를 섬기고 보완하는 관계이다.

따라서 오늘날 국가가 어떻게 결혼을 규정하든, 하나님 앞에서는 오직 남성과 여성의 연합만이 결혼으로 여겨진다. 더 나아가 하나님은 성부에게 성자가 기쁨으로 순종하고 성령이 그 관계 속에서 사랑으로 역사하시는 질서 가운데 계시므로, 우리의 결혼도 사랑으로 권위를 행사하고 기쁨으로 그 권위에 순종하는 관계로 만들어졌다. 거기에는 우월의식도 열등의식도 있을 수 없다.

성경은 권위와 순종으로 표현되는 질서가 불평등을 의미한다고 보지 않는다. 하나님도 질서 있는 삼위일체 관계 속에 계시기 때문이다. 그리스도는 교회와의 관계에서는 권위를 행사하시지만, 성부 하나님과의 관계에서는 순종하신다(아버지와 그 존재가 동등하신데도 말이다). 마찬가지로 우리 역시 서로 다른 관계에서 서로 다른 역할을 수행한다. 가령 자녀에게나 부하 직원에게는 권위를 행사하지만, 교회 장로나 남편 또는 직장 상사에게는 순종할 수 있다. 하지만 그 모두의 존엄성은 동일하다.

무엇보다도 하나님은 삼위 간에 이루어지는 사랑의 관계 속에 계시므로, 우리의 결혼도 사랑의 관계로 만들어졌다는 사실을 잊어서는 안 된다. 하나님은 자신의 완전한 사랑을 우리와 맺은 언약 관계 속에 드러내셔서 마침내는 우리를 위해 자신을 희생하셨다. 이로써 우리의 결혼 관계에서도 가장 위대한 측면은 바로 서로에 대한 사랑을 통해 드러나게 되었다. 단지 일시적인 감정이나 육체적인 욕구가 아니라 평생토록 지속되는 희생과 섬김에서 표현되는 사랑을 통해 말이다. 이러한 사랑은 상대의 외모에 기초하지 않는다. 오히려 상대의 유익을 위해 자신을 내어 주는 헌신에 기초하고 있다. 따라서 무조건적인 사랑이다. 이러한 사랑을 이루는 결혼은 그리스도인에게 얼마나 큰 축복인지 모른다.

지금까지 살펴본 바와 같이, 하나님의 본질은 결혼 관계에 깊은 영향을 미친다. 이와 같은 사실을 이해할 때에만, 결혼 관계에서 각 사람에게 주어지는 명령도 깊이 이해할 수 있게 된다. 그렇다면 왜 바울은 다른 모든 인간관계에 앞서 결혼으로 맺어지는 관계부터 설명할까? 현재 문맥만 보면 이유를 잘 모를 수 있다. 그러나 에베소서 전체의 주제를 생각해 보면 그 이유를 알 수 있다. 그 주제란 이미 수차례 확인했듯이 그리스도 안에서 만물을 통일시키고자 하시는 하나님의 계획이다. 그런데 그 계획의 중심에는 교회가 있다. 따라서 그리스도와 교회의 연합이 에베소서의 핵심 사상이 된다고 할 수 있다. 그러므로 그 연합을 가장 잘 보여 주는 인간관계로서 결혼을 먼저 설명하는 일은 우연이 아니다.

곧 살펴보겠지만, 남편이 아내의 '머리'가 되기 때문에(엡 5:23), 건강한 결혼 관계는 주로 남편의 역할에 달려 있다고 할 수 있다. 그러나 바울은 여기서 아내의 역할부터 제시한다.

아내를 위한 지침

아내의 역할은 다음과 같이 직접적으로 제시된다. "아내들이여 자기 남편에게 복종하기를 주께 하듯 하라"(엡 5:22). 이때 복종은 다른 종교 또는 지난 역사에서 잘못 강요되어 온 노예 같은 굴종을 말하는 게 아니다. 오히려 자발적인 순종을 뜻한다. 남편은 아내에게 복종을 강요할 수 없다. "주께 하듯" 남편에게 복종해야 할 일은 아내의 몫이다. 이는 그리스도에 대한 순종의 연장선에서 감당하는 역할로서 만물을 그리스도의 통치 아래 두시려는 하나님의 계획에 일치되는 사명이다(혹 세상은 이러한 역할을 비웃을지 모르겠지만 말이다). 곧 아내가 맡은 역할은 이 땅에 있는 동안 주님이 부여하신 사명이다.

그러한 역할이 아내에게 주어진 이유는 우리가 원하든 원하지 않든 "남편이 아내의 머리 됨이 그리스도께서 교회의 머리 됨과 같"기 때문이다(엡 5:23). 앞서 그리스도는 만물을 다스리시는 분으로, 또한 교회의 머리가 되셔서 교회를 돌보시는 분으로 묘사되었다(엡 1:22-23; 4:15). 마찬가지로 남편도 아내의 머리로서 그녀를 사랑으로 다스리며 돌보아야 하는 자로 묘사된다. 그렇게 다스리고 돌보는 관계가 혹 이상하게 들릴지 모르겠지만, 우리는 하나님이 그 역할을 남편에게 부여하셨다는 사실을 유념해야 한다. 세상을 창조하신 하나님은 아담을 위해 아내를 만드셨다(창

2:18-24). 이때 아내는 '남편으로부터' 만들어진 존재였다(이는 아내가 남편과 닮은 존재임을 의미한다). 또한 아내는 '남편에 뒤이어' 만들어진 존재였다(이는 남편이 아내를 다스리는 존재임을 의미한다). 그리고 아내는 '남편을 위해' 만들어진 존재였다(이는 아내가 남편의 필요를 채워 주기 위한 존재임을 의미한다). 바울은 교회가 그리스도의 몸이며 그리스도는 "교회를 위하여 자신을 주"신 분이라는 사실을 전제한 채(엡 5:25), 아내와 남편의 관계가 바로 그 사실을 반영한다고 가르친다.

그렇다고 해서, 아내가 남편의 몸이라고 생각하면 안 된다. 그보다는 두 사람이 한 몸을 이룬다고 생각해야 한다(엡 5:31). 이는 두 사람의 정체성이 사라지고 똑같아진다는 의미가 아니다. 또한 남편이 아내의 주인이 된다는 의미도 아니다. 그보다는 남편이 자신과 한 몸을 이룬 아내를 어떠한 상황에서도 지킬 수 있을 만큼 사랑해야 한다는 의미를 내포한다.

이러한 차원에서 바울은 교회가 그리스도께 복종하듯이 아내도 남편에게 복종해야 한다고 가르친다(엡 5:24). 우리는 그리스도가 교회를 사랑으로 돌보신다는 사실을 알고 있다. 또한 교회의 유익을 위해 교회를 다스리신다는 사실도 알고 있다. 그리고 더 나아가 무한한 대가를 치르시고 교회에 은혜를 베푸신다는 사실도 알고 있다. 이러한 사실을 알고 있는 교회는 감사와 경외로 그리스도께 반응한다. 마찬가지로 아내도 남편에게 범사에 복종해야 한다고 바울은 말한다. 이와 같은 복종과 관련하여 성경이 가르치는 세 가지 사실을 확인할 필요가 있다.

먼저, 복종은 언제나 하나님에 대한 순종을 전제로 한다. 만일 남편이 아내에게 하나님을 믿지 말라고 한다든가 또는 그분께 순종하지 말라고 한다든가 아니면 아예 부도덕한 행위나 불법적인 일을 같이 하자고 요구할 경우, 아내는 남편의 말을 따라서는 안 된다(심지어 바울은 고린도전서 7장에서 믿지 않는 배우자가 헤어지기를 원할 경우에는 그렇게까지 해 주라고 말한다).

만일 아내에 대한 남편의 행동이 (성적으로 모욕감을 끼칠 만큼) 죄에 물들어 있거나 (신체적으로나 정신적으로 학대할 정도로) 무자비하다면, 아내는 남편의 죄에 항변해야지 복종해서는 안 된다. 이때는 남편을 설득하여 그가 변화될 수 있도록 도와야 한다. 이처럼 배우자에게 지속되는 악행이 이혼의 사유가 될 수 있는지에 대해서는 학자들 간에 이견이 있다. 그러나 성적으로 간음한 사유 외에도, 지속적으로 배우자를 방치하거나 극단적으로 냉혹하게 대할 경우에는 결혼 언약의 관계성 자체가 근본적으로 파괴되기 때문에 이혼이 허용된다고 보아야 한다. 왜냐하면 하나님도 이스라엘의 지속적인 반역에 대해 그들이 언약 관계를 깨뜨렸다고 판단하셨으며(렘 31:32), 그에 따라 '이혼서'까지 내주셨기 때문이다(렘

3:8).

다음으로 복종은 아무 생각 없이 따라가는 맹종이 아니다. 겟세마네 동산에서 예수님은 마음을 다해 하나님께 기도하시며 고난의 잔을 피할 수 있게 해 달라고 간구하셨다. 물론 결론은 다음과 같았다. "나의 원대로 마시옵고 아버지의 원대로 하옵소서"(막 14:36).

복종한다는 것은 벙어리가 된다는 말이 아니다. 아무런 의견도 피력하지 못하고 남편의 견해에 무조건 찬성해야 한다는 말이 아니다. 오히려 의견 대립이 있을 수 있지만, 바로 그 상황에서도 남편의 리더십을 존중해야 한다는 말이다.

마지막으로, 복종은 능력이 아니라 질서에 관한 개념이다. 어떤 문제에 대해서는 당연히 아내가 남편보다 유능할 수 있고, 그녀의 판단이 더 지혜롭고 정확할 수 있다. 그런 문제에 대해서는 남편이 조금이라도 의식이 깨어 있다면, 아내의 의견을 경청하고 그녀의 결정에 문제를 맡겨야 한다. 하지만 그에 대한 궁극적인 책임은 남편이 져야 한다. 또 경건한 아내라면 하나님이 원하시는 방향으로 남편이 자신을 이끌어 갈 수 있도록 남편을 신뢰해야 한다. 그리고 남편이 올바른 결정을 내릴 수 있도록 도와야 한다. 혹 남편이 실수하여 그에 대한 부담을 지게 되더라도 말이다.

이러한 복종은 성경의 지침을 따른 역할로서 종종 결혼식에서도 아내가 남편에게 사랑과 순종을 서약할 때 언급되곤 한다. 이와 같은 복종에는 크게 세 가지 유익이 있다.

첫째, 복종은 다툼이 아닌 조화를 일으킨다. 결혼 생활은 남자의 완력과 여자의 독설로 인해 전쟁터로 바뀌는 경우가 있다. 하나님은 그러한 혼란 가운데 우리의 결혼 생활을 두지 않으시고, 상대를 사랑으로 돌보며 인도할 수 있는 능력과 그에 현명한 마음으로 순종하며 따라갈 수 있는 마음을 남자와 여자에게 각각 허락하셨다.

성경은 성차별이나 남성우월주의를 용납하지 않는다. 그러나 남녀 간의 차이마저 인정하지 않으려 하는 현대 문화와는 달리, 성경은 남자와 여자가 각각 다르게 창조되어 하나님의 성품을 서로 다른 방식으로 드러내며 보완하도록 지어졌다고 가르친다. 하나님은 일반적으로 여자한테는 상대를 돕고 세워 주는 능력을 주셨고, 남자한테는 상대를 보호하며 인도하는 능력을 주셨다. 물론 이러한 능력은 역사와 문화, 개성과 환경에 따라 결혼 생활에서 다르게 나타날 수 있다.

둘째, 복종은 신앙이 없는 남편에게조차 아름다운 태도로 여겨진다. 베드로는 믿지 않는 남편을 둔 아내에게 명하기를 자기 남편에게 순종하라고 말한다. 그 경건한 행실을 보고 남편이 그리스도께 나올 수 있기 때문이다(벧전 3:1-6). 물론 신앙이 없는 남편을 둔 아내는 영적인 문제를 대하면서 고독감을 느낄 수 있다. 그리고 믿음이 좋은 남편을 둔 경우와 달리, 교회 활동에도 충분히 참여할 수가 없다.

하지만 그렇다고 해서 죄책감을 느낄 필요는 없다. 왜냐하면 그 시간에 남편의 필요를 채워 줄 수가 있기 때문이다. 성령은 그처럼 남편에게 순종하는 아내를 도우셔서 회심하기 이전보다 더욱 아름답게 보이도록 하신다. 또 그러한 아내의 기도와 증언으로 남편이 그리스도께 나오도록 도우신다.

셋째, 복종은 천국에서 상급을 받을 수 있는 길이 된다. 만일 경건한 행실로 남편에게 순종해도 남편이 알아주지 않는다거나 심지어는 주변 가족이나 친구들로부터 비웃음만 사게 되더라도, 너무 염려할 필요는 없다. 주님은 자신이 고난 받는 종으로 계셨기에 그렇게 다른 이에게 복종하는 일이 얼마나 어려운지를 잘 아신다. 그래서 주님의 영광을 위해 남편에게 복종하고자 한 아내에게 상급을 베푸신다(특히 어리석은 남편을 둔 아내에게는 더욱 그리하신다).

결국 성경이 제시하는 아내의 복종과 남편의 사랑은 서로를 조건부로 삼는 지침이 아니다. 경건한 아내라면, 남편에게 존경할 만한 지혜가 부족하더라도 성경의 지침에 따라 순종할 것이다. 마찬가지로 경건한 남편이라면, 아내가 자신의 리더십을 잘 따르지 않고 성경의 지침을 받아들이기 힘들어하더라도 사랑할 것이다. 물론 자신을 사랑하는 남편에게 순종하기가 훨씬 쉽고 또 자신에게 순종하는 아내를 사랑하기가 훨씬 쉽지만, 어떤 경우에도 하나님이 원하시는 복종과 사랑을 상대로부터 억지로 받아내려 해서는 안 된다.

특히 복종은 오늘날 문화에서는 대세를 거슬러야 하는 일인 만큼 쉽지 않다. 그러나 성경이 얼마나 희생적인 사랑을 남편에게 요구하는지를 보고 알게 된다면, 복종하는 일이 훨씬 쉬워진다. 그러므로 바울이 혹 당신에게 무리한 것을 요구한다고 느껴진다면, 잠시만 기다리라. 이제 남편에게 뭐라고 말하는지 읽기 전까지는 말이다.

남편을 위한 지침

바울은 남편에게 아내를 사랑하라고 명한다(엡 5:25). 아내를 다스리는 게 아니라 사랑하라고 명한다. 그 이유는 남편의 리더십이 아내를 사랑하는 마음에서 나와야 하기 때문이다. 이렇게 사랑하라는 명령은 본문에서 세 차례나 반복된다(25, 28, 33절). 이를 통해 바울은 남편이 아내를 사랑하되 희생적으로 섬기고 인도

하면서 지속적으로 헌신해야 한다고 강조한다. 여기서 바울은 남편의 사랑이 어떠해야 하는지를 보여 주는 두 가지 모델을 제시한다. 그 두 가지 모두, 우리에게 큰 도전을 준다.

먼저 그리스도가 교회를 사랑하심과 같이 아내를 사랑해야한다(25절). 이 명령은 앞서 살펴본 5장 2절의 내용을 상기시킨다. 그런데 여기서는 남편에게 그 내용을 구체적으로 적용하고 있다. 곧 아내에 대한 남편의 사랑이란 마치 "그리스도께서 교회를 사랑하시고 그 교회를 위하여 자신을 주심 같이" 표현되어야 한다고 밝힌다. 남편은 아내의 유익을 위해 자신을 내어 주는 일에 주저해서는 안 된다. 그리스도처럼 사랑한다는 것은, 죽음에 이르기까지 자신을 내어 줄 수 있는 행동을 의미한다. 여러 가지 작은 일들부터 그러한 마음가짐으로 시작할 수 있다.

예를 들어, 집안일을 도울 수도 있고, 친구를 만나고 운동을 할 수 있도록 배려할 수도 있으며, 자녀를 대신 돌보는 일에 더 많은 시간을 들일 수도 있다. 물론 저녁 식사 후에 가족과 함께 성경을 읽는다거나 잠자리에 들기 전에 아내와 같이 기도하며 영적인 필요를 돌볼 수도 있다. 남편은 아내가 기쁠 때나 슬플 때나 부할때나 가난할 때나 아플 때나 건강할 때나 사랑해야 한다. 단지 물질적인 필요만이 아니라 신체적인, 정서적인, 영적인 필요를 채워 주기 위해 자신을 내어 줄 수 있어야 한다. 만일 직장 생활이나 교회 사역이 그와 같은 섬김을 할 수 없게 만들거든, 남편은 아내를 위해 그러한 생활 내지는 사역을 변경하는 방안까지 고려해야 한다.

경건한 남편은 아내에게 가장 유익이 되는 일을 목표로 삼아 추구한다. 이에 대해 바울은 그리스도의 사랑을 예로 들어 설명한다. 그리스도는 자기 백성을 구별하여 '거룩하게' 하시려고 죽으셨다(엡 5:26). 그리스도는 자기 백성을 죄로부터 건져 내어 '깨끗하게' 하시려고 죽으셨다. 곧 복음의 말씀을 통해 우리를 깨끗하게 하시려고 죽으셨다(엡 5:26). 그리스도는 자기 백성을 '영광스러운' 교회로 세우려고 죽으셨다. 즉 "티나 주름 잡힌 것이나 이런 것들이 없이 거룩하고 흠이 없게 하"시려고 죽으셨다(엡 5:27).

바울은 이와 같은 그리스도의 사랑을 본받는 일이 아내를 위해 남편이 해야 할 최고의 목표가 된다고 설명한다. 남편은 아내가 단기적으로 경험할 수 있는 행복에만 관심을 두어서는 안 된다(그게 당장에는 편하겠지만 말이다). 그보다는 아내가 그리스도 안에서 정결해지고 영광스러워질 때 누릴 수 있는 장기적인 행복에 관심을 두어야 한다. 그렇게 해서 아내가 점점 더 거룩해져야만 만족스러운 삶을 살 수 있다. 이런 점에서 아내가 죄로부터 멀어질 수 있도록 돕지 않는 남편은 사실상 그녀를 사랑하는 남편이라고 할 수 없다. 남편은 아내가 그리스도 앞에 과연 어떤 모습으로 서게 될지 관심을 가져야 한다. 왜냐하면 그날 아내의 모습에 대하여 그리스도는 남편에게 책임을 물으시기 때문이다.

따라서 남편은 아내를 향한 그리스도의 계획이 이루어지도록 힘써야 한다. 그렇다고 너무 앞서가려고 하면 안 된다. 둘이서 함께 하나님을 섬기며 그리스도의 승리를 증언할 수 있는 결혼생활을 해야 한다. 심지어 남편이 신앙을 갖게 된 지 얼마 안 되었더라도, 남편은 아내를 위해 또한 아내와 함께 기도하는 법을 익혀야 한다. 그리하여 자신의 필요뿐 아니라 아내의 필요를 위해서도 기도해야 한다. 더 나아가 아내와 함께 교회 예배와 소그룹 모임에도 참석하여 그리스도를 향한 아내의 사랑이 깊어질 수 있도록 도와야 한다. 물론 경건의 시간도 함께 가져야 한다. 그렇게 할 때 남편은 아내의 신앙이 날로 성장하며 세월이 흐를수록 아름다워지는 모습을 보게 될 것이다. 이와 같은 사명은 결코 쉽지 않은 과제지만, 그리스도는 남편이 혹 자기 사명에 실패하더라도 용서하시며 계속해서 감당할 수 있는 힘을 주신다.

다음으로 자기 육체를 사랑함과 같이 아내를 사랑해야 한다(28절). 바울은 남편의 사랑이 어떠해야 하는지를 보여 주는 두 번째 모델을 제시한다. "이와 같이 남편들도 자기 아내 사랑하기를 자기 자신과 같이 할지니 자기 아내를 사랑하는 자는 자기를 사랑하는 것이라 누구든지 언제나 자기 육체를 미워하지 않고 오직 양육하여 보호하기를 그리스도께서 교회에게 함과 같이 하나니 우리는 그 몸의 지체임이라"(엡 5:28-30).

여기서 바울은 예수님이 인용하신 창세기의 가르침을 강조한다. 곧 결혼을 통해 남자와 여자, 두 인격이 한 몸을 이루게 된다는 가르침이다. 이는 누구라도 자기 몸의 필요를 돌보듯이, 남편도 한 몸을 이룬 아내의 필요를 돌보며 그녀를 소중히 여겨야 한다는 사실을 의미한다. 아내의 필요를 돌본다는 말은, 남편이 모든 수입을 혼자 책임지고 돈을 벌어야 한다는 뜻은 아니지만, 적어도 그녀의 필요를 공급해야 할 주된 책임이 남편에게 있음을 의미한다. 이는 아내의 요구 사항을 다 만족시켜야 한다든가 그녀가 사치스러운 친구와도 어울릴 수 있도록 도와주어야 한다는 말이 아니라, 아내의 영적 상태를 돌보며 그녀의 지속적인 행복에 기여해야 한다는 말이다.

물론 남편이 아내를 사랑하는 방식은 가정마다 다를 수 있다. 이런 점에서 각자에게 서로 다른 '사랑의 언어'가 있다는 사실을 알면, 결혼 생활에 큰 도움을 얻을 수 있다. 여기서 '사랑의 언어'란, 각자가 사랑을 경험하기 위해 추구하는 고유한 방식을 의미한다. 이러한 방식은 각자의 성향만이 아닌 성장 배경에 의해서도 형성된다. 우리는 흔히 배우자도 자신이 사랑을 느끼는 방식대로 사랑을 느끼고 싶어 할 것이라고 생각한다. 그러나 서로는 매우 다르기 때문에, 각자가 어떻게 사랑이 표현되기를 원하는지 진지하게 나누어 볼 필요가 있다. 게리 채프먼(Gary Chapman)은 《5가지 사랑의 언어》(The 5 Love Languages)에서 우리가 일반적으로 바라는 사랑의 표현 방식 다섯 가지를 소개한다.[10]

(1) 스킨십: 성적인 접촉을 포함하여 신체 접촉이 있을 때 사랑을 느낀다.

(2) 인정하는 말: 인정과 격려의 말 또는 친밀감을 가져다주는 말을 들었을 때 사랑을 느낀다.

(3) 선물: 예상하지 못한 선물을 받았을 때 사랑을 느낀다.

(4) 시간: 자신과 함께 이야기를 나누거나 활동을 하며 시간을 보냈을 때 사랑을 느낀다.

(5) 봉사: 자신을 위해 친절을 베풀며 무언가를 해 줄 때 사랑을 느낀다.

특히 현대 사회에서는 부부 간에 이루어지는 성교에 대해 왜곡된 인식을 갖는 경우가 많으므로, 그리스도인은 성적 친밀감을 추구하는 두 가지 원리를 알아야 한다. 첫째는 결혼 생활에서 성적 활동을 더 원하는 사람은, 기본적으로 배우자가 현재 상황과 신체 상태에서 자신이 할 수 있는 최선을 다하고 있다는 생각을 해야 한다는 원리다.

둘째는 결혼 생활에서 성적 활동을 덜 원하는 사람은, 배우자와 결혼할 때 상대의 성적 필요를 채워 주기 위해 최선을 다하겠다고 약속한 일을 기억해야 한다는 원리다. 이 두 가지 원리를 각각의 경우에 적용하면, 결혼 생활에 도움을 얻을 수 있다.

둘이 하나가 되다

바울은 예수님이 인용하신 창세기의 가르침을 독자들에게 상기시킨다. 곧 결혼을 통해 이루는 연합과 관련한 내용인데, 이는 우리를 향한 그리스도의 사랑을 암시한다. "그러므로 사람이 부모를 떠나 그의 아내와 합하여 그 둘이 한 육체가 될지니"(엡 5:31). 우리가 알다시피 본문에서 바울은 창조 기사의 한 본문인 창세기 2장 24절을 인용한다.

이 본문에서 하나님은 결혼을 통해 가정 제도를 확립하신다. 그리고 남편과 아내가 서로에게 다른 누구보다 더 중요한 사람이 되어야 한다는 사실을 보여 주신다. 곧 부모나 다른 사람보다 배우자가 더 우선적인 대상이 되어야 한다는 사실을 보여 주신다(이러한 우선순위가 문화권에 따라서는 받아들여지기 어려울 수도 있다).

본문에 의하면, 남편과 아내는 하나가 된다(물론 각자의 인격이 사라진 다는 말이 아니다). 이는 '육체'와 '정신'과 '영혼'을 함께 나눈다는 뜻 이다(이 각각의 나눔은 성적 결합을 통해, 심적 대화를 통해, 그리고 영적 사귐을 통해 표현된다).

이처럼 하나가 된다는 말은, 결혼 생활에서 간음이나 장기 적인 방치나 학대처럼 극단적인 부정을 저지른 경우를 제외하고 는 이혼이 허용될 수 없다는 뜻이기도 하다. 하나님이 금하시기 때문이다. 예수님도 강조하신 이러한 가르침은 오늘날 서구 사회 의 결혼관과는 분명히 대조된다(마 19:1-12).

현재 영국의 경우, 결혼 관계의 절반이 이혼으로 끝난다고 보고된다. 매년 약 12만 쌍이 이혼한다. 평균 11.4년의 결혼 생활 을 하고 마치는 셈이다. 그런데 이혼이 당사사들에게 안겨 주 는 비참한 현실은 둘째 치고, 그 자녀들한테 끼치는 고통이란 어마어마하다. 거의 모든 사회 지표가 정상적인 결혼 생활을 하 는 부모 밑에서 자란 아이들이 그렇지 않은 환경에서 자란 아 이들보다 학업 수행 능력이 훨씬 뛰어나다는 사실을 보여 준다. 그렇기 때문에 영국 고등법원 판사로서 40년 간 가족부(Family Division)에서 일한 폴 콜레리지 경(Sir Paul Coleridge)은 이렇게 말했 다. "결혼과 가정의 몰락은 이 시대에 들이닥친 가장 파괴적인 사 회악이다."

이러한 시대에 복음이 주는 위로가 있다. 그것은 모든 부부가 겉으로 드러나지 않게 마음속으로 부정을 저지르고 또 어떠한 남편과 아내도 하나님이 명하시는 대로 배우자를 사랑하지 않음에도 불구하고, 우리는 그분의 완전한 용서와 우리를 변화시키시는 능력을 힘입어 더 나은 남편과 아내가 될 수 있다는 소식이다. 어떠한 결혼 관계든 그 나름의 긴장을 안고 있다. 주일 아침에 드러나는 각 부부의 모습이 어떠하든, 여러 가지 문제와 후회로 씨름하지 않는 결혼 생활은 없다.

그러나 하나님은 인내와 용서와 지속적인 변화를 우리 가운데 허락하셔서 그분의 은혜가 아니면 결코 누릴 수 없는 결혼 생활을 누리게 하신다. 복음이 가져다주는 용서가 불완전한 결혼 생활을 하나로 묶는 끈이 되어 주기 때문이다. 그리하여 피할 수 없던 쓰라린 아픔과 절망을 점점 더 차오르는 소망과 기쁨으로 정복해 나가게 하신다.

결혼, 그 이상의 현실

현재 문맥을 따라가다 보면, 우리는 바울이 결혼 생활의 행복에 대해서만 말하려고 했던 게 아님을 알게 된다. 그는 이렇게 말한다. "이 비밀이 크도다 나는 그리스도와 교회에 대하여 말하노라"(엡 5:32). 이때 '비밀'은 결혼 자체에 대한 비밀이 아니다. 그 비밀은 앞부분에서 바울이 밝힌 바와 같이 복음의 미스터리를 말한다. 즉 유대인이든 이방인이든 어떤 민족이든 간에, 이제 그리스도의 죽음을 통해 하나님과 화목할 수 있게 되었다는 비밀을 말한다. 이 비밀이 드러남으로써 악의 권세를 정복하신 하나님의 지혜가 교회를 통해 온 세상에 나타나게 되었다.

그러므로 그리스도 안에서 서로 다른 두 사람이 한 몸을 이루는 그리스도인의 결혼은 모든 것을 그리스도 안에서 통일시키고자 하시는 하나님의 계획을 강력히 드러내는 수단이 된다. 복음의 능력은 아내를 변화시켜 순종하는 마음으로 남편을 돕게 만들고, 또한 남편을 변화시켜 자신을 내어 주며 아내를 사랑하게 만든다. 각자의 죄악과 서로 다른 차이에도 불구하고 그처럼 변화시킨다. 이렇게 변화된 모습이 교회 안에 무르익을 때, 악의 세력을 짓밟으신 하나님의 승리는 온 세상에 강력히 드러난다. 이처럼 결혼으로 한 몸 된 그리스도인의 연합을 지속시키시는 하나님의 능력을 볼 때, 우리는 그분의 계획이 지금도 성취되고 있음을 확신할 수 있다.

이와 같이 한 남자와 한 여자의 연합으로 결혼을 묘사하는 창세기 2장은 궁극적으로 하나님의 일체성을 반영한다. 또 이후에 등장하는 아가서는 남편과 아내 사이에 이루어지는 에로틱한 감정을 다루는데, 이는 자기 백성을 향한 그리스도의 사랑이 얼마나 친밀한지를 보여 준다. 그리고 시편 45편은 비천한 딸을 궁중으로 맞아들이는 왕의 위엄을 찬양하는데, 이는 장차 그리스도가 교회를 자신의 신부로 맞아들이시는 모습을 보여 준다.

나아가 요한계시록 7장과 21장은 그리스도의 혼인 잔치에 열방에서 모인 백성들이 주님의 교회를 이루는 장면을 그리고 있다. 그런데 이 중에서도 에베소서 5장은 특별히 그리스도의 희생적인 사랑과 그에 대한 교회의 자발적인 순종에 초점을 두고 결혼을 묘사한다. 이러한 결혼은 하나님의 계획이 복음을 통해 어떻게 펼쳐지는지를 보여 주는 강력한 수단이 된다.

만일 그리스도가 우리를 어떻게 사랑하시는지 머릿속에 잘 그려지지 않는다면, 전적으로 헌신적인 남편의 모습을 떠올려 보면 된다. 또 우리가 어떻게 그리스도를 기쁘시게 할 수 있는지 잘 모르겠다면, 아름다운 자세로 순종하는 아내의 모습을 떠올려 보면 된다. 만일 우리가 미혼자라면, 혹은 이미 배우자와 헤어진 상태라면, 바울이 궁극적으로 말하고자 하는 바가 무엇인지 묵상해 보면 된다. 즉 이 땅에서 맺는 결혼을 넘어 그리스도와 교회가 천상에서 맺게 되는 결혼을 바라보며 기대하면 된다.

반대로 우리가 기혼자인데 결혼 생활이 원래의 바람과 달리 고통스럽다면, 그 결혼이란 장차 천상에서 이루어질 결혼의 그림자일 뿐이라는 사실을 기억할 필요가 있다. 우리가 영광스러운 혼인 잔치에서 그리스도와 하나 될 때, 우리는 새 하늘과 새 땅이라고 불리는 파라다이스에서 영원한 허니문을 즐기며 완벽한 결혼의 복락을 경험할 것이다. 그리스도 안에 있는 누구도 그 복락에서 제외되지 않는다. 그분과의 연합을 통해 친밀하고 감격스러운 기쁨을 우리 모두 영원히 누리게 될 것이다. 비록 현재의 결혼 생활에 어려움이 있을 순 있지만, 두 사람의 연합의 현장은 전쟁터가 아니요 그리스도 안에서 둘을 하나로 묶으신 하나님의 능력을 기념하는 축제의 자리이다. 이 자리에서 복음이 증거된다.

이런 차원에서 성경은 자기 아들을 위해 신부를 준비시키는 하나님의 이야기라고 할 수 있다. 우리처럼 비참한 죄인을 선택하여 그 놀라운 은혜를 누리게 하시고자 아름다운 신부로 세워 가시는 이야기이다. 마침내 우리가 그리스도와 행복한 결혼에 이르게 되는 일, 그것이 역사의 종점이다. 이 땅에서 이루어지는 결혼이 때로는 천상의 결혼을 아름답게 반영할 수도 있고 때로는 심하게 왜곡할 수도 있지만, 모든 결혼은 궁극적으로 맺어질 단 하나의 결혼을 보여 주기 위한 목적을 가진다. 그래서 바울은 간결한 권면을 남긴다. "너희도 각각 자기의 아내 사랑하기를 자신 같이 하고 아내도 자기 남편을 존경하라"(엡 5:33).

결혼이란, 그리스도와 교회의 연합을 세상에 보여 주기 위해 이 땅에서 그려 나가는 작품이기 때문이다.

chapter 11

가정과 직장(6:1-9)

삶의 자리에서
그리스도를
영화롭게 하다

삼위 하나님은 한 가족을 이루고 계신다. 따라서 그분은 우리 역시도 가족 관계 안에서 살아가도록 만드셨다. 그 결과 우리는 가정에서든 교회에서든 가족을 지닌다. 또한 하나님은 창조적으로 일하시는 분이기에, 우리도 창조적인 일을 하도록 계획하셨다. 직장 근무를 하든 교회 사역을 하든 말이다.

그런데 하나님이 세우신 가정과 직장의 원리를 사람들은 계속 거스른다. 그래서 우리는 다른 어디보다도 가정과 직장에서 수많은 실패와 결점을 경험한다. 그리고 가정과 직장은 단지 역기능이 드러나는 장소일 뿐 아니라 불행을 안겨다 주는 장소가 되기도 한다. 이러한 이유에서 예수 그리스도는 우리를 구원하시고자 육체를 입고 이 땅에 오셨는데, 다름 아닌 목수의 직업을 가진 가정에 태어나셔서 하나님의 원리를 따라 온전히 사셨다. 그리고 우리의 죄를 위해 대신 죽으셨다. 이는 가정과 직장에서 드러나는 우리의 연약함과 사악함에 대해 그분이 대신 형벌을 받으셨다는 의미도 포함하고 있다. 따라서 이제 우리는 사죄의 은혜를 경험하고 하나님의 원리를 따라 살아갈 수 있는 능력을 구할 수 있게 되었다.

본문은 그리스도 안에서 가정과 직장 생활을 어떻게 해야 하는지에 대하여 간단한 원리를 제시한다. 이 내용은 에베소 교인들, 넓게는 1세기 당시 소아시아 지역에 있던 그리스도인들을 위해 쓰였다. 그 시대는 가정과 직장이 크게 분리되지 않고 주로 동일한 구성원에 의해 형성되었다. 그러나 여기서 제시되는 원리는 특정 시대에만 국한되지 않는다. 왜냐하면 이 문맥에서 바울은 시대와 장소를 불문하고 하나님 백성이 성령의 충만함을 받아 그리스도를 경외함으로써 피차 복종하는 삶을 어떻게 살아야 하는지를 밝히려 하기 때문이다(엡 5:18, 21). 만물을 그리스도 안에서 통일시켜 교회를 통해 그 영원한 지혜를 드러내고자 하시는 하나님의 계획은 우리가 공동체로 모일 때나 복음 사역에 참여할 때만이 아니라 가정과 직장에서 그리스도께 순종할 때도 밝히 드러난다. 이런 면에서 가정과 직장은 교회나 다른 사역 현장 못지않게 하나님을 예배하는 장소가 된다.

이제 살펴볼 본문에서 바울은 가정을 이루는 각 구성원을 언급한다. 그 이유는 그리스도 안에서 모든 구성원은 동등한 존엄성과 중요성을 가지고 있기 때문이다. 지난 장에서는 아내와 남편을 위한 지침을 살펴봤는데, 이제는 자녀와 부모 그리고 종과 상전을 위한 지침을 각각 살펴보게 된다. 그중에서 자녀를 위한 지침이 먼저 주어진다.

자녀를 위한 지침

바울은 "자녀들아"라고 부르며 이번 장을 시작한다(엡 6:1). 여기서 '자녀'라는 표현은 나이가 아니라 관계를 나타내기 위해 사용되었다. 그럼에도 교훈의 전체 맥락과 내용을 살펴볼 때, 바울이 염두에 두고 있는 대상은 아직 결혼하지 않고 가정에 머물러 있는 자녀라고 볼 수 있다. 부모를 공경하라는 성경의 가르침은 평생에 걸쳐 지켜져야 할 계명이다(출 20:12; 마 5:17). 그런데 그 계명을 실천하는 양상은 자녀가 성장하면서 또 부모의 필요가 바뀌어 가면서 달라질 수 있다.

바울은 자녀들을 향해 "너희 부모에게 순종하라"라고 명한다(엡 6:1). 이 명령은 부모의 지시에 전적으로 따르는 자세를 요구한다. 이때 혹 부모의 지시가 이치에 맞고 또 부모의 사랑이 확실히 느껴지기만 한다면, 자녀 입장에서는 그 명령을 준수하는 일이 쉬울 거라고 생각할 수 있다. 그러나 부모도 그렇지만 자녀도 죄성을 지니고 있다. 따라서 그들에게는 무조건 받아주기만 하는 사랑이나 무조건 혼내기만 하는 훈계가 아니라 사랑과 훈계가 함께 제공되어야 한다.

오늘날 서구 사회에서는 많은 가정에서 말 안 듣는 자녀를 훈계하는 데 애를 먹고 있기 때문에, 부모에게 순종하라는 명령은 그 자체로 경종을 울리는 교훈처럼 들릴 수 있다. 바울은 자녀

313

가 부모에게 불순종하는 모습을 두고 타락한 죄악상의 예로 들기도 했고(롬 1:30), 말세에 나타나는 증상으로 언급하기도 했다(딤후 3:2).

여기서 바울은 자녀가 순종해야 하는 이유를 다음과 같이 밝힌다. "주 안에서 … 순종하라 이것이 옳으니라"(엡 6:1). 자녀가 부모에게 순종해야 하는 이유는 부모가 자신보다 더 중요한 존재이기 때문이 아니라 부모에 대한 순종이 곧 그리스도에 대한 순종의 일부이기 때문이다. 따라서 부모가 기도를 못하게 한다든가 또는 예수님을 믿지 못하게 하는 등 비도덕적이고 반신앙적이며 복음의 요구에 배치되는 행동을 요구하지만 않는다면, 자녀는 부모에게 순종해야 한다. 또한 그러한 명령을 따라 순종할 때, 자녀는 평화롭고 도덕적인 삶을 살아길 수 있다.

자녀의 입장에서는 설거지를 하고 방 청소를 하며 약속 시간에 귀가하는 순종이 부모에게 왜 그렇게 중요한 문제인지를 이해하지 못할 수 있다. 그럴 때는 부모의 말이 무조건 옳다고 생각하거나 식탁을 치우고 침대를 정리하는 일이 도덕적으로 옳기 때문이라고 생각할 필요는 없다. 그보다는 부모에게 순종하는 일 자체가 옳다고 생각하는 게 좋다. 왜냐하면 주님이 그렇게 하라고 명하셨기 때문이다. 그리고 그 명령을 따를 때 주님이 기뻐하시기 때문이다. 부모도 이 원리를 기억하고 자녀에게 순종을 가르쳐야 한다.

바울이 부모에 대한 순종을 옳다고 설명하는 이유는 세상이 일반적으로 그렇게 생각하기 때문이 아니다(오히려 세상은 순종의 가치를 점점 더 인식하지 못하고 있다). 바울은 부모에 대한 순종이 "네 아버지와 어머니를 공경하라"라는 계명을 실천하는 하나의 자세이기 때문에 옳다고 설명한다(엡 6:1-2). 이 계명은 이스라엘 백성에게 주어진 십계명 가운데 다섯 번째 계명으로서 성경에서 매우 중요한 자리를 차지한다(출 20:12; 신 5:16). 성경은 우상 숭배만큼이나 부모를 공경하지 않는 일을 심각한 죄로 취급한다. 왜냐하면 부모와 자식 관계는 결혼 관계 다음으로 하나님과 우리 사이에 맺어진 사랑의 관계를 잘 보여 주기 때문이다. 여기서 '공경'이란 진심 어린 존경을 의미하며, 이는 '경외'나 '경의'로 번역되기도 한다.

따라서 성인이 된 자녀가 부모를 공경한다는 말은, 부모의 생각을 여쭙고 충고를 귀담아들으며 아버지와 어머니의 지혜를 존중하는 태도를 가진다는 의미를 내포한다. 이런 공경은 당연히 부모를 찾아뵙고 실제적인 필요를 살피면서 재정적으로 섬길 뿐 아니라, 부모가 약해지거나 몸이 불편해지면 집에 모시는 일까지 다 포함한다. 우리가 자녀에게 부모를 공경해야 한다고 가르치는 방식대로 우리 자신도 부모를 공경해야 한다.

바울은 자녀가 순종해야 하는 또 다른 이유를 밝힌다. 곧 자녀가 부모에게 순종해야 하는 이유는 그와 같은 부모 공경에 하나님의 약속이 따르기 때문이다. "이로써 네가 잘되고 땅에서 장수하리라"(엡 6:3). 여기서 바울은 구약성경을 인용하는데(출 20:12; 신 5:16), 거기에 기록된 표현을 그대로 언급하지는 않는다. 즉 약속의 땅에서 생명을 길게 누리게 되리라고 언급하지 않는다. 왜냐하면 그는 과거 이스라엘 백성이 지상에서 경험했던 국가의 번영을 통해 그 약속이 이미 성취되었다고 보았기 때문이다.

따라서 바울이 설명하는 부모 공경의 계명은 오늘날 그리스도인이 자신의 부모를 공경해야 한다는 내용을 담고 있으며 이는 결국 그리스도에 대한 순종의 일환으로서 다가올 하나님 나라에서 상급을 받게 될 일을 의미한다. 물론 순종에 대한 보상은 장차 받게 될 상급만이 아니라 이 땅에서 누리는 행복을 통해서도 어느 정도는 경험할 수 있다(비록 우리의 죄악과 타락한 세상의 영향으로 그 정도는 제한적이겠지만 말이다). 왜냐하면 부모를 공경하는 그리스도인은 친밀한 가족 관계에서 오는 기쁨이 무엇인지 잘 알게 될 뿐 아니라, 자녀로부터도 공경을 받게 되기 때문이다.

부모를 위한 지침

이제 바울은 부모에게로 시선을 돌린다. "또 아비들아 너희 자녀를 노엽게 하지 말고 오직 주의 교훈과 훈계로 양육하라"(엡 6:4). 이 구절에서 각 단어는 매우 주의 깊게 사용되었다.

먼저 '아비'라는 단어는 가정의 머리가 되는 자로서 특별한 책임을 지고 있는 아버지를 가리킨다(만일 어떠한 이유에서든 아버지가 없다면, 어머니가 그 자리를 대신해야 한다). 비록 아버지보다 어머니가 자녀와 함께하는 시간이 더 많을지라도, 가정에 대한 책임은 아버지가 져야 하며 또 아버지는 그 책임을 가볍게 여겨서는 안 된다. 따라서 아내는 집에 혼자 있을 때 중요한 결정을 내려야 할 사항이 발생하면, 그에 대하여 남편과 상의할 때까지 결정을 미룸으로써 남편이 아버지의 역할을 잘 감당할 수 있도록 도울 수 있다. 바울은 이러한 가장을 향해 무언가를 하지 말라고 금지하는 명령과 무언가를 하라고 요구하는 명령을 함께 제시한다.

우선 자녀를 노엽게 하지 말라고 한다. 아버지는 너무 엄격하고 가혹한 처벌로 자녀를 노엽게 해서는 안 된다. 예를 들어 말도 안 되는 요구를 한다거나 일관성 없고 공평하지 않은 규율을 강조한다거나 틈만 나면 비난하고 모욕을 준다거나 아니면 자녀의 연약함이나 두려움 내지 필요에 대해서는 둔감한 모습을 보임으로써 자녀의 마음에 화를 키워서는 안 된다.

나의 경우는 아이들을 깊이 공감하지 못하여 그들을 노엽게 한 적이 많다. 각자 다른 개성으로 자신만의 독특한 필요와 표현 방식이 있다는 사실을 몰랐기 때문이다. 흔히 자녀가 어릴 때는 행동이 거칠고 예의가 없어도 그러려니 하고 넘어가기 쉽다. 그러다 십대가 되면, 지저분한 방과 시끄럽게 들려오는 음악 소리 또는 지나친 TV 시청과 외출 등으로 잔소리하기 쉬워진다. 사실 대부분의 문제는 도덕적인 문제라기보다 문화적인 문제인데 말이다. 따라서 우리는 자녀의 심령을 상하게 하지 않으면서도 그 의지를 길들이도록 노력해야 한다. 그리고 자녀가 아직 다루기 힘든 어린아이든 아니면 투덜대고 다니는 청소년이든, 우리는 자녀를 노엽게 하지 않기 위해 이렇게 해야 한다. 곧 의식적으로 그 자녀를 바라볼 때 하나님이 맡겨 주신 소중한 선물로 여기며 즐거워해야 한다. 또 우리 모두 한때는 철부지 자녀였다는 사실을 떠올리며, 하늘 아버지는 우리의 불평과 불만을 얼마나 오래 참아오셨을지 생각해야 한다.

다음으로 주의 교훈과 훈계로 양육해야 한다. 여기서 '양육하다'라는 표현은 기본적으로 먹이고 기른다는 뜻을 지닌다. 이는 지속적인 관계 속에서 자녀를 돌보는 행위를 의미한다. 결코 단시간에 기계적인 결과를 내려고 하는 행위가 아니다. 지독한 말썽쟁이였던 아이가 지속적인 사랑과 훈계를 받아 정숙한 청년으로 성장하는 모습을 보면, 양육의 세계가 경이롭다는 사실을 실감하게 된다.

여기서 '훈계'는 잘못을 교정해 주는 훈련을 의미한다. 이러한 훈계는 단호한 말과 행동으로 잘못을 바로잡아 주는 모든 노력을 가리킨다. 우리 교회에는 4명의 자녀를 둔 형제가 있는데, 언젠가 자녀 양육에 관해 이런 말을 했다. "이 전쟁 같은 양육에서 이겨야 합니다. 그렇지 않으면, 아이가 커서 어떠한 교사나 상사의 말도 안 들을 테니까요. 물론 교회에서는 성경의 가르침도 받아들이지 않을 거구요. 그러니까 반드시 이겨야 합니다."

물론 우리는 자녀가 드러내는 아이다운 모습과 불순종하는 모습을 구별해야 한다. 전자는 사랑으로 받아주어야 하지만, 후자는 그렇게 하면 안 된다. 또 아이답게 뛰어 놀고 싶어 하는 의지와 완고하게 고집부리는 의지도 구별해야 한다. 전자는 개발시켜 주어야 하지만, 후자는 바로잡아 주어야 한다.

나는 개인적으로 매를 아끼지 말라는 잠언의 말씀이 반드시 체벌의 필요성을 가르친다고 생각하지는 않는다. 그러나 불순종을 제재하기 위해 적당한 벌은 필요하다고 생각한다. 예를 들어 따로 격리하여 생각하는 시간을 갖게 한다든가 스마트폰이나 다른 물건을 압수할 수도 있다. 만일 체벌을 꼭 해야 한다면, 매우 신중하게 해야 한다(결코 감정적인 반응으로 하면 안 된다). 또한 절제해서 해야 한다(결코 상처를 남겨서는 안 된다). 그리고 분명히 알아들을 수 있는 방법으로 해야 한다(결코 자녀가 혼나는 이유를 몰라서는 안 된

319

다). 여기서 우리가 기억해야 할 사실이 있다. 곧 하나님도 자신이 사랑하시는 자를 훈계하신다고 말씀하신 것처럼, 사랑과 훈계는 함께 간다는 사실이다(히 12:4-11). 왜냐하면 사랑에는 분명한 경계선이 필요하기 때문이다.

물론 행동을 교정하게 만드는 일만이 바울이 말하는 훈계는 아니다. 행동을 지적하는 일보다 마음가짐을 바로잡아 주는 일이 더 중요한 훈계이다. 마음가짐에서 행동이 나오기 때문이다. 이러한 훈계에는 성경의 가르침이 필수적이다. 가정에서 아버지는 시간을 내어 성경을 함께 읽고, 그 말씀을 일상 속에 어떻게 적용할지를 함께 나누려고 해야 한다. 또 자연스럽게 대화하는 시간도 많이 가져야 한다. 다음과 같은 사실을 기억하면 도움이 된다. 즉 사람이 죽기 전에는 가족과 함께하는 시간을 많이 보내지 못해 후회하지, 사무실에서 시간을 많이 보내지 못했다고 후회하진 않는다는 사실 말이다.

양육에는 또한 '주의 교훈'이 필요하다. 이는 자녀가 그리스도인의 신앙과 덕목을 갖출 수 있도록 양육하고 지도하는 데 필요한 모든 내용을 일컫는다. 이와 관련하여 우리가 지켜야 할 중요한 원칙이 있다.

첫째, 결혼 생활을 깨뜨려서는 안 된다(혹 배우자와 헤어졌다고 하더라도, 그 배우자와 평화롭게 지내야 한다). 또한 자녀가 우리를 필요로

할 때면 늘 함께해야 한다. 특히 중요한 일이 있을 때는 더욱 그렇다. 둘째, 배우자를 사랑해야 한다. 자녀는 진실한 사랑이 무엇인지 부모의 관계를 통해 배운다. 셋째, 자녀를 좋은 교회에 데리고 가야 한다. 그리고 피상적으로 다니지 말고 헌신적으로 참여하도록 가르쳐야 한다. 여기서 좋은 교회란, 그저 담배를 피우지 말라고 하거나 이성 교제를 하지 말라고 하며 규율만 제공하는 교회가 아니라, 성경을 살펴보며 복음을 재미있게 가르쳐 줄 수 있는 교회를 말한다.

당연히 우리는 자녀를 맡고 있는 담당 교역자나 교사들과 협력해야 한다. 그들에게 자녀 교육에 대한 책임을 떠맡기면 안된다. 우리 중에는 혹 자신이 여러 가지 방법을 동원하여 이상적인 자녀를 만들고 있다고 착각하는 부모가 있을 수 있다. 그런 부모는 죄책감을 느끼게 하는 충고를 듣기 꺼려한다. 안타깝게도 교회 안에는 신앙이 좋은 부모조차도 세속적인 기준을 가지고 자녀를 우상처럼 섬기며 지나치게 감싸려는 경우가 있다. 물론 자녀 양육에서 중요한 조건을 꼽자면, 자녀를 사랑하고 보호해 주는 가정이라고 할 수 있다. 그러나 자녀가 느껴야 할 궁극적인 안정감은 결국 복음을 통해 확인되어야 한다.

또 자녀가 아직 어려서 시키는 대로 하는 모습만 보며 안심한 부모가 이후에 자녀가 사춘기가 되어 술이나 음란물 또는 약물이나 비행에 노출되면 과도한 걱정에 사로잡히기도 한다. 물론 그러한 변화는 충격적이고 마음을 위축되게 할 수 있다. 그러나 동시에 그 어려움은 비로소 부모가 자녀를 하나님께 맡기고 기도하게 되는 계기로 바뀌기도 한다. 그 결과 자녀도, 부모가 자신을 한결같이 사랑한다는 사실을 확신하게 된다. 그동안 서로가 얼마나 고통스러운 시간을 보냈든 말이다.

지난 수년 동안 우리 교회는 자녀 양육에 관한 조언을 함께 나누었는데, 거기에는 다음과 같은 내용이 포함되어 있다.

- 자녀의 문제를 교회의 연장자나 리더들과 나누기를 꺼리지 말라.
- 어린이용 성경을 함께 읽고 잠자리에서 한 명 한 명을 위해 기도하라.
- 자녀가 학교에 갈 나이가 되면, 가족과 함께 테이블에 앉아 성경을 읽으라. 혹 자녀가 숙제를 해야 한다고 투덜거리더라도 그렇게 하라. 이때 돌아가면서 성경을 읽고 또 읽은 본문에 대한 생각을 나눈 후, 깨달은 내용을 놓고 함께 기도하라. 그렇게 하면, 살아 계신 하나님이 우리에게 얼마나 중요한 분이신지 또 우리를 얼마나 사랑하는 분이신지 자녀가 배울 수 있다.
- 일상에서 겪는 일을 위해 기도하라. 성공한 일에 대해서도, 실패

한 일에 대해서도, 생일을 앞두고도, 시험을 앞두고도, 매사에 기도로 반응하라. 그럼으로써 일상을 믿음으로 살아가는 모습이 어떠한지 자녀에게 가르쳐 줄 수 있다.

• 자녀와 둘만의 시간을 가지라. 그 시간에 자녀의 이야기를 경청하고 영적 상태가 어떠한지 확인하며, 그에 대해 도움을 주고 함께 기도하라.

자녀 양육의 세 가지 원칙

아래의 세 가지 원칙을 기억하면 자녀 양육에 도움을 얻을 수 있다. 첫째, 교회에 자녀를 맡기라. 이를 위해 교회에 적극적으로 참여하라. 자녀는 부모 외에도 영적으로 성숙한 모습을 보여 주는 롤 모델이 필요하다. 닮고 싶은 마음을 불러일으키는 성도가 필요하다. 그러니 자녀와 함께 교회에 가라. 여름수련회에도 참석하게 하라. 자녀는 부모의 돌봄이 아니라 하나님의 은혜로 구원받는다. 교회에서 진행되는 성경 공부 프로그램에 자녀를 맡기는 일이 수영이나 테니스 레슨에 맡기는 일보다 훨씬 가치가 있다. 그렇다고 양육에 대한 책임을 교회에 떠맡기라는 말은 아니다. 주일학교 교사의 칭찬보다 부모의 관심과 격려가 자녀의 신앙에는 더 큰 도움이 되기 때문이다.

둘째, 복음에 자녀를 맡기라. 이를 위해 복음을 적극적으로 전하라. 이때 율법에 대해서만이 아니라 우리를 용서하시는 하나님의 은혜에 대해 나누도록 하라. 우리의 허물과 죄악이 무엇인지 이해할 수 있도록 연령에 맞는 설명이 필요할 수도 있다(물론 자신의 잘못을 합리화하도록 설명해서는 안 된다). 그리고 하나님이 우리를 사랑하시는 방식에 대해 이야기할 때도, 우리조차 알기 어려운 내용보다는 우리 자신이 알고 있는 내용을 나누는 게 중요하다. 예를 들어 왜 기도를 안 들어주시는 때가 있는지, 왜 가정에서도 좌절과 아픔을 겪어야 할 때가 있는지를 이야기할 때, 우리도 혼란스럽게 여기는 부분을 나누기보다는 우리가 깨달은 부분을 나누는 게 좋다. 그럴 때 자녀는 가장 주의 깊게 부모의 말을 경청하게 된다.

셋째, 하나님께 자녀를 맡기라. 이를 위해 하나님께 적극적으로 기도하라. 우리보다 앞선 시대를 살았던 부모가 그 많은 자녀를 키우면서 했던 일은 다름 아닌 기도였다. 우리도 자녀는 물론이고 교회 안에 있는 자녀를 위해서도 기도할 수 있다. 예수 그리스도의 복음을 듣고 자라나는 아이들은 교회 안에 있는 어느 누구 못지않게 하나님의 계획에서 큰 부분을 차지한다. 바로 그들을 통해 하나님의 은혜가 널리 드러나기 때문이다.

만일 당신이 자녀를 키우는 부모라면 알겠지만, 양육을 하다 보면 한 아이의 문제가 해결되기 무섭게 또 다른 아이가 문제를 일으키며 심려를 끼치곤 한다. 심지어 출가를 하고 나서도 그런 경우가 있다. 그렇기에 우리는 매일 밤 자녀를 위해 기도해야 한다. 하나님이 우리보다 자녀를 더 사랑하시기 때문이다. 또 우리가 자녀를 바르게 양육할 수 있도록 도우시기 때문이다. 바로 이 확신 가운데 우리는 자녀 양육이 아무리 고달프고 어렵게 느껴질지라도, 그 모든 과정을 기뻐해야 한다. 그러한 과정을 거치며 그리스도 안에서 한 가정이 세워질 때, 악을 정복하신 하나님의 승리가 세상에 드러난다.

종을 위한 지침

바울은 이어서 종과 상전에게로 시선을 돌려 당시 가정 안에서 이루어지던 직장 생활의 문제를 다룬다. 우리는 이 본문을 통해 비록 시대가 바뀌긴 했지만 오늘날 직장 생활에도 큰 관련성을 지니고 있는 원리를 배우게 된다.

"종들아 두려워하고 떨며 성실한 마음으로 육체의 상전에게 순종하기를 그리스도께 하듯 하라"(엡 6:5). 노예 제도는 로마 제국을 포함하여 고대 사회 전체를 떠받치는 경제 구조였다. 그러한 제도는 흔히 가정 안에서 자연스럽게 유지되었다. 그러나 모든 사람의 존엄성을 중시하는 그리스도인의 원칙과 노예 제도는 맞지 않았기 때문에, 바울은 빌레몬에게 오네시모를 더 이상 종이 아닌 형제로 받아주라고 권하기도 했다(몬 16-17). 이외에도 성경은 각 시대마다 지속되어 온 노예 제도의 관습에 상반되는 가르침을 계속 제공한다. 그렇기에 복음의 가치를 위해 투쟁한 윌리엄 윌버포스(William Wilberforce)는 영국의 노예 무역을 폐지하는 데 온 힘을 쏟았고, 그리스도인의 대의를 추구한 마틴 루터 킹(Martin Luther King)도 흑인 인권 신장을 위한 운동을 벌였다.

물론 본문에서 바울은 어떠한 사회 개혁을 일으키기 위해서가 아니라, 당시 종의 신분을 가지고 살아가는 지체들이 일상에서 겪는 문제에 대해 조언하기 위해 입을 연다. 여기서 우리는 그의 조언이 로마 사회에서는 전례가 없던 인간의 존엄성에 대한 이해를 반영하고 있다는 사실에 주목해야 한다. 놀랍게도 당시 교회에서 종들은 자신의 상전들과 동등하게 취급받았다. 그런데 영적으로 누리던 그 자유가 사회적으로는 보장되지 않았다. 이에 바울은 상전보다는 종의 신분을 가진 지체들을 위해 더 긴 내용의 지침을 남기게 되었다. 왜냐하면 그들이 당면하는 일상의 어려움을 알아 주고, 또 그들이 학대를 당하더라도 신앙을 지킬 수 있도록 격려할 필요가 있었기 때문이다.

그런데 비극적이게도 오늘날까지, 여러 가지 형태의 노예 제도는 여전히 사라지지 않고 있다. 특히 성 노예를 매매하는 악행은 심각한 지경에 이르렀다. 그리고 근로자 인권을 보호하고 아동 노동을 막기 위해 법률을 제정하고 조합을 결성하는 등 갖가지 노력이 이루어져 왔음에도 불구하고, 여전히 고용 현장에서는 착취와 학대가 이어지고 있다. 이외에도 우리가 알아야 할 직장 생활의 문제는 차고 넘친다. 게다가 수많은 나라에서 노예 제도는 이미 끔찍한 현실로 자리한 지 오래다.

따라서 우리는 오늘날 직장에서 그리스도를 영화롭게 하기 위해 바울이 제시하는 세 가지 원리에 귀기울일 필요가 있다.

첫째로, 직장에서 그리스도인은 상사의 지시에 순종해야 한다(엡 6:5). 물론 이러한 순종에는 다음과 같은 조건이 따른다. 비윤리적인 일에는 순종하면 안 된다. 출애굽기 1장에서 히브리 산파들은 남자 아이가 태어나면 죽이라는 애굽 왕의 명령을 따르지 않았다. 마찬가지로 의사나 간호사로 일하는 그리스도인도 인위적인 낙태 수술을 시행해서는 안 된다.

우상 숭배하는 일에는 순종하면 안 된다. 다니엘 3장에서 사드락, 메삭, 아벳느고는 바벨론 왕의 신상 앞에 절하지 않았다. 마찬가지로 그리스도인도 혼합적인 예배 의식이나 종교 활동에 참여해서는 안 된다.

복음을 거스르는 일에는 순종하면 안 된다. 사도행전 4장에서 사도들은 예수 그리스도의 복음을 전하지 말라는 산헤드린 공회의 명령을 따르지 않았다. 마찬가지로 그리스도인도 복음을 나누지 말고 침묵하라는 요구에 동의해서는 안 된다(특히 우리의 업무에 심각한 지장이 없다면 말이다). 물론 우리가 지혜롭게 침묵해야 할 상황이 있을 수도 있다. 그러나 언제나 침묵하며 그리스도를 부인할 수는 없다. 오히려 우리는 자기 십자가를 지고 그리스도와 복음을 부끄러워하지 않는 삶을 살아야 한다(막 8:34-38).

이러한 조건에 위배되지 않는다면, 우리는 상사의 지시에 순종해야 한다. 왜냐하면 모든 권위는 하나님이 정하셨기 때문이다(롬 13:1). 하지만 만일 직장에서 또는 정부에서 우리가 복음을 전하지 못하게 처벌을 가한다면, 그때는 지시에 순종하지 않을 수 있는 자유가 우리에게 있다. 곧 그때는 복음을 전하며 처벌을 받거나 아니면 관련 법규를 수정하는 일에 참여할 수도 있다(사도행전 22장 25절에서 바울도 복음 사역을 위해 로마법을 활용한 적이 있다).

가능하다면, 다른 직장을 구할 수도 있다. 그러나 어떠한 경우든, 복음을 위해 핍박받는 일을 특권으로 여겨야 한다. 우리는 단지 피곤하다는 이유로, 또는 부당하게 취급을 받았거나 무시당했다는 이유로 상사에게 불순종해서는 안 된다. 우리는 자신을 구원하기 위해 더 심한 고통과 모욕을 당하신 주님을 위해 일하는 자들이기 때문이다. 그렇기에 우리는 "두려워하고 떨며 성실한 마음으로" 주님 앞에서 순종해야 한다(엡 6:5). 혹 상사가 우리의 순종을 받을 만한 인격이 되지 않더라도, 우리는 그 사람을 위해 일할 때 주님을 위해 일한다는 마음을 품어야 한다.

나아가 교회에서 행하는 사역은 신성하고, 세상에서 행하는 근무는 세속적이라는 이분법은 버려야 한다. 우리는 어디에 있든, 주님을 예배하는 자들이다. 그러므로 삶의 모든 영역에서 거룩해야 한다. 그리고 하나님이 정하신 권위를 사용하는 자들에게 순종해야 한다. 그러나 마음을 사기 위해 순종해서는 안 된다. 마치 "사람을 기쁘게 하는 자처럼" 말이다(엡 6:6).

예를 들어 사무실에서 늦게까지 일한 사람처럼 보이려고 책상 의자에 외투를 걸어 두고 간다든가, 다른 직원이 한 업무를 자신이 한 일처럼 보고한다든가, 아니면 근무 시간을 이용해 개인적인 용건을 처리한다든가 해서는 안 된다. 우리는 언제나 주님의 종으로서 상사에게 순종해야 한다. 우리를 위해 죽으셨을 뿐 아니라 지금도 하나님 앞에서 우리를 변호하심으로써 섬기시는 주님의 모습을 본받아 우리도 직장에서 섬기는 사람이 되어야 한다. 그럴 때 우리는 마음으로부터 "하나님의 뜻을 행하"며 타인을 섬기는 직장 생활을 할 수 있다(엡 6:6).

최근 나는 런던에 있는 금융기관에서 어느 간부가 기독교 신앙을 가진 직원을 공개적으로 조롱하며 업신여겼다는 이야기를 들은 적이 있다. 이후에 그 일을 알게 된 사장은 그런 형편 속에서도 신앙을 지킨 직원의 이름을 기억하며 그가 믿는 복음의 진가를 인정하게 되었다고 한다. 이와 같이 직장에서 주님의 종으로 살아갈 때, 사람들은 우리가 믿는 복음에 관심을 기울이게 된다.

그렇기에 둘째로, 직장에서 그리스도인은 사람이 아니라 주님을 섬기고 있다는 사실을 기억해야 한다(엡 6:7). 온 세상의 주인은 하나님이시다. 그분이 우리의 필요를 매일 공급하신다. 따라서 우리가 농장에서 일하든 IT 회사에서 일하든, 우리는 하나님이 세상을 운영하시며 각 사람의 필요를 공급하시는 일에 참여하고 있다는 사실을 기억해야 한다. 물론 순전하게 이타적인 기업이란 존재하지 않고, 또 가급적이면 더욱 윤리적인 회사에서 일하려고 노력해야겠지만, 그 어디서든 우리는 전심으로 섬기며 일해야 한다. 다른 직원과 고객들이 모두 혜택을 얻을 수 있도록 말이다. 다시 말하지만, 우리는 궁극적으로 상사가 아니라 주님을 섬기는 종이다.

혹 세상에서 우리보다 높은 권위를 가진 자들이 불공평하게 자원을 분배하는 것처럼 보일지라도, 하나님은 우리가 하는 그 일을 통해 세상의 필요를 공급하신다. 우리가 계약서를 쓰든 소프트웨어를 개발하든 설교를 준비하든 배관 공사를 하든 환자를 돌보든 집안 빨래를 하든 또는 식당에서 창문을 닦고 그릇을 씻든 만일 하나님의 영광을 위해 일한다면, 우리는 사실상 하나님을 예배하고 있는 것이다. 왜냐하면 우리가 그렇게 일하며 가족을 부양하고 교회 사역을 후원하며 직장 동료에게 복음을 나눌 때, 우리는 결국 최종 상관이신 주님을 기쁘시게 하고 있기 때문이다. 하늘 보좌에 앉아 우리를 지켜보시는 주님을 말이다.

그러므로 셋째로, 직장에서 그리스도인은 무슨 선을 행하든지 결국 주님이 알아 주신다는 사실을 기억해야 한다(엡 3:8). 혹 직장 상사가 우리가 한 일을 몰라주거나 신경쓰지 않더라도, 또 우리에게 돌아오는 보상이 불공평하거나 인색하더라도, 주님은 모든 일을 지켜보고 계신다. 심지어 우리가 품은 동기까지도 말이다. 그러므로 반드시 우리의 선행에 상급을 주신다. 우리가 종이든 상전이든 높은 임금을 받든 최저 임금을 받든 직장과 사회에서 직책이 어떠하든 주님은 그분의 영광을 위해 행한 모든 일에 대해 "그 은혜의 지극히 풍성함을" 따라 보상하신다(엡 2:7). 다음과 같은 목적이 있기 때문이다. "우리는 그가 만드신 바라 그리스도 예수 안에서 선한 일을 위하여 지으심을 받은 자니 이 일은 하나님이 전에 예비하사 우리로 그 가운데서 행하게 하려 하심이니라"(엡 2:10).

이처럼 직장에서 주님을 전심으로 섬겨야 한다는 가르침을 대할 때, 우리는 직장에서 일하며 주님을 섬기는 사역과 복음을 전하며 주님을 섬기는 사역이 서로 어떤 관련이 있는지 궁금해 할 수 있다. 우선 성경은 모든 사람에게 창조 세계를 돌보고 발전시키며 하나님을 섬겨야 할 사명이 있음을 가르친다. 그러면서 또한 모든 성도에게는 재창조 사역 곧 복음을 전하여 사람들을 영원한 구원의 길로 인도해야 하는 사명이 있음을 가르친다. 이 두 가지 모두 거룩한 사명이지만, 예수님은 복음을 전하는 사역에 우선순위를 두셨다. 왜냐하면 인간의 가장 큰 필요는 죄 사함을 받는 일이기 때문이다.

우리도 동일한 원칙을 마음에 두고 일해야 한다. 즉 우리가 하나님께 받은 재능과 기회를 복음 사역에 최대한 활용해야 한다. 예를 들면 우리 중 많은 이들은 주유소나 은행이나 학교 등 각자에게 주어진 일터에서 일한다. 이때 우리는 전심으로 일하며 주님을 예배해야 한다. 또 경건한 삶으로 복음을 증거하며 기회가 될 때마다 좋은 소식을 직장 동료에게 전해야 한다. 어쩌면 그 동료에게는 우리가 유일한 그리스도인일지 모르기 때문이다.

나아가 우리는 직장에서 번 돈으로 교회의 복음 사역과 국내외 선교 활동을 후원해야 한다. 물론 우리 중 어떤 이들은 복음 전하는 일을 더 많이 감당할 수 있는 여건과 은사를 가지고 있을 수 있다. 그런 경우는 복음 사역에 집중하기 위해 직장 생활을 하지 않을 수도 있다. 그러나 모든 그리스도인이 복음 사역자라는 사실을 잊어서는 안 된다. 우리는 결국 사람들을 구원의 길로 인도하여 교회가 성장하고 하나님의 영광이 드러나도록 하는 일에 최선의 노력을 다해 헌신해야 하는 자들이다.

상전을 위한 지침

바울은 이어서 상전을 향해 입을 연다. "상전들아 너희도 그들에게 이와 같이 하고 위협을 그치라 이는 그들과 너희의 상전이 하늘에 계시고 그에게는 사람을 외모로 취하는 일이 없는 줄 너희가 앎이라"(엡 6:9).

당시의 '상전'은 종을 거느리고 있는 사람을 가리킨다. 그러나 바울은 상전과 종을 나누던 죄악된 제도에 따라 그들을 차별하지 않았다. 돈 많고 권세 있는 자도 가난한 자와 마찬가지로 그리스도를 전심으로 섬겨야 했기 때문이다. 그래서 바울은 당시 문화에서는 충격적일 수밖에 없는 지침을 상전에게 제시한다. 곧 너희가 대접받고 싶은 대로 너희도 종을 대하라는 것이었다. 이 원리는 오늘날 직장에서 높은 직책을 맡고 있는 이들에게도 적용된다.

물론 이러한 원리는 리더십 자체를 포기해야 한다든가 직원에게 업무를 지시하는 역할까지 다 내려놓아야 한다는 뜻이 아니다. 오히려 예수님의 모습처럼, 리더십도 섬김으로 이루어지는 일종의 사역으로서 반드시 필요하다. 오늘날 수많은 기업이나 교회는 그러한 리더십 사역의 부재로 고통을 겪는다. 높은 직책을 맡은 사람은 결코 리더십을 내팽개치면 안 된다. 그렇게 하면 일터는 혼란에 빠지고, 누구도 혜택을 얻지 못하게 된다. 바울이 제시하는 원리는 종이 주님 앞에서 두려워하고 떨며 성실한 마음으로 상전을 대하듯이(엡 6:5), 상전도 똑같은 마음으로 종을 대해야 한다는 것이다. 안타깝게도 그러한 상전이 매우 드물다.

오늘날 이 원리를 적용하면, 고용주나 직장 상사는 부당하고 독단적인 처사로 직원을 위협해서는 안 된다. 또 회사에는 행동 수칙이나 징계 내지는 처벌 방침도 있어야겠지만, 노사 분규를 처리하는 절차라든가 독립적인 중재 기관도 마련돼 있어야 한다. 그리하여 직원이 생계 수단마저 빼앗길지 모른다는 두려움에 사로잡히지 않아야 한다.

바울은 그렇게 해야 하는 두 가지 이유를 설명한다. 첫 번째 이유는, 신앙이 있는 상전이라면 하늘에 계신 자신의 상전이 곧 자기 종의 상전도 되심을 알고 있기 때문이다. 종이든 상전이든 결국에는 동일한 주님 앞에서 자신이 행한 일에 대하여 공정하게 심판받기 때문이다. 따라서 혹 직원을 무시하거나 함부로 대한다면, 그는 주님으로부터 이 땅에서도 징계를 받게 될 뿐 아니라 하늘에서도 상급을 덜 받게 된다.

두 번째 이유는, 하나님이 사람의 외모를 보시지 않기 때문이다. 이 땅에서 높은 직책을 맡은 사람은 자신이 속한 회사라든가 더 넓은 사회 속에서 특권과 이익을 누리는 데 익숙할 수 있다. 그러나 하나님께서는 그와 같은 편견이 있을 수 없다. 하나님은 그런 사람이 가진 학벌이나 입고 있는 정장을 보고 더 많은 상급을 주시지 않는다.

또 그분은 상류층이 가진 재능이나 인맥에도 관심을 갖지 않으신다. 사실 그 모든 것을 주셔서 잠시 특권을 누리게 하신 분도 하나님이시다. 그러므로 만일 이 땅에서 일어나는 차별 대우를 보며 속이 상한다면, 이 사실을 기억할 필요가 있다. 영원한 나라에서는 그러한 일이 결코 일어날 수 없다는 사실을 말이다. 심판 날에는 대기업 회장과 거리 청소부가 똑같은 피고석에 서게 된다. 따라서 누군가가 이 땅에 있는 동안 아무 동정심도 품지 않고 자기 직원을 거칠게 대했기 때문에 주님으로부터 칭찬도 듣지 못하고 하늘에 모인 허다한 무리조차 침묵하게 된다면, 이는 얼마나 안타까운 광경이겠는가.

상전의 지위를 가진 그리스도인은 단호하되 공평해야 하고, 정당한 징계를 내릴 때는 망설이지 않으면서도 직원의 필요에 대해서는 늘 깨어 있어야 한다. 또한 직원에게 다른 선택 사항이 없고 발언권이 부족하다고 해서 임금을 인색하게 지급하면 안 된다. 우리 주님은 제자들에게 다음과 같이 말씀하셨다. "이방인의 집권자들이 그들을 임의로 주관하고 그 고관들이 그들에게 권세를 부리는 줄을 너희가 알거니와 너희 중에는 그렇지 않을지니 너희 중에 누구든지 크고자 하는 자는 너희를 섬기는 자가 되고 너희 중에 누구든지 으뜸이 되고자 하는 자는 모든 사람의 종이 되어야 하리라 인자가 온 것은 섬김을 받으려 함이 아니라 도리어 섬기려 하고 자기 목숨을 많은 사람의 대속물로 주려 함이니라"(막 10:42-45).

승리의 주일을 넘어 승리의 주간으로

지금까지 우리는 실제적인 지침을 담고 있는 본문을 살펴보았다. 이를 통해 자녀와 부모, 종과 상전이 모두 그리스도를 섬기며 살아가도록 부르심을 받았다는 사실을 알게 되었다. 이처럼 각자의 자리에서 그리스도의 통치를 받게 됨으로써 이제 우리 모두를 부르신 하나님의 지혜가 세상에 드러나게 되었다.

십자가에서 악의 세력을 정복하신 하나님의 승리는 단지 일요일 아침 교회에서만 드러나는 게 아니라, 월요일부터 토요일까지 가정에서든 직장에서든 그리스도인이 주님의 통치에 순종할 때 강력하게 드러난다. 간혹 죄로 인해 가정과 직장 생활이 어렵고 고통스러울 때도 물론 있다. 그러나 우리 주님은 이 땅의 가정과 직장이 궁극적으로 지향하는 행복, 곧 모든 그리스도인이 다가올 나라에서 누리게 될 행복이 무엇인지, 우리가 순종하며 살아갈 때 미리 맛보게 하신다.

chapter 12

흔들리지 않는 싸움(6:10-20)

굳게 서서
'하나 됨'을 깨뜨리는 것에
맞서 싸우다

드디어 에베소서의 극적인 피날레에 이르게 되었다. "끝으로 너희가 주 안에서와 그 힘의 능력으로 강건하여지고 마귀의 간계를 능히 대적하기 위하여 하나님의 전신 갑주를 입으라"(엡 6:10-11).

이제 바울은 '끝으로'라는 말을 꺼낸다. 이는 곧이어 전개될 본문이 어쩌다 붙여진 첨언이나 지금까지의 내용과 상관없는 추신이 아니라, 에베소서의 영광스러운 클라이맥스임을 밝히는 말이다. 이 마지막 단락에서 펼쳐질 주제는 바로 '영적 전쟁'이다.

이제부터 바울은 마귀의 간계에 대항하기 위해 우리가 반드시 숙지해야 할 하나님의 전술을 일목요연하게 설명한다. 곧 우리를 향해 하나님의 끊임없는 지원을 받아야 한다고 충고한다. 또한 적군이 우리를 분열시키고 정복하기 위해 어떤 위협을 가하는지 파헤친다. 나아가 우리에게 굳게 맞서라고 사명을 일깨우며 전쟁에 필요한 보호 장비를 착용하도록 촉구한다. 그리고 최종 승리를 위한 전략으로서 모든 민족에게 복음이 전파되도록 기도하기를 당부한다.

오늘도 활동하는 마귀

현대 사회에서 사탄의 세력과 싸움을 벌인다는 이야기는 어딘가 미심쩍고 정신 나간 소리처럼 들릴 수도 있다. 그렇기에 우리는 영적 전쟁이 무엇인지 어느 정도 이해하는 작업이 필요하다.

그리스도인은 하나님과 다른 이들과 더불어 화평을 누리도록 부르심을 받았다. "화평하게 하는 자는 복이 있나니 그들이 하나님의 아들이라 일컬음을 받을 것임이요"(마 5:9). "너희 원수를 사랑하며 너희를 박해하는 자를 위하여 기도하라"(마 5:44). 따라서 그리스도인은 최근 이슬람교의 지하드뿐만 아니라 중세 십자군의 왜곡된 전쟁에 대해서도 비판적인 견해를 가질 수밖에 없다. 그러나 화평의 자리로 부르심을 받은 그리스도인은 동시에 영적 전쟁으로도 부르심을 받았다.

"믿음의 선한 싸움을 싸우라 영생을 취하라 이를 위하여 네가 부르심을 받았고"(딤전 6:12). 우리가 세상과 육체와 마귀의 유혹에 대항하여 복음 안에서 믿음을 지키는 일이 곧 우리가 치러야 할 영적 전쟁이다. 우리는 "하나님을 아는 것을 대적하여 높아진 것을 다 무너뜨리고" 복음의 진리를 가지고 세상 논변과 싸움을 벌인다(고후 10:5). 이때 복음에 순종하며 "영으로써 몸의 행실을 죽"여야 육체와의 싸움에서 이길 수 있다(롬 8:13).

또한 곧 살펴보게 되겠지만, 우리가 "하나님의 전신 갑주를 입"어야 마귀의 간계를 대적할 수 있다(엡 6:11). 에베소 사람들은 미신적인 문화 속에서 생활했다. 그래서 사탄이나 귀신의 세력을 두려워했다. 이러한 상황에서 바울은 당시의 독자들이 (또한 현대의 독자들까지도) 성경의 관점을 가지고 영적 전쟁을 제대로 파악하기를 바랐다. 그런 차원에서 우리는 다음과 같은 성경의 가르침을 이해할 필요가 있다.

첫째, 사탄은 하나님과 그분의 백성을 실제로 대적하는 사악한 적수다. 한편으로 우리는 사탄의 세력을 전혀 알아차리지 못하고 살아가는 경우가 있다. 현대 문화를 지배하는 합리주의적(rationalistic) 유물론이 우리에게 지대한 영향을 미치고 있기 때문이다. 하지만 성경은 사탄이 실재한다고 밝힌다. 곧 그는 반역한 천사로서 하늘에서 내쫓겨 "온 천하를 꾀는 자"가 되었고(계 12:9), "자기의 때가 얼마 남지 않은 줄을 알므로 크게 분내어" 활동하는 존재가 되었을 뿐 아니라(계 12:12), 진실성을 완전히 상실하여 "거짓의 아비가 되었"다고 밝힌다(요 8:44).

그런데 또 한편으로 우리는 사탄을 너무나 두려워한 나머지 영적 전쟁을 지나치게 의식하며 살아가는 경우도 있다. 예를 들면 축귀(exorcism)(용어 69)를 시도한다고 하며 사람들을 잔인하게 괴롭히는 일들이 주변에서 일어난다. 그러한 일들은 그리스도의 구원 사역이 복음을 통해 어떻게 적용되는지를 이해하지 못해서 일어난다. 또한 영적 전쟁을 잘못된 방법으로 묘사하는 소설이 베스트셀러가 되기도 하고, 그러한 소설에 관심을 둔 독자층을 노리는 작가들도 계속 등장한다. 우리는 이 말씀을 꼭 기억해야 한다. "하나님의 아들이 나타나신 것은 마귀의 일을 멸하려 하심이라"(요일 3:8).

둘째, 사탄은 우리를 꾀어 하나님의 말씀을 의심하게 만든다. 처음부터 사탄은 인간을 유혹해 하나님의 말씀을 의심하게 만들었다. 그 말씀의 명료성과 진정성, 그리고 거기에 담긴 선한 목적을 불신하도록 만들었다. 그것이 사탄이 사용해 온 전략이다. 그는 우리의 마음을 혼미하게 하여 다음과 같은 소리를 듣게 만든다. "참으로 하나님이 네 욕망을 만족시켜서는 안 된다고 하시더냐?" "이런 행동을 하여도 결코 죽지 아니하리라." "네 자신의 법을 따를 때 비로소 눈이 밝아져 하나님과 같이 되리라." 이렇게 아담과 하와처럼 우리는 하나님의 말씀을 의심하고 불순종하게 만드는 유혹을 받는다. 그래서 "먹음직하고 보암직도 하고 지혜롭게 할 만큼 탐스럽기도 한" 대상을 추구해야 우리의 욕망이 만족을 얻으리라고 생각한다(창 3:6).

아담과 하와와 같이 우리 역시 고통과 죽음을 경험하며 하나님이 임재하시는 낙원으로부터 추방되고 말았다. 그런데 놀랍게도 복음서는 성령이 광야로 보내셔서 우리를 대신하여 사탄과 싸우시는 예수님의 모습을 보여 준다. 곧 하나님의 말씀을 의심하고 불순종하도록 유혹하는 사탄을 상대로 싸우시며, 하나님을 끝까지 신뢰하고 그분께 순종하시는 예수님의 모습을 보여 준다(마 4:1-11). 이와 같이 새 아담으로서 새로운 인류의 시작이 되신 예수 그리스도는 우리를 위한 삶, 즉 사탄의 거짓을 물리치고 하나님의 말씀을 신뢰하는 삶을 온전히 사셨다.

셋째, 구약성경은 이교 신앙에 속박된 이스라엘을 건져내시는 하나님의 이야기를 들려준다. 과거 이스라엘 백성 주변에 살고 있던 이방 민족들은 사악한 영의 활동을 매우 두려워했다. 그 두려움이 동기가 되어 우상 숭배에 빠지고 신접한 자들이 등장했다. 그러한 이교 신앙은 모두 부도덕한 행동과 기괴한 모습으로 표현되었다. 이에 이스라엘 백성에게는 다음과 같은 경고가 주어졌다. "점쟁이나 길흉을 말하는 자나 요술하는 자나 무당이나 진언자나 신접자나 박수나 초혼자를 너희 가운데에 용납하지 말라 이런 일을 행하는 모든 자를 여호와께서 가증히 여기시나니"(신 18:10-12).

이런 차원에서 볼 때, 오늘날 그리스도인이 핼러윈 데이에 귀신 복장을 하고 돌아다니는 일은 바람직하지 않다. 그보다는 아이들을 위해 펌프킨 파티를 열어 주는 편이 좋다. 또 신문에 기재되는 별자리 운세 따위에도 마음을 두지 말아야 한다(심지어 신약성경에서는 귀신의 가르침이 금욕 종교의 형태로도 전수될 수 있다고 가르치는데, 이를테면 하나님이 선물로 주신 결혼이나 음식을 누리지 못하게 함으로써 그분을 인색한 존재로 여기게 만드는 가르침을 주의하라고 경고한다-딤전 4:1-3).

한편 사무엘상에서는 사울이 엔돌 무당을 찾아가 사무엘의 영을 불러내라고 청하였다가 결국 심판의 메시지를 듣게 되는 장면이 등장한다(삼상 28장). 이는 우리에게 죽은 자의 영과 접촉하려고 해서는 안 된다는 교훈을 남긴다. 그리고 욥기에서는 한 사람을 괴롭히고 시험하여 결국에는 하나님을 의심하게 만들려는 사탄과 그의 간계를 사용하시는 하나님의 모습이 그려진다(욥 1-2장). 이로써 우리는 사탄 역시 하나님의 주권을 벗어날 수 없다는 사실을 배운다.

더 나아가 스가랴에서는 대제사장 여호수아를 비난하는 사탄과 그를 향해 꾸짖으시는 하나님의 음성을 듣게 된다. 여기서 하나님은 여호수아가 용서받은 죄인으로서 "불에서 꺼낸 그슬린 나무"와 같다고 말씀하시며 그에게 깨끗한 의의 옷을 입히시는데, 이는 그리스도 안에 있는 우리의 모습을 보여 준다(슥 3장). 이러한 구약성경의 내용을 살펴보면, 놀랍게도 하나님은 이스라엘이 저지른 악한 행동의 원인을 귀신의 활동이라고 말씀하지 않으신다는 사실을 알 수 있다. 또 그러한 문제를 해결하는 방법을 축귀라고도 말씀하지 않으신다. 우리의 타락한 행위는 우리 자신의 죄로부터 비롯되며, 그 근본적인 문제에는 축귀가 아니라 회개가 필요하기 때문이다.

넷째, 신약성경은 마귀를 무찌르기 위해 이 땅에 오신 예수 그리스도의 이야기를 들려준다. 복음서는 거룩한 왕으로 역사 가운데 등장하셔서 마귀의 세력을 꾸짖으시는 예수님의 절대 권력을 보여 준다. 여기서 예수님은 귀신을 쫓아내실 때 이상한 의식을 벌이시는 게 아니라 복음의 진리를 가르치신다. 이에 군중이 놀라서 다음과 같이 말한다. "이는 어찜이냐 권위 있는 새 교훈이로다 더러운 귀신들에게 명한즉 순종하는도다"(막 1:27).

마찬가지로 오늘날 우리도 예수님이 전하신 복음을 전하고 또 예수님이 가르치신 기도를 하면서 "다만 악에서 구하시옵소서"라고 간구하면(마 6:13), 하나님은 사람들을 "흑암의 권세에서 건져내사 그의 사랑의 아들의 나라로 옮기"시는 구원의 역사를 행하신다(골 1:13). 또한 그렇게 하심으로써 지금도 "불순종의 아들들 가운데서 역사하는 영"을 쫓아내신다(엡 2:2). 그러므로 교회는 축귀를 포함한 다른 이질적인 형태의 사역을 추구하기보다 간절히 기도하며 복음을 전하는 사역에 힘써야 한다. 복음을 통해 하나님이 사람들을 구원하시기 때문이다.

그리고 마가복음에서 예수님은 자신이 귀신을 쫓아내신 일을 두고 마치 도둑이 강한 자를 결박한 후 그 집안 물건을 강탈하는 모습에 비유하신다(막 3:27). 이는 곧 예수님이 사탄의 소굴에서 무언가를 빼앗기 위해 오셨음을 의미하는 말씀이다. 다시 말해 이 땅에서 오셔서 죽으신 일은 우리 죄를 사하시며 희생적인 사랑을 보이시기 위해서만이 아니라, 사탄을 결박하여 그의 정죄 아래 묶여 있던 우리를 해방시키시기 위한 목적도 있음을 의미한다. 그리하여 예수님은 십자가에서 죽으실 때 "우리를 거스르고 불리하게 하는 법조문으로 쓴 증서를 지우시고 제하여 버리사 십자가에 못 박으시고 통치자들과 권세들을 무력화하여 드러내어 구경거리로 삼으시고 십자가로 그들을 이기셨"다(골 2:14-15).

이러한 구원 사역을 놀랍게 보여 주는 예가 있는데, 바로 거라사 지역에서 귀신 들린 자를 고쳐 주신 사건이다(막 5:1-20). 여기서 고침 받은 자는 군대와 같이 수많은 귀신에 사로잡혀 있었다. 그 결과 통제할 수 없는 포악성이 그를 지배하여 쉴 새 없이 반사회적인 행동을 했고, 이에 스스로를 비참하게 만들어 갔다. 수많은 귀신이 그의 마음을 부추겨 스스로를 가해하게 만들었기 때문이다. 그러나 예수님이 말씀으로 그를 치유하시자 이내 평정을 되찾았다. 그리고 정상적으로 옷을 입고 정신을 차리게 되었다. 이는 예수 그리스도의 복음을 통해 우리가 누리게 된 구원이 어떠한 사건인지를 보여 준다.

다섯째, 에베소서는 사탄을 정복하신 그리스도의 승리가 교회를 통해 드러난다는 사실을 가르쳐 준다. 바울이 에베소서 6장에서 영적 전쟁에 관해 설명하는 이유는, 그러한 전쟁이 편지의 클라이맥스를 장식하는 매우 중요한 주제이기 때문이다. 바로 이 영적 전쟁에서 우리는 모든 민족에게 복음을 전하기 위해 그리스도 안에서 하나 되어야 한다는 사명을 다시 한번 확인하게 된다.

우리가 알다시피, 바울은 감옥에 갇혀 에베소 교회에 편지를 썼다. 편지를 쓴 목적은, 만물을 그리스도 안에서 통일시키고자 하시는 하나님의 영광스러운 계획을 설명하는 데 있었다. 바울의 설명에 따르면, 그 계획은 그리스도와 연합한 교회를 통하여 영적 세계에 드러나게 된다(엡 1-3장). 또한 그리스도는 십자가에서 사탄을 정복하시고 하늘 보좌에 앉으셔서 "모든 통치와 권세와 능력과 주권"을 포함한 악의 세력을 다스리고 계신다(엡 1:21). 이로써 하나님은 계속해서 사탄의 영향으로부터 자기 백성을 건져내신다. 즉 그들에게 은혜를 베푸셔서 복음을 믿고 구원에 이르게 하신다. 그들은 한때 "세상 풍조를 따르고 공중의 권세 잡은 자를 따랐"던 자들이다.

다시 말해 "불순종의 아들들 가운데서 역사하는 영"을 따랐던 자들이다(엡 2:2). 그런데 그런 자들이 그리스도와 함께 하늘에 앉게 되었다(엡 2:6). 이에 하나님은 마치 승리의 트로피를 들어올리듯 사탄의 세력 앞에 교회를 붙들어 세우심으로써 자기 백성을 구원하신 지혜를 드러내신 것이다. "이는 이제 교회로 말미암아 하늘에 있는 통치자들과 권세들에게 하나님의 각종 지혜를 알게 하려 하심이니"(엡 3:10). 이런 이유에서 교회가 하나 되는 일은 매우 중요하다. 우리는 결코 복음 사역을 약화시키거나 정체시키는 분열을 조장해서는 안 된다. 또한 "마귀에게 틈을 주지" 않도록 주의해야 한다(엡 4:27). 그렇기에 바울은 그리스도 안에서 하나 된 지상의 공동체를 힘써 지키라고 당부한다(엡 4-6장). 그리고 교회가 복음의 확신 가운데 굳게 서서 모든 민족에게 복음을 전하기 위해 기도하며 싸울 때, 그리스도 안에서 사탄을 이기신 하나님의 승리가 교회를 통해 세상에 드러난다고 설명한다.

우리의 싸움 상대는 누구인가

"우리의 씨름은 혈과 육을 상대하는 것이 아니요 통치자들과 권세들과 이 어둠의 세상 주관자들과 하늘에 있는 악의 영들을 상대함이라"(엡 6:12).

우리의 씨름은 복음을 신뢰하는 믿음으로 각자가 치러야 하는 싸움이다. 그런데 이 싸움은 혈과 육을 상대하는 싸움은 아니다. 마치 베드로가 의식하기도 전에 사탄이 배후에서 역사했듯이(막 8:33), 교회를 미혹하거나 핍박하는 집단 배후에는 전혀 다른 종류의 악한 세력이 존재한다. 그러한 세력은 하나님을 대적하고자 하는 사탄의 악한 계획에 따라 활동한다. 사탄은 믿음이 없는 사람들을 자신의 거짓으로 꾀어 폭군처럼 다스리려고 한다. 이를테면 사탄의 군대를 이루는 악한 영들은 여러 가지 종교라든가 정치 신념을 들어 사람들을 미혹하기도 하고 또 다양한 고통을 육체에 가하기도 한다.

욥의 경우를 생각해 보면, 갑자기 몰아닥친 약탈과 살인과 폭풍으로 인한 종들과 자녀들의 죽음, 나아가 그를 괴롭힌 종기와 친구들의 그릇된 논변까지 모두 사탄이 이용한 수단이었다. 그런데 그 고난을 허락하신 분은 하나님이었다. 이유는 욥의 마음에 의심을 불러일으킨 사탄의 시험을 통해 욥의 믿음을 더욱 강하게 연단하려고 하셨기 때문이다. 이와 대조적으로 사탄은 하나님 백성에게 고통을 가하는 데서 더 나아가 그 고통을 이용해 하나님의 선하심을 믿지 못하도록 유혹한다. 그렇기 때문에 그리스도인은 이 땅의 고난에서 자유하지 않다. 오히려 그 고난 중에서도 하나님께 순종하는 법을 배워 간다(히 5:8).

이처럼 모든 교회와 그리스도인은 거짓된 가르침을 전하는 자들 배후에 사탄의 세력이 있다는 사실을 간과해서는 안 된다. 그 사실을 기억해야만, 거짓된 가르침에 미혹된 사람을 매정하게 대하는 잘못을 범하지 않을 수 있다(그 사람은 사탄이 자신을 미혹하고 있는지 모른다). 또한 그 사실을 기억해야만, 거짓된 가르침을 전하는 사람을 순진하게 대하는 잘못도 범하지 않을 수 있다(그 사람을 통해 거짓말을 퍼뜨려 복음을 약화시키는 사탄의 공격을 과소평가해서는 안 된다). 전쟁은 아직 진행 중이다. 그런데 감사하게도, 승세는 이미 우리 쪽으로 기울었다.

이러한 전쟁 상황을 설명해 주는 유명한 예화가 있다. 2차 세계 대전이 진행 중이던 1944년 6월 6일, 연합군은 프랑스 노르망디 상륙에 성공함으로써 서부 전선에서 결정적인 승리를 확보하게 된다(이날을 D-Day라고 한다). 그렇다고 전쟁이 종식되지는 않아서, 연합군은 독일군이 베를린으로 후퇴하여 1945년 5월 5일에 항복할 때까지 싸워야 했다(그리하여 마침내 승리한 날을 V-Day라고 한다). 이러한 D-Day와 V-Day 사이에 싸움은 격렬했지만, 이미 승리는 확실하게 연합군 쪽으로 기울어 있었다. 마찬가지로 예수 그리스도는 십자가에서 사탄을 결정적으로 무찌르셨다. 그러나 세상을 심판하러 다시 오실 때에야 그를 완전히 멸망에 처하시며 전쟁을 끝내신다. 따라서 그날까지 우리는 사탄의 세력과 격렬히 싸워야 한다. 물론 십자가로 인해, 승세가 이미 기울기는 했지만 말이다.

바로 이 싸움을 위해 바울은 우리를 무장시킨다. 그러면서 이사야 선지자가 하나님을 '만군의 여호와'라고 불렀듯이, 그리스도 안에서 사탄을 정복하신 하나님을 전사와 같이 묘사한다. 다시 말해 그분의 전신 갑주를 언급한다. 그러고는 그 갑주를 입고 복음을 신뢰하며 담대히 싸우라고 명한다. 이러한 전쟁을 준비하며 바울은 가장 먼저, 우리에게 필요한 힘이 어디서부터 주어지는지 그 능력의 근원부터 밝힌다.

강해지는 법

바울은 이렇게 말한다. "너희가 주 안에서와 그 힘의 능력으로 강건하여지고"(엡 6:10). 우리는 부활하신 그리스도의 능력을 공급받을 수 있게 되었다. 우리 안에 그분의 영이 활동하시기 때문이다. 하나님은 "우리 가운데서 역사하시는 능력대로 우리가 구하거나 생각하는 모든 것에 더 넘치도록 능히 하실" 분이다(엡 3:20; 참고 1:19; 3:16). 하나님은 복음 안에서 살 수 있는 능력을 우리에게 주신다. 그리고 그리스도의 통치 아래 모든 민족에게 복음을 전할 수 있는 능력을 우리에게 주신다. 어떠한 상황도 그분이 주시는 능력을 넘어서지 않는다.

이렇듯 강해지라고 요구하는 바울의 명령은, 이스라엘 백성을 이끌고 가나안을 정복해야 했던 여호수아에게 하나님이 세 차례씩이나 강조하신 명령을 상기시킨다. 곧 "강하고 담대하라"라는 명령이다(수 1:6, 7, 9). 바로 이 여호수아의 강하고 담대한 모습은, 장차 하나님 백성을 이끌고 복음으로 세상을 정복하실 예수 그리스도의 모습을 보여 준다(문자적으로 '예수'라는 이름은 '여호수아'와 같다). 그분의 강하고 담대한 모습은 십자가를 지고 죽으시기까지 변함없었다. 마찬가지로 우리도 그분을 묵상하고 또한 그분께 기도하며 능력을 구한다면, 부활하신 그분의 능력이 우리 안에 역사하여 믿음을 강하게 만든다.

한마디로, 예수님이 복음을 통해 우리 가운데 일하실 때 우리의 신앙은 강해진다. 이에 대해 바울은 '하나님의 전신 갑주'를 입는 일로 설명한다(엡 6:11). 이는 앞서 설명한 '새 사람'을 입는 일과도 일맥상통한다. "하나님을 따라 의와 진리의 거룩함으로 지으심을 받은 새 사람을 입으라"(엡 4:24).

흔들리지 말고 굳게 서라

사탄의 공격에 살아남기 위해 우리가 갖추어야 할 전략은 무엇일까? "하나님의 전신 갑주를 취하라 이는 악한 날에 너희가 능히 대적하고 모든 일을 행한 후에 서기 위함이라"(엡 6:13). 바울은 전쟁에 대비하며 하나님의 전신 갑주를 취하는 일이 얼마나 중요한지 재차 강조한다. 그래야만 적군이 퍼붓는 공격에 맞설 수 있기 때문이다.

여기서 '악한 날'이란, 그리스도가 돌아오시기 전에 사탄이 활동하는 때를 가리킨다. 곧 우리가 살아가고 있는 마지막 때를 의미한다. 더 구체적으로 적용하면, 우리의 인생 가운데 사탄이 특별히 역사하여 우리의 믿음을 공격하고 또한 교회를 무너뜨리려고 하는 때를 의미한다. 이런 차원에서 영적 전쟁이 펼쳐지는 전쟁터는 매일의 삶이 될 수 있다. 사탄은 늘 우리 마음에 의심을 불러일으키고 교회의 분열을 조장하려고 하기 때문이다. 다시 말해 우리를 하나로 묶는 복음의 비밀에 대해 확신하지 못하도록 믿음을 계속 약화시키려고 하기 때문이다. 따라서 우리의 목표는, 그러한 공격에도 살아남아 우리의 자리를 지키며 복음에 대한 확신으로 굳게 서는 것이다.

이처럼 굳게 서서 싸우는 모습이 어떠한지를 잘 보여 주는 예가 있다. 바로 이스라엘 백성이 블레셋 군대 앞에서 도망쳤을 때 다윗의 용사 중 한 명인 엘르아살이 "나가서 손이 피곤하여 그의 손이 칼에 붙기까지 블레셋 사람을 치"며 싸운 일이다. 그렇게 싸운 결과 성경은 "그날에 여호와께서 크게 이기게 하셨"다고 이야기한다(삼하 23:10). 이러한 싸움에 대해 베드로도 비슷한 교훈을 전한다. "너희 대적 마귀가 우는 사자 같이 두루 다니며 삼킬 자를 찾나니 너희는 믿음을 굳건하게 하여 그를 대적하라 이는 세상에 있는 너희 형제들도 동일한 고난을 당하는 줄을 앎이라"(벧전 5:8-9).

영적 전쟁의 승리는 고난으로부터 벗어나는 일이 아니라,

고난에도 불구하고 복음 가운데 믿음을 지키는 일을 의미한다. 그렇게 믿음을 지키며 굳게 서기 위해, 우리는 각자에게 주어진 갑옷을 입어야 한다.

하나님의 전신 갑주

에베소서 6장 14-17절에 묘사된 전신 갑주의 항목을 하나씩 살펴볼 때, 우리가 깨닫게 되는 사실이 있다. 곧 의와 평안과 믿음과 구원과 하나님의 말씀, 이 모든 항목은 우리가 행해야 할 어떤 도덕적인 행동을 가리키지 않는다는 사실이다. 이 모든 항목은 다름 아닌 복음의 능력과 연관되어 있다. 우리의 대장이신 예수님도 사탄과 싸울 때 전신 갑주를 입으셨는데, 바로 하나님을 신뢰하는 믿음이었다. 우리에게 적용한다면 복음을 믿는 신앙을 가리킨다. 사탄은 그러한 신앙을 버리도록 우리를 공격한다.

하나님의 전신 갑주는 원래 로마 군대의 보병이 갖춘 완전 무장을 연상시킨다. 바울은 완전 무장을 하고 있는 전사처럼 하나님을 언급한다. 여기서 우리가 명심해야 할 점이 있다. 바로 그리스도가 십자가에서 사탄을 무찌르셨기에, 우리의 역할은 사탄을 공격할 새로운 작전을 펼치는 일이 아니라 그리스도가 이기신 승리의 자리에 굳게 서는 일이라는 것이다. 우리는 사탄과 새로운 전쟁을 벌임으로써 구원받는 게 아니다. 오히려 십자가에서 사탄을 이미 정복하신 그리스도를 신뢰하는 믿음으로 구원받는다.

마찬가지로 우리가 전신 갑주를 입는 일도, 사탄과 싸워 이길 만큼 그리스도를 닮게 되는 일이 아니라 그리스도가 이미 이루신 승리 가운데 안전하게 머무는 일을 의미한다. 처음으로 그리스도인이 될 때, 우리는 복음에 대한 확신으로 갑옷을 입는다. 바울은 그 동일한 확신 가운데 굳게 서라고 독자들에게 요구한다. 만일 우리가 그 갑옷을 입고 있다면, 사탄의 공격을 두려워할 필요가 없다. 왜냐하면 죽은 자 가운데서 부활하여 영광스럽게 승천하신 그리스도가 우리가 입은 갑옷의 효과를 보장하시기 때문이다.

이처럼 우리는 사탄이 그리스도의 십자가에서 패배했다는 사실을 믿기 때문에 그를 두려워하지 않는다. 이러한 믿음이 우리를 영적으로 보호해 준다. 사탄은 그 믿음을 어떻게든 버리게 하고자 우리를 공격한다. 만일 그러한 공격으로부터 우리 자신을 지키기 원한다면, 우리 모두 하나님의 전신 갑주를 있어야 한다. 즉 복음을 믿는 신앙으로 무장하고 있어야 한다. 그렇기에 이제 우리는 전신 갑주가 어떻게 이루어져 있는지 하나씩 살펴보고자 한다.

"진리로 너희 허리띠를 띠고"(14절). 이사야는 다음과 같은 모습을 하고 있는 구원자에 대해 예언했다. "공의로 그의 허리띠를 삼으며 성실로 그의 몸의 띠를 삼으리라"(사 11:5). 이는 의롭고 신실한 삶을 사신 예수 그리스도의 모습을 보여 준다. 우리도 예수 그리스도가 공의와 성실로 우리의 구원을 이루신 복음을 믿을 때, 진리의 허리띠로 무장할 수 있다. 보호 장구를 단단히 두른 로마 군사처럼 말이다.

"의의 호심경을 붙이고"(14절). 이사야는 "공의를 갑옷으로" 입은 구원자에 대해 예언했다(사 59:17). 이는 우리를 위해 완전하게 의로운 삶을 사신 예수 그리스도의 모습을 보여 준다. 우리도 사탄이 율법을 들먹이며 정죄하여도 예수 그리스도의 의가 있는 한 천국에 들어갈 수 있다는 복음을 믿을 때, 의의 호심경으로 무장할 수 있다.

"평안의 복음이 준비한 것으로 신을 신고"(15절). 이사야는 또한 다음과 같이 예언했다. "좋은 소식을 전하며 평화를 공포하[는] … 자의 산을 넘는 발이 어찌 그리 아름다운가"(사 52:7). 이는 우리에게 좋은 소식을 전하신 예수 그리스도의 모습을 보여 준다. 그래서 바울은 그리스도에 대해 "오셔서 먼 데 있는 너희에게 평안을 전하시고 가까운 데 있는 자들에게 평안을 전하셨"다고 말했다(엡 2:17). 우리도 예수 그리스도가 십자가에서 우리를 위해 이루신 평안의 복음을 믿을 때, 마치 군인이 전쟁을 앞두고 군화를 신듯 평안의 신으로 무장할 수 있다. 그 결과 우리도 다른 이들에게 가서 평안을 전할 수 있다.

"믿음의 방패를 가지고 이로써 능히 악한 자의 모든 불화살을 소멸하고"(16절). 잠언에는 이런 약속이 있다. "하나님은 그를 의지하는 자의 방패시니라"(잠 30:5). 이는 하늘에 계신 아버지만을 의지의 대상으로 삼으신 예수 그리스도의 모습을 보여 준다. 우리도 예수 그리스도가 사탄의 거짓으로부터 우리를 지키신다는 복음을 믿을 때, 마치 날아오는 불화살을 막기 위해 긴 방패를 든 로마 군사처럼 믿음의 방패로 무장할 수 있다.

"구원의 투구와"(17절). 이사야는 다음과 같은 모습을 하고 있는 구원자에 대해 예언했다. "구원을 자기의 머리에 써서 투구로 삼으시며 보복을 속옷으로 삼으시며 열심을 입어 겉옷으로 삼으시고"(사 59:17). 이는 우리를 구원하신 예수 그리스도의 모습을 보여 준다. 우리도 예수 그리스도가 우리의 구원자시며 심판자가 되신다는 복음을 믿을 때, 마치 청동 투구를 쓰고 목숨을 지킨 로마 군사처럼 구원의 투구로 무장할 수 있다.

"성령의 검 곧 하나님의 말씀을 가지라"(17절). 이사야는 다음과 같이 말하는 여호와의 종에 대해 예언했다. "[여호와께서] 내 입을 날카로운 칼 같이 만드시고"(사 49:2). 이는 참된 종의 모습으로 오셔서 "성령의 검 곧 하나님의 말씀을" 사용하신 예수 그리스도의 모습을 보여 준다. 오직 이 검만이 하나님이 주신 유일한 무기다. 그래서 예수님은 광야에서 마귀와 싸우실 때, 바로 그 검을 사용하셨다(마 4:1-11). 우리도 예수 그리스도가 친히 우리를 구원하는 말씀이 되신다는 복음을 믿을 때, 마치 손에 칼을 움켜잡고 싸운 로마 군사처럼 성령의 검인 하나님의 말씀으로 무장할 수 있다. 여기서 '말씀'으로 번역된 헬라어 단어는 '로고스'가 아니라 '레마'이다. 이 단어는 우리가 복음의 말씀을 지적으로 이해함으로써가 아니라 그 말씀을 선포함으로써 성령의 검을 사용하게 된다는 사실을 의미한다. 곧 사탄이 불러일으키는 유혹과 의심과 분열에 맞서 복음의 메시지를 선포할 때, 우리는 성령의 검을 휘두르게 된다.

결국 하나님의 전신 갑주를 입는 일은, 예수 그리스도의 생애와 죽음과 부활과 승천에 관한 복음의 말씀을 신뢰하는 일을 의미한다. 그러한 믿음을 가질 때, 우리는 사탄의 거짓에 맞서 싸울 수 있다. 나는 이 책을 저술하는 동안, 케냐 가리사 지역에서 147명의 그리스도인이 이슬람 극단주의자에 의해 피살되었다는 소식을 들었다. 그 사건과 관련하여 케냐의 대주교 엘리우드 와부깔라(Eliud Wabukala)는 다음과 같이 복음에 대한 확신을 드러냈다.

"우리는 이 나라와 그리스도에 대한 신앙을 저 죽음과 파괴를 일삼고 자랑하는 자들에게 결코 내주지 않을 것입니다. 또 우리는 십자가의 능력을 알고 신뢰하기에 이 일로 인해 결코 두려워하지도 않을 것입니다."

이러한 확신이 하나님의 전신 갑주를 입은 모습을 잘 보여준다. 우리가 복음을 믿는 확신 가운데 그러한 영적 갑옷을 두르고 있는 한, 교회를 무너뜨리려는 사탄의 공격은 성공하지 못한다. 그렇기에 사탄의 공격에도 불구하고, 우리를 그리스도 안에서 하나 되게 하신 하나님의 지혜는 교회를 통해 지금도 드러나고 있다. 이러한 영적 전쟁에서 승리하기 위해 우리가 해야 할 일은 바로 복음을 굳게 신뢰하는 것이다.

지금까지 바울은 영적 전쟁에서 승리할 수 있는 능력이 하나님으로부터 주어진다는 사실을 밝혔다. 그리고 우리 안에 의심과 분열을 일으키려고 거짓을 유포하는 마귀의 간계를 파헤쳤다. 또 그러한 공격에도 불구하고 복음에 대한 확신 가운데 전신 갑주를 입고 굳게 서야 한다는 대의를 설명했다. 이제는 마지막으로 승리를 위한 최종 전략을 소개하게 된다.

성령 안에서 기도하라

바울이 강조하는 마지막 전략은 기도이다. 곧 모든 민족에 게 복음을 전하기 위해 성령 안에서 기도하라고 명한다(엡 6:18). 바울은 전신 갑주의 각 항목을 설명할 때보다 기도에 대해 더욱 긴 설명을 제공한다. 왜냐하면 기도가 없이는 갑옷 전체가 효과를 내지 못하기 때문이다. 영적 전쟁을 위한 기도의 중요성은 6장 18절에서 반복적으로 사용된 '모든', '항상', '여러'와 같은 수식어에 의해 강조된다(참고로 한글 성경에서 다양하게 번역된 이 수식어는 원문에서 모두 동일한 형용사로 표현되었다-번역자 주). 바울이 그렇게 강조하는 이유는 사탄과의 영적 전쟁에서는 하나님의 전신 갑주를 입은 채 계속 기도하지 않으면 안 되기 때문이다. 다시 말해 이 전쟁에서는 기도하면 안전하지만, 기도하지 않으면 의심과 분열이 일어나 곧 혼란에 빠지게 된다. 그러므로 우리에게는 까다로운 전술이 아니라 헌신적인 기도가 필요하다.

성령 안에서 기도한다는 말은, 영적으로 황홀한 느낌에 사로잡혀 기도한다는 뜻이 아니라 성령의 능력을 힘입어 성경에 기록된 복음의 진리와 일치하는 기도를 드리게 된다는 뜻이다. 왜냐하면 앞서 살펴본 바와 같이 "성령으로 충만함을 받"는 삶은 다름 아닌 "그리스도의 말씀이 … 풍성히 거하"는 삶을 의미하기 때문이다(엡 5:18; 골 3:16). 여기서 말씀이 풍성히 거하게 하려면, 성경에 기록된 말씀을 깊이 묵상하여 그 진리를 믿음으로 받아들이는 데까지 나아가야 한다. 따라서 우리는 성령의 도우심을 따라 다음과 같이 기도해야 한다.

"항상 성령 안에서 기도하고"(18절). 모든 상황에서 기도해야 한다. 특히 예수 그리스도에 대한 믿음이 흔들리는 의심이 일어날 때나 교회의 연합을 뒤흔드는 긴장이 발생할 때는 더욱 기도해야 한다.

"모든 기도와 간구를 하되"(18절). 긴급한 상황에서는 즉각적으로 '화살 기도'(arrow prayer)를 드려야 하고, 교회에서 모일 때는 시작 기도와 마침 기도를 드려야 하며, 예배 시간에는 정해진 순서에 따라 형식적인 기도를 드릴 뿐만 아니라 다 함께 즉흥적인(extempore) 기도도 드려야 하고, 매일 하루를 시작하고 마칠 때는 개인 기도를 드려야 하며, 더 나아가 어려운 시기를 당했거나 힘든 결정을 내려야 할 때는 기간을 정해 놓고 작정 기도를 드려야 한다. 특히 예수님이 가르쳐 주신 기도를 수시로 드린다면, 복음의 가치관을 따라 어떻게 기도해야 하는지를 배울 수 있다(마 6:9-13).

"여러 성도를 위하여 구하라"(18절). 서로를 위해 지속적으로 기도해야 한다. 간혹 세계 각지에 있는 그리스도인, 특히 박해받는 그리스도인을 위해 도울 수 있는 일이 없다고 느끼며 무력감에 빠질 수 있다. 그러나 하나님은 자기 백성을 위해 기도하는 자의 소리를 기쁘게 들으신다. 따라서 스스로 얼마나 무력하고 미숙하다고 느끼든, 우리는 복음의 은혜 가운데 교회가 하나 되게 해 달라고 기도할 수 있다. 또 모든 지체와 사역이 하나 되게 해 달라고 기도할 수 있다. 하나님이 그들과 함께하시기 때문이다. 이러한 기도는 생사를 가르는 사역이면서도 그 중요성이 쉽게 간과되기도 한다. 그러나 교회 안에서 나이가 들어 시간적으로 좀 더 여유 있는 지체들이 이 사역에 힘쓴다면, 기도는 그야말로 탁월하게 이뤄질 수 있는 사역이 된다.

이어서 바울은 서로를 위해 특별히 무엇을 기도해야 하는지 밝힌다. 그건 다름 아닌 복음을 담대히 전할 수 있게 해 달라는 기도다. "또 나를 위하여 구할 것은 내게 말씀을 주사 나로 입을 열어 복음의 비밀을 담대히 알리게 하옵소서 할 것이니 이 일을 위하여 내가 쇠사슬에 매인 사신이 된 것은 나로 이 일에 당연히 할 말을 담대히 하게 하려 하심이라"(엡 6:19-20).

본문에서 바울은 두 번씩이나 복음을 '담대히' 전할 수 있게 해 달라는 기도를 요청한다. 이러한 기도를 요청한 이유는 그가 언급하고 있는 '복음의 비밀'이 밝히 드러나 이제 그 소식을 세상에 알려야 했기 때문이다. 다시 말해 유대인과 이방인이 곧 모든 민족이 예수 그리스도를 신뢰하는 믿음을 통해 구원받을 수 있다는 비밀이 밝히 드러나 이제 그 소식을 세상에 알리고자 기도를 요청하게 된 것이다. 바로 이 복음으로 인해, 바울은 열성적인 유대 지도자들의 핍박을 받아 감옥에서 "쇠사슬에 매인" 상황이 되었던 것이다.

예수님은 제자들에게 이렇게 말씀하셨다. "사람들이 나를 박해하였은즉 너희도 박해할 것이요"(요 15:20). 또한 바울은 다음과 같이 기록했다. "무릇 그리스도 예수 안에서 경건하게 살고자 하는 자는 박해를 받으리라"(딤후 3:12). 독일 루터교회 목사로서 히틀러의 나치즘에 반대해서 투옥되었다가 결국에는 처형당하게 된 디트리히 본회퍼(Dietrich Bonhoeffer)는 아래와 같은 글을 감옥에서 남겼다.

"모든 그리스도인은 십자가를 진다. 그리스도는 사람을 부르실 때, 따라와서 죽으라고 명하신다. … 그러므로 진정한 제자도를 나타내는 상징은 고난이다. 제자는 결코 스승보다 낫지 않다. … 만일 우리가 십자가 지기를 거부하고, 고난 받기를 거부하며, 사람들에게 거절당하기를 거부한다면, 이는 그리스도와의 사귐을 저버리고 그분을 더 이상 따라가지 않는다는 의미다. 그러나 우리가 그분을 섬기며 십자가를 지고 가다 목숨을 잃는다면, 이내 생명을 되찾게 된다. 우리를 위해 십자가를 지신 그리스도와의 친밀한 사귐 속에서 말이다."[11]

　우리 모두는 그리스도를 따르며 고난 받기를 각오해야 한다. 그렇기에 우리는 우리 자신뿐 아니라 서로를 위해 기도해야 한다. 곧 그리스도를 '담대히' 전할 수 있게 해 달라고 기도해야 한다(엡 6:19-20). 오늘날 세속화된 문화 속에서 우리가 받을 수 있는 고난은 이와 같다. 가령 친구들이 우리를 조롱할 수 있다. 가족들이 우리를 애처롭게 여길 수 있다. 또 그리스도인이라는 이유로 문전박대 당할 수 있다. 나아가 대외적으로는 표현의 자유를 내세우면서 학교에서든 병원에서든 예수 그리스도에 관해서는 말하지 못하게 통제하는 정치적 위선을 보며 좌절감을 느낄 수 있다(이를테면 이슬람 테러리스트가 프랑스 풍자주간지〈샤를리 에브도〉(Charlie Hebdo)의 사무실을 습격하는 사건이 발생했을 때, 영국 지도층의 반응에서 우리는 그러한 위선을 보며 좌절감을 느꼈다).

　그리고 세계 각지에 있는 그리스도인이 물리적으로든 상업적으로든 체계화된 구조 속에서 핍박받고 있는데도 나 몰라라 하는 국가에 대해 실망감을 느낄 수 있다. 심지어 이슬람 무장단체가 그리스도인을 잡아 십자가에 못 박는다거나 생매장한다는 소식을 접할 때, 또 북한에서 생화학 무기 실험에 그리스도인을 이용하고 교회 지도자가 발견되면 땅에 눕혀 롤러 차량으로 압사시킨다는 소식을 접할 때, 우리가 느끼는 괴로움은 이루 말할 수 없다.

그러므로 우리는 복음을 전하는 모든 이들을 위해 기도해야 한다. 이슬람 국가나 전체주의 국가에 있는 지체들을 위해 기도해야 한다. 또 교회의 모든 식구가 복음의 비밀을 담대히 전하게 해 달라고 기도해야 한다. 그리고 그들이 혹 박해를 받는다면, 스스로를 비참한 희생자로 여기기보다 바울처럼 "쇠사슬에 매인 사신"으로 여기게 해 달라고(엡 6:20), 곧 우리보다 앞서 박해 받으신 만왕의 왕이 임명하신 사신으로 여기게 해 달라고 기도해야 한다.

사탄은 십자가에서 그리스도에게 패배했기 때문에, 우리가 교회에 모여 그의 패배를 영적 세계에 드러내는 일을 싫어한다. 이에 바울은 그리스도의 복음 가운데 굳게 서라고 명한다. 또한 모든 민족에게 복음이 전파되도록 기도하라고 명한다. 이를 위해 우리는 하나님의 전신 갑주를 입고 있어야 한다. 복음에 대한 신앙으로 무장하고 있어야 한다. 그리하여 복음을 담대히 전하게 해 달라는 기도로 이 신앙을 꽃피워야 한다.

chapter 13

맺음말(6:21-24)

당신에게 허락하신
교회를
사랑하며 기뻐하라

이제 바울은 옥중에서 쓴 편지를 마무리한다. 그리고 충실한 제자인 두기고 편으로 이 회람 서신을 에베소교회에 보내며, 자신이 전하는 소식으로 교인들이 위로를 얻기 바라는 마음을 담는다(엡 6:22). 바울은 두기고에 대해 "사랑을 받은 형제요 주 안에서 진실한 일꾼"이라고 소개한다(엡 6:21). 주 안에서 진실하다는 말은 입에 발린 칭찬이 아니었다. 오히려 예수 그리스도의 제자로서 할 수 있는 최고의 칭찬이었다.

사실 우리는, 바로 그 칭찬을 얻기 위해 시간과 물질과 노력을 들인다고 해도 과언이 아니다. 왜냐하면 복음을 신뢰하며 굳게 선 일꾼을 천국에서 맞아 주실 때, 주님이 칭찬하시는 말씀이 그와 같기 때문이다. "잘하였도다 착하고 충성된 종아"(마 25:21, 23. 참고로 여기서 '충성된'이라고 번역된 단어와 에베소서 6장 22절에서 '진실한'이라고 번역된 단어는 원문에서 동일한 단어다-번역자 주). 우리의 인생과 사역을 평가하시는 기준은 얼마나 돈을 많이 벌었는지, 얼마나 자녀를 많이 두었는지, 얼마나 매상을 많이 올렸는지, 얼마나 교인을 많이 두었는지가 아니다. 주님은 우리가 얼마나 복음을 신뢰하며 고난 속에서도 복음 전하는 일에 충성스러웠는지를 두고 우리 각자를 평가하신다.

바울은 편지를 맺으며 그리스도 안에서 하나님이 베푸신 세 가지 복을 강조한다(이러한 복은 에베소서만이 아니라 다른 서신에서도 강조된다). 즉 만물을 그리스도 안에서 통일시키고자 하시는 하나님의 계획이 어떤 '결과'를 가져왔는지, 어떤 '내용'을 담고 있는지, 그리고 어떤 '원인'에서 시작되었는지를 각각 언급한다.

첫 번째 복은 '평안'이다(엡 6:23). 이는 유대인이 관습적으로 사용한 인사말 '샬롬'을 반영하지만, 여기서는 단순한 행복 이상의 의미를 담고 있다. 그 평안은 그리스도의 죽음으로 하나님과 다른 이들과 더불어 화목하게 된 상태를 일컫는다. 바로 이 평안이 주어졌기에, 우리는 그리스도 안에서 한 교회로 모이게 되었다. 다시 말해 그리스도가 우리의 화평이 되셨기에, 우리는 그분 안에서 하나가 되었다(엡 2:14-16). 그렇게 우리 죄를 위한 죽음으로 이루어진 평안을 그리스도는 먼 데 있는 자들과 가까운 데 있는 자들에게 전하셨다(엡 2:17). 이와 같이 평안은 그리스도 안에서 주어진 구원의 복이 무엇인지를 말해 준다. 즉 복음의 비밀이 우리에게 가져다준 결과가 무엇인지를 말해 준다.

두 번째 복은 '사랑'이다(엡 6:23). 하나님은 자신의 영광만이 아니라 자신의 긍휼을 드러내고자 하신다. 또한 자신의 능력만이 아니라 자신의 사랑을 드러내고자 하신다. 바울은 우리를 향한 그 사랑이 어떠한지를 설명해 왔다(엡 3:18). 곧 모든 민족 가운데서 죄인을 받아 주시는 사랑의 '너비'(엡 2:19), 창세전에 우리를 택하시고 영원한 나라에 이를 때까지 우리를 지켜 주시는 사랑의 '길이'(엡

1:4-5; 2:7), 우리를 일으켜 영광스러운 하늘에 앉히시고 풍성한 은혜로 채워 주시는 사랑의 '높이'(엡 2:6), 우리를 살리시고자 죽기까지 희생하신 사랑의 '깊이'(엡 2:4-5), 이 모든 사랑의 크기를 지금까지 설명해 왔다. 이처럼 사랑은 우리가 그리스도 안에서 경험하게 된 복음의 내용이 무엇인지를 말해 준다.

세 번째 복은 '은혜'이다(엡 6:24). 우리에게 과분한 이 넘치는 은혜야말로 하나님의 계획이 시작된 원인이다. 곧 우리를 교회로 부르신 지혜를 영적 세계에 드러내고자 하신 계획, 또 "그리스도 예수 안에서 우리에게 자비하심으로써 그 은혜의 지극히 풍성함을 오는 여러 세대에 나타내려 하"신 계획은 다름 아닌 은혜에서 시작되었다.

그러므로 은혜가 복음의 비밀이 시작된 출발점이다. 그리고 이 은혜가 "주 예수 그리스도를 변함없이 사랑하는 모든 자에게" 미치게 되었다(엡 6:24). 이제 부활하신 그리스도의 능력이 역사하기 때문이다. 이처럼 우리가 얻게 된 구원은 오직 하나님의 은혜로 말미암았기에, 교회의 모든 영광도 오직 그분께만 돌려져야 한다. 이러한 은혜가 당신이 섬기는 교회와 당신이 살아가는 인생 가운데 충만하기를 기원한다.

생각해 보기 위한 질문들

Chapter 1

1. "하나님은 각각의 성도가 영원히 누릴 수 있는 복을 주셨다." 이 사실은 지금 당신에게 어떠한 기쁨과 평강을 가져다주는가?

2. 하나님의 선택과 관련하여 이번 장에서 진술된 세 가지 의문 가운데 어느 한 가지라도 가져 본 적이 있는가? 그렇다면, 저자의 답변을 읽은 후 하나님의 선택이 좋은 소식이라는 사실을 알게 되었는가?

3. 하나님이 천국에서 자녀를 어떻게 맞이하실지 다시 읽어 보라. 그리고 그분이 당신을 위해 무슨 일을 하셨는지 또 그리스도 안에서 당신을 어떻게 바라보시는지도 묵상해 보라. 그 결과, 당신의 마음에는 어떠한 변화가 일어나는가?

4. 모든 일이 미래에 어떠한 결과에 이르게 되리라고 생각하는가? 그러한 관점은 당신이 그리스도인으로서 오늘을 살아가는 데 어떠한 영향을 미치는가?

5. 바울이 사용한 '인치심'과 '보증'이라는 표현은 지금도 당신 안에서 일하시는 성령을 묵상하는 데 어떠한 도움을 주는가?

6. 당신은 인생의 전성기를 누릴 때든 아니면 인생의 밑바닥을 겪을 때든 하나님을 동일하게 찬양할 수 있는가? 그렇다면, 어떻게 그럴 수 있는가?

Chapter 2

1. 칼빈은 우리가 기도해야 할 여섯 가지 이유를 제시했다. 그 각각의 내용은 당신의 기도 생활에 어떠한 동기를 부여하는가? 특별히 그중에서도 이전에는 미처 생각하지 못했던 내용이 있는가?

2. "하나님을 우리 계획에 맞추기 위해서가 아니라 우리를 그분 계획에 맞추기 위해 기도한다." 이 원리는 당신의 기도 생활에 어떻게 반영되고 있는가? 그렇다면 당신은 현재 무엇을 위해 기도하고 있는가? 그리고 이 원리에 비추어 볼 때 당신의 기도 생활은 앞으로 어떻게 바뀔 수 있겠는가?

3. 당신은 누구를 위해 기도하며, 그 사람이 하나님을 더 알아가고 그분 안에서 가장 깊은 만족과 기쁨을 누리게 해 달라고 간구하겠는가?

4. 당신은 누구를 위해 기도하며, 그 사람이 장차 그리스도 안에서 누리게 될 미래의 소망을 더 깊이 알게 해 달라고 간구하겠는가?

5. 당신은 누구를 위해 기도하며, 그 사람이 자기 안에서 그리고 자기를 통해서 역사하시는 하나님의 능력을 깨닫게 해 달라고 간구하겠는가?

6. 바울은 다른 성도를 위해 기도했을 뿐 아니라, 자신이 구체적으로 어떤 제목으로 기도하는지 설명하며 그들의 신앙에 유익을 끼쳤다. 그렇다면 당신은 위의 4-5번 질문에서 답변한 사람을 위해 어떻게 그 일을 할 수 있겠는가?

Chapter 3

1. 그리스도인이 되기 전 당신의 삶이 어떠했는지 돌아보라. 바울이 언급하고 있는 세 가지 세력이 당신의 삶 가운데는 어떻게 영향력을 행사했는가?

2. 당신이 어떠한 능력을 가지고 무엇을 성취했든지 본질상 진노를 받을 수밖에 없는 사람이었다는 사실을 진지하게 생각해 본 적이 있는가? 그렇다면 그 사실을 받아들였을 때, 하나님을 바라보는 당신의 관점은 어떻게 바뀌었는가?

3. 에베소서 2장 1-3절에 기록된 내용을 가볍게 여길 경우, 그리스도 안에서 주어지는 구원을 왜 제대로 기뻐할 수 없겠는가?

4. 당신은 분명히 죽음에서 생명으로 옮겨졌는가? 아니면 영생의 문제에 별 관심이

없는가? 혹은 자신의 노력으로 영생을 얻을 수 있다고 생각하는가? 그렇지 않다면, 진정으로 하나님이 그리스도 안에서 은혜를 베푸셔야 생명을 얻을 수 있다고 생각하는가?

5. 이번 장에서 다룬 본문을 통해 1분 안에 비신자에게 복음을 전한다면, 당신은 어떤 방식으로 그 본문을 사용하겠는가?

6. 에베소서 2장 10절은 당신이 일상에서 느끼는 평범하고 따분한 일과를 어떠한 관점으로 바라볼 수 있도록 돕겠는가?

chapter 4

1. 당신은 혹 다른 사람과의 관계에서 복음에 따른 화목을 경험해 본 적이 있는가?

2. 당신은 자신의 배경, 이를테면 국적, 민족, 신분, 교육 등이 당신의 정체성을 결정한다고 생각하며 거기에 지나친 가치를 부여하고 있지는 않은가? 그리하여 무의식중에라도 그러한 배경에 대해 자신과 다른 이들을 구분하는 담처럼 생각하고 있지는 않은가?

3. 당신에게 깊은 상처를 준 지체가 있는가? 그렇다면 에수 그리스도의 십자가를 바라볼 때 그 지체를 용서하는 데 어떠한 도움을 얻을 수 있겠는가? 그리고 그 지체와 지속적인 화목의 관계를 어떻게 이루어 갈 수 있겠는가?

4. 이번 장에서 다룬 본문은 교회를 바라보는 당신의 관점을 어떻게 변화시켰는가?

5. 당신이 속한 교회는 성경의 가르침이 충분한 반석이 된다는 사실을 잊은 채 그 가르침에 무엇을 더하거나 거기서 무엇을 빼려는 모습을 보이고 있지는 않은가? 혹은 당신이 생각하기에, 그와 같은 모습은 어떤 방식으로 교회 생활에 은연중 반영될 수 있겠는가?

6. 하나님 가족으로서 다른 구성원을 사랑하고, 교회의 가르침을 경청하며, 거룩하게 행해야 한다는 내용 가운데 특별히 지키기 어렵다고 느껴지는 내용은 무엇인가? 그렇다면 이번 장에서 다룬 본문을 생각하며 당신의 교회를 돌아볼 때, 그 어려움을 극복하는 데 어떤 도움을 얻을 수 있겠는가?

chapter 5

1. 당신은 구약과 신약의 관계를 어떻게 설명하겠는가?

2. 예수님이 복음을 "그의 거룩한 사도들과 선지자들에게 성령으로 나타내신 것 같이 다른 세대에서는 사람의 아들들에게 알리지 아니하셨"다는 사실을 고려할 때(엡 3:5), 당신은 구약 시대에 하나님의 음성을 들은 이스라엘 백성이나 선지자들보다 더욱 큰 특권을 받은 자리에 당신이 지금 있다고 생각하는가?

3. 장차 경험하게 될 영광스러운 기업을 묵상하는 일은, 현재의 성공이나 실패를 바라보는 당신의 관점에 어떠한 영향을 미치는가?

4. 교회 안에 있는 어떤 지체도 어쩌다가 존재하거나 쓸모없이 존재하는 경우는 없다. 이 사실에 비추어 볼 때, 당신은 교회에서 스스로를 하찮은 존재로 여기고 있지는 않은가? 혹은 이 사실에 비추어 당신이 격려해야 할 지체가 있지는 않은가?

5. 하나님은 당신을 누구에게 보내어 자신의 비밀을 선포하도록 하시는가? 그렇다면 당신은 복음의 비밀을 어떻게 그 사람에게 밝히겠는가?

6. 당신이 속한 교회는 하나님의 지혜와 은혜를 보여 주는 작품이다. 이 사실을 깊이 생각할 때, 다가오는 주일을 맞이하는 당신의 마음에 어떠한 변화가 일어나겠는가?

chapter 6

1. 큰 어려움을 겪을 때, 하늘에 계신 아버지는 당신이 처음으로 찾아가는 대상인가? 아니면 더 이상 도움을 구할 데 없어 마지막으로 찾아가는 대상인가?

2. 그리스도가 계시기에 적합하도록 마음을 변화시켜 가시는 성령의 사역을 당신은 어떻게 경험하고 있는가?

3. 이번 본문을 통해 기도하고자 하는 마음을 얻게 되었는가? 또 무엇을 위해 기도해야 하는지도 알게 되었는가?

4. 당신이 그리스도인으로서 특정한 죄의 문제에 자주 걸려 넘어진 때가 있었는가? 그렇다면 그 문제는 당신이 그리스도의 사랑을 깊이 깨닫고 있지 못하여 발생하

지는 않았는가?

5. 이번 장에서 그리스도의 사랑이 지닌 '너비'와 '길이'와 '높이'와 '깊이'에 대해 살펴 보았다. 이 가운데 어떠한 측면이 당신에게 특별히 와 닿는가?

6. 에베소서 3장 20-21절의 내용을 신뢰한다면, 당신의 기도 생활에 어떠한 변화가 일어나겠는가?

Chapter 7

1. 교회의 하나 됨을 지키기 위해 당신이 할 수 있는 일은 무엇인가?

2. 만일 타인을 인내하며 대하는 일이 어렵게 느껴진다면, 그 이유는 무엇이라고 생 각하는가? 그리고 복음 가운데 나타난 하나님의 사랑이 어떻게 당신으로 하여금 상대를 더욱 인내하게 만들 수 있겠는가?

3. 여러 성도에게 다가가 그들을 받아주고 하나 되게 하는 일을 어떻게 하면 잘할 수 있겠는가? 이를 위해 당신은 어떠한 노력을 할 수 있겠는가?

4. 당신은 당신에게 있는 은사를 자신의 즐거움과 성공을 위해 스스로 개발한 능력 이라고 생각하는가? 아니면 하나님 백성을 섬기라고 그분이 당신에게 주신 선물 이라고 생각하는가? 현재 당신이 은사를 사용하는 방식은 당신의 생각을 어떻게 뒷받침하고 있는가?

5. 당신은 사랑을 빼고 진리를 강조하는 경향이 있는가? 아니면 진리를 빼고 사랑을 강조하는 경향이 있는가? 어떤 상황에서 그런 경향이 주로 나타나는가?

6. 당신은 교회를 위해 당신이 맡은 일을 어떻게 하고 있는가? 또는 당신이 할 수 있 는 일을 어떻게 시작할 수 있겠는가?

chapter 8

1. 바울이 '이방인'을 언급하며 묘사하는 죄악상이 단지 믿음이 없는 비신자에게만 해당하는 모습이 아니라고 느껴지는 이유는 무엇인가? 그러한 죄악상을 바라보 는 당신의 관점은 교회 생활이나 전도 활동에 어떤 영향을 미치는가?

2. 당신이 영적 카멜레온이 되기 쉬운 때는 언제인가? 그럴 때, 당신이 만일 세상을 흉내내지 않고 그리스도를 따라 행한다면 어떻게 상황이 바뀌겠는가?

3. 혹 교회 안에 당신의 도움으로 감옥에서 나와야 할 지체가 있는가? 그렇다면 그 지체에게는 부드러운 격려와 단호한 훈계 중 어떠한 도움이 필요한가?

4. 어떻게 하면 주님과의 관계에서 지식만 추구하면서 건조해지지 않고, 생생한 사 귐 가운데 기쁨을 누릴 수 있겠는가?

5. 당신은 성령께서 당신을 도와 '옛사람'을 벗고 '새사람'을 입게 하시는 역사를 어 떻게 경험했는가? 그러한 경험은 당신의 삶을 어떻게 변화시켰는가?

6. 이번 장에서 설명한 '옛사람'과 '새사람'의 모습에 비추어 당신의 삶을 들여다볼 때, 어떤 점에서 격려가 되고 또 어떤 점에서 도전이 되는가? 그리고 어떤 점이 새 롭게 느껴지는가?

chapter 9

1. 음란하고 방탕한 행위에 대해 "그 이름조차도 부르지 말라"고 명한 내용은 당신의 삶에 어떠한 도전을 주는가? 그렇다면 당신의 삶이 변화되기 위해 하나님의 용서 하심과 도우심을 구해야 할 필요성을 느끼는가?

2. 당신이 속한 교회는 그리스도인이 성교에 대해 침묵하거나 부정적으로 생각하는 대신 감사하는 마음으로 이야기를 나눌 수 있도록 가르치고 있는가?

3. 우리의 근본적인 정체성과 존재 가치는, 우리가 지닌 성별이나 성적 경향이 아니 라 우리가 하나님의 형상으로 지음 받았다는 사실에 있다는 가르침이 특히 현대 사회에서 강조되어야 할 이유가 무엇이라고 생각하는가? 또한 이러한 가르침을 통해 당신은 어떻게 성경이 제시하는 성 윤리가 우리를 억압하는 규범이 아니라 생명길로 인도하는 가이드임을 다른 이들에게 알려 줄 수 있겠는가?

4. 당신은 "열매 없는 어둠의 일에 참여하지" 않아야 함에도 불구하고, 적당히 타협 하며 그러한 일에 참여하고 있지는 않은가? 그렇다면 어떤 방식으로 그렇게 하고 있는가? 또한 어떻게 그러한 삶을 변화시킬 수 있겠는가?

5. 어떻게 하면 당신은 술이나 다른 무언가로 채워진 삶이 아니라, 성령으로 채워진

삶을 살 수 있겠는가?

6. 어떻게 하면 당신은 주일 예배 찬양을 통해 예수 그리스도에 대한 사랑을 넘치도록 표현할 수 있겠는가?

chapter 10

1. 성경에서 가르치는 복종과 현대 사회에서 가르치는 복종은 어떤 점이 다르고 어떤 점이 비슷한가?

2. 당신이 아내라면, 언제 남편에게 복종하기가 어려운가? 그 이유는 무엇인가? 그렇다면 복음의 어떤 측면을 묵상한다면, 당신이 마지못해 복종하기보다 기꺼이 복종할 수 있겠는가?

3. 당신은 배우자에 대하여 다른 사람에게 어떻게 이야기하는가? 그렇다면 그 모습이 성경에서 묘사하는 아내 또는 남편의 모습에 부합하다고 생각하는가?

4. 성경이 제시하는 리더십과 세상이 제시하는 리더십은 어떻게 다른가?

5. 당신이 남편이라면, 이떻게 그리스도가 교회를 사랑하심과 같이 이내를 시랑할 수 있겠는가? 또한 당신의 결혼 관계에서 당신이 더욱 그리스도를 닮을 수 있도록 성령은 어떻게 일하고 계시는가?

6. 당신이 결혼을 했든 안 했든, 에베소서 5장 31-32절은 어떻게 당신으로 하여금 결혼 너머의 궁극적인 현실을 기대하게 만드는가? 혹 당신은 지상의 결혼이 보여주는 불완전한 그림 때문에 그리스도와 교회 사이에 맺어지는 천상의 결혼을 기대하지 못하는 상황 속에 있지는 않은가?

chapter 11

1. 지금까지 우리는 실제적인 지침을 담고 있는 본문을 살펴보았다. 그렇다면 당신은 이제부터 부모를 어떻게 더 공경하며 살아가겠는가?

2. 당신은 또한 자녀를 어떻게 더 바르게 양육하고 다른 이들도 그렇게 양육할 수 있도록 돕겠는가?

3. 우리 모두 죄인이지만 하나님의 은혜로 구원받을 수 있다고 가르치는 복음의 메시지는 어떻게 당신으로 하여금 양육의 어려움을 헤쳐 나가게 만드는가? 또한 양육이 성공적으로 이루어질 때 어떻게 당신으로 하여금 더욱 겸손한 마음을 품게 만드는가?

4. 당신은 직장에서 눈가림을 하며 사람을 기쁘게 하는 자처럼 행동할 때가 있는가? 그렇다면 왜 그런 유혹에 빠진다고 생각하는가?

5. 당신을 지켜보시는 주님을 언제나 기쁘시게 해야 한다는 사명을 기억할 때, 당신의 삶에는 어떤 변화가 일어나겠는가?

6. 만일 당신이 직장에서 사람들을 지도하고 그들에 대한 책임을 져야 하는 위치에 있다면, 당신의 리더십은 얼마나 그리스도의 리더십을 반영하고 있겠는가? 또 어떻게 하면 그분의 성품을 직원들에게 드러낼 수 있겠는가?

chapter 12

1. 지금까지 살펴본 내용을 통해 '영적 전쟁'을 바라보는 당신의 시각에는 어떤 변화가 생겼는가?

2. 당신은 사탄의 계략이나 능력에 대해 너무 적게 생각하는 편인가? 아니면 너무 많이 생각하는 편인가? 그러한 관점은 죄와 싸우는 당신의 태도에 어떤 영향을 미치는가?

3. 당신은 사탄이 배후에서 역사하는 사람에게 차갑고 매몰차게 대하는 편인가? 아니면 순진하게 마음을 여는 편인가? 어떻게 하면 교회를 모욕하고 거짓된 가르침을 전하는 사람에 대해 자비로운 마음을 품으면서도 지혜롭게 대응할 수 있겠는가?

4. 최근 당신은 사탄의 유혹에 굴복한 적이 있는가? 그렇다면 당시에 하나님의 전신 갑주 중 어떤 부분을 소홀히 여겨 입고 있지 않았는가? 만일 다음번에 그러한 유혹이 또 찾아온다면, 어떻게 굳게 서서 맞설 수 있겠는가?

5. 언제 당신은 복음을 담대히 전하기가 두려워 침묵하게 되는가? 그렇다면 이 문제에 대해 누구에게 기도를 부탁하겠는가?

6. 가정과 직장은 마귀의 간계에 맞서 굳게 서야 하는 전쟁터가 되기도 한다. 현재 당신이 서 있는 전쟁터의 상황은 어떠한가? 또 당신에게는 어디가 가장 힘든 전쟁터인가? 어떻게 하면 거기서 굳게 설 수 있겠는가?

chapter 13

1. 당신은 에베소서를 통해 복음이 가져다주는 평안과 사랑과 은혜를 얼마나 깊이 묵상하게 되었는가?

2. 당신이 교회를 돌보며 하나님을 섬기는 데 에베소서는 어떠한 도움을 주었는가?

3. 에베소서에 실린 주옥같은 진리를 살펴보는 동안, 주님은 당신에게 어떠한 삶의 변화를 요구하셨는가?

머리말

서신(epistle): 편지를 가리키는 용어이다.

존 칼빈(John Calvin): 16세기 종교개혁 시대에 제네바에서 사역했던 프랑스 출신의 신학자며 목회자이다. 그는 인간이 스스로 자신의 구원 여부를 결정하는 게 아니라, 하나님이 구원하실 사람을 그분 스스로 선택하신다는 가르침을 강조했다.

사도(apostle): 예수 그리스도가 직접 임명하신 사람으로서 그분의 권위를 가지고 그분에 관하여 가르쳤던 사람 내지 직분을 가리킨다.

이교도(pagan): 참 하나님을 알지도 못하고 예배하지도 않는 사람을 일컫는다.

칭의(justification): 피고에 대하여 죄가 없고 결백하므로 처형할 수 없다고 판결하는 법적 선언이다.

Chapter 1

개혁 신학자(Reformed theologians): 16세기에서 17세기 초반에 걸쳐 교황과 로마교회에 대항하여 이신칭의 복음을 설교하고 가르쳤던 종교개혁자들을 가리킨다.

성공회 39개 신조(The Anglican 39 Articles of Faith): 영국교회의 신앙을 진술한 문서로서 1563년에 작성되었다.

주권(sovereignty): 최고의 통치자가 행사하는 최고의 권위이다.

복음 전도(evangelism): 예수 그리스도의 복음을 비그리스도인에게 전하는 활동이다.

삼위일체로 계시는(triune): 성부, 성자, 성령이 한 분으로 계시는 하나님의 존재 방식을 일컫는다.

성례(sacraments): 개신교회에서는 성찬과 세례로 구성된다. 그러나 가톨릭교회에서는 그 외의 다른 의식들도 성례에 포함시킨다.

비밀 의식(occult): 사악한 초능력을 빌려와서 행하는 마술 따위를 일컫는다.

열린 신학자(Open Theologians): 미래에 대한 하나님의 계획은 정해져 있는 게 아니라 열려 있다고 주장하는 신학자를 가리킨다. 인생에는 수많은 가능성이 있으며 인간의 의지가 실제로 일어날 일을 좌우한다고 주장한다.

Chapter 2

복음화하다(evangelize): 예수 그리스도의 복음을 비그리스도인에게 전하는 일을 의미한다.

여호수아(Joshua): 모세의 뒤를 이어 이스라엘 백성을 이끈 지도자다. 출애굽과 가나안 입성을 모두 경험했던 두 명의 인물 가운데 한 사람이다. 스가랴 선지자가 활동한 시대에 대제사장이었던 여호수아와는 다른 인물이다.

모세(Moses): 출애굽 당시 이스라엘 백성을 이끈 지도자다. 하나님은 십계명을 포함한 율법 전체를 모세를 통해 전달하셨고, 그의 리더십 하에 이스라엘 백성을 약속의 땅으로 인도하셨다.

성화된(sanctified): 그리스도와 같이 순결한 상태에 이르는 변화를 의미한다(참고 롬 8:29).

통치권(dominion): 만사를 지배하는 능력을 가리킨다.

Chapter 3

진노(wrath): 죄에 대해 하나님이 정당하게 품으실 수밖에 없는 혐오와 분노를 의미한다.

허물(transgressions): 죄와 동의어지만 문자적으로 '선을 넘다'라는 의미를 가지고 있다.

계명(commandment): 하나님이 시내산에서 모세에게 주신 각각의 계명을 일컫는다(참고 출 20:1-17).

자기학대적(masochistic): 스스로에게 가하는 고통을 즐거워하는 성향을 가리킨다.

위계질서(hierarchy): 사회적 중요성이나 지위에 따라 인간관계가 서열화되어 있는 구조를 의미한다.

자율성(autonomy): 다른 누군가의 간섭 없이 스스로 결정을 내리며 자신을 다스릴 수 있는 능력을 의미한다.

세속적 무신론(secular atheism): 하나님은 존재하지 않으므로 인간 사회나 통치기관 등이 종교적인 믿음과는 완전히 분리되어야 한다는 견해를 가리킨다.

메타포(metaphor): 어떤 대상이나 사건을 설명하기 위해 사용되는 이미지로서 문자적인 의미를 전달하지 않는다. (예) "그 소식은 가슴에 꽂힌 비수가 되었다."

진멸(annihilation): 완전히 파멸시키는 행위를 의미한다.

공존하는(concurrent): 여러 가지 일이 동시에 발생하는 상태를 가리킨다.

묵상하다(meditate): 어딘가에 마음을 집중시키는 행위를 의미한다.

요단(Jordan): 가나안 땅의 동쪽 경계를 이룬 강의 이름이다. 이스라엘 백성은 약속의 땅에 들어가기 전에 이 강을 건너야 했다.

미사(Mass): 성찬을 집전하는 로마가톨릭의 의식을 가리킨다.

연옥(purgatory): 로마가톨릭에서 형성된 개념으로서 죽은 자의 영혼이 천국에 들어가기 전 자신의 죄를 정화하기 위해 가야 하는 장소를 일컫는다.

속죄(atonement): 누군가와의 관계를 되돌리기 위해 치러야 하는 일을 의미한다.

성도(saints): 모든 그리스도인을 가리킨다.

신학자(theologians): 하나님에 관한 진리를 연구하는 사람을 일컫는다.

Chapter 4

할례(circumcision): 구약 시대에 하나님이 명하신 규례로서 그분의 백성에 소속되어 있다는 사실을 나타내기 위해 육체에 행한 의식이다.

아브라함(Abraham): 이스라엘 민족의 조상이다. 하나님은 아브라함과 언약을 맺으시며 그를 통해 큰 나라를 이루고 땅을 주실 뿐 아니라 그의 자손을 통해 모든 민족에게 복을 주시겠다고 약속하셨다.

언약(covenant): 두 당사자 사이에 체결하는 계약을 일컫는다.

중재하다(mediate): 대립 중인 두 당사자 사이를 조정하는 행위를 의미한다.

죽음의 신(the grim reaper): 죽음을 인격화하여 큰 낫을 들고 망토를 두르고 있는 해골로 묘사해 놓은 이미지를 가리킨다.

복음 전도자(evangelist): 예수 그리스도의 복음을 비그리스도인에게 전하는 사람 내지는 다른 그리스도인이 그 일을 할 수 있도록 훈련시키는 사람을 일컫는다.

시온(Zion): 예루살렘의 또 다른 이름이다. 구체적으로는 예루살렘이 세워진 산을 지칭하기도 한다.

궤적(trajectories): 경로나 과정 또는 패턴을 의미한다.

성막을 치다(tabernacle): 이스라엘 백성이 광야에 있을 때 천막을 쳐서 하나님을 예배하고 그분의 임재를 상징적으로 경험했던 자리를 성막이라고 부른다(참고 출 26장; 40장). 요한복음 1장 14절에서는 '성막을 치다'라는 표현을 들어 하나님의 아들이 사람들과 함께 거하신 일을 묘사하고 있다.

갈보리(Calvary): 예루살렘 변두리에 있는 언덕으로서 예수님이 십자가 처형을 당하신 장소이다.

Chapter 5

여담(digression): 잠시 주제에서 벗어나 덧붙이는 이야기를 의미한다.

갈릴리 사람(Galilean): 1세기 당시 이스라엘 북방 지역에 해당하던 갈릴리 출신을 가리키는 표현이다.

경험적으로(experientially): 현실 생활에서 겪게 되는 방식을 일컫는다.

복수의(plural): 현재 문맥에서 복수라는 표현은 삼위일체라고 할 때 삼위, 즉 성부, 성자, 성령을 가리키기 위해 사용되었다.

회심(conversion): 하나님의 아들 예수 그리스도가 인생의 주인이자 구원자이심을 깨닫고 처음으로 그분을 향해 마음이 돌아서게 되는 사건을 의미한다.

Chapter 6

삼위일체(Trinity): 한 분 하나님이 서로 구별되는 세 위격으로 존재하신다는 교리로서 각 위격은 동일한 본질을 공유하는 하나님이시다. 각 위격은 성부, 성자, 성령으로 칭해진다.

사회적 진화(social evolution): 인류사가 진행되며 적자생존의 원리에 따라 사회적 관습과 양식이 발전해 왔다는 사상이다.

진보적인(liberal): 기독교 진영에서 이 표현은 주로 성경무오성을 인정하지 않는 경우에 대해 사용된다.

Chapter 7

유비(analogy): 두 대상 간에 존재하는 유사성을 기준으로 서로를 비교하는 일을 의미한다.

평신도(lay): 안수받고 공적으로 세워진 교역자와 다른 일반 성도를 가리킨다.

Chapter 8

느헤미야(Nehemiah): 페르시아 왕국에 속한 유대 관원으로서 바벨론에 포로로 잡혀 있던 이스라엘 백성을 이끌고 예루살렘으로 귀환했으며 이후 성벽 재건 과정을 감독했다.

에스라(Ezra): 바벨론에 포로로 있던 이스라엘 백성이 예루살렘으로 귀환했을 당시 유대 제사장이었다.

Chapter 9

아타나시우스(Athanasius): 4세기 알렉산드리아의 대주교로서 성자는 하나님이시라는 성경의 진리를 수호했다.

아리우스(Arius): 4세기 초 알렉산드리아에서 활동한 신학자로서 성자는 영원히 계시는 분이 아니라 성부에 의해 창조된 분이라고 주장했다.

어거스틴(Augustine): 4세기 히포의 주교로서 죄는 인간의 전적 타락을 가져왔으며 인간의 능력으로는 죄를 이길 수 없기에 우리는 오직 하나님의 은혜로만 구원받을 수 있다고 가르쳤다.

펠라기우스(Pelagius): 4세기 말에서 5세기 초에 활동한 영국 수도사로서 인간의 원죄를 부정하여 하나님의 은혜 없이도 인간이 자력으로 하나님의 법을 성취할 수 있다고 주장했다.

마르틴 루터(Martin Luther): 16세기 종교개혁을 촉발시킨 독일 신학자다. 인간은 자신의 행위가 아니라 오직 그리스도를 믿음으로 하나님 앞에서 의롭다 하심을 얻는다고 가르쳤다.

알미니안주의자(Arminians): 칼빈이 강조한 예정 교리를 거부한 자들로서 하나님은 모든 사람을 구원하기 원하시지만 그 은혜에 대한 인간의 반응 여부에 따라 구원이 결정된다고 주장했다.

윤리(ethics): 도덕적 원리의 체계를 가리킨다.

쾌락주의(hedonism): 쾌락을 최우선으로 추구하는 가치관이다.

금욕주의자(ascetics): 종교적인 이유 등으로 재미나 즐거움 따위를 억제하는 사람을 가리킨다.

동질적인(homogeneous): 동일한 종류의 개체가 서로 동일한 특징을 지니고 있는 상태를 나타낸다.

Chapter 12

합리주의적(rationalistic): 우리를 둘러싼 세계에 대한 믿음은 감정이나 경험 또는 계시가 아니라 이성과 거기서 비롯된 과학적 지식에 근거해야 한다고 생각하는 관점이다.

축귀(exorcism): 귀신 들린 사람으로부터 악한 영을 쫓아내는 일을 가리킨다.

사울(Saul): 이스라엘의 제1대 왕이다(참고 삼상 8-10장).

사무엘(Samuel): 사울이 왕으로 세워지기 전에 이스라엘 백성을 이끌었던 선지자다.

화살 기도(arrow prayer): 일상생활을 하는 도중 하나님께 즉각적으로 짧게 드리는 기도를 의미한다.

즉흥적인(extempore): 사전 준비 없이 즉석에서 말하거나 행동하는 태도를 일컫는다.

본 서신은 크게 두 부분으로 나누어지며, 각 부분은 3장으로 구성되어 있다.
그리고 각 장은 다시 두 단락으로 나누어진다.

1-3장: 복음의 교리

바울은 만물을 그리스도 안에서 통일시키고자 하시는 하나님의 우주적인 계획을
선포한다(엡 1:10). 그 계획은 그리스도의 죽음과 부활을 통해 우리가 하나님 및 다
른 이들과 더불어 화목하게 됨으로써 성취되었다(엡 2:4-6, 14). 이로써 복음의 비밀
이 밝히 드러나 모든 민족에게 그리스도의 십자가 복음이 선포될 수 있는 길이 열
렸으며, 이는 하나님의 지혜가 교회를 통해 영적 세계에 드러나게 되는 결과를 가
져왔다(엡 3:6, 10).

1:1-14
그리스도 안에서 주어진 모든 신령한 복에 대해 감격하며 하나님 앞에 찬송을 쏟
아낸다. 그 신령한 복 가운데 최고의 복이란 성부 하나님의 선택으로 자녀가 된
복, 성자 하나님의 속량으로 죄 사함을 받은 복, 성령 하나님의 인치심으로 기업을
얻은 복이다. 이러한 복을 통해 하나님은 하늘과 땅에 있는 모든 것이 다 그리스도
안에서 통일되게 하려는 계획을 세우셨다.

1:15-23

독자들을 위해 기도한다. 즉 그들이 하나님을 알고, 부르심의 소망을 알며, 하나님과 함께하는 부활의 능력을 알게 해 달라고 기도한다. 그러한 경험이 성도에게 주어진 영적 특권이기 때문이다.

2:1-10

죄로 인하여 본질상 죽은 우리를 그리스도 안에서 살리신 하나님의 놀라운 은혜를 찬양한다. 이러한 구원의 목적은 그 은혜의 지극히 풍성함을 오는 여러 세대에 나타내려는 데 있다.

2:11-22

이전에는 이방인이 이스라엘 백성과 분리되어 약속으로부터 제외된 외인이었지만, 이제는 유대인과 함께 그리스도 안에서 새로운 인류가 되어 서로 화목하게 되었다고 설명한다. 이러한 화목은 둘 사이를 가로막던 율법의 장벽이 그리스도의 죽음을 통해 허물어짐으로써 이루어지게 되었다. 그 결과 이제는 모든 민족이 하나님 나라의 시민이자 그분의 가족이 되어 그리스도의 복음 위에서 하나님의 거룩한 성전으로 세워질 수 있게 되었다.

3:1-13

그리스도의 십자가를 선포하다가 감옥에 갇힌 일조차 하나님의 영광스러운 계획의 일부라고 설명한다. 곧 비천한 종을 사용하셔서서 모든 민족이 그리스도 안에 있는 복을 누릴 수 있도록 복음의 비밀을 알리도록 하시려는 게 하나님의 계획이라고 밝힌다. 나아가 그리스도의 복음을 전하는 교회를 통해 하나님의 지혜가 영적 세계의 악한 권세들에게까지 드러날 때 그 계획의 목적이 이루어진다고 밝힌다.

3:14-21

독자들을 위해 기도한다. 곧 하나님이 능력을 주셔서서 그들 각자가 성령이 거하시는 거룩한 백성이 되고, 또한 그리스도의 사랑이 어떠한지 그 포용적인 너비와 지속적인 길이와 초월적인 높이와 희생적인 깊이를 알아가게 해 달라고 기도한다. 그리고 하나님께 모든 영광을 돌린다.

4-6장: 교회의 실천

바울은 교회가 그리스도 안에서 하나 된 모습을 지킴으로써 앞서 1-3장에서 설명한 복음에 대해 반응하기를 요구한다. 곧 사랑 가운데 진리를 말하며 서로가 성장하도록 돕고, 또 새로운 마음으로 교회와 가정과 직장에서 그리스도를 영화롭게 하는 삶을 살아가며, 나아가 마귀의 간계에 대항하며 복음 안에서 굳게 서라고 당부한다.

4:1-16

독자들을 향해 그리스도와 맺은 영적인 연합이 교회 안에서 실천적인 연합으로 나타나도록 하여 부르심에 합당한 삶을 살라고 요구한다. 이는 성경의 가르침으로 각 지체를 훈련시켜 서로가 그리스도의 장성한 분량에 이르기까지 함께 사역하며 섬길 때 이루어질 수 있다.

4:17-32

옛 사람의 세속적인 사고를 버리고 그리스도의 사랑으로 충만한 새 사람의 마음을 가지라고 요구한다. 이에 서로를 사랑하는 자세와 하나님의 성품을 반영하는 언행이 어떠한지를 제시하며 그리스도가 우리를 사랑하심과 같이 서로 사랑하기를 당부한다.

5:1-20

음행과 더러운 것과 탐욕을 금함으로써 빛의 자녀처럼 행하라고 요구한다. 이를 위해 성령으로 충만함을 받고 감사의 노래로 서로 화답하며 하나님을 찬양하라고 가르친다.

5:21-33

가족 관계에서 이루어야 할 연합을 설명하기 시작한다. 먼저 아내를 향해 교회가 그리스도에게 순종하듯 범사에 남편에게 순종하라고 명한다. 다음으로 남편을 향해서는 그리스도가 교회를 사랑하시고 또 사람이 자기 몸을 아끼듯이 아내를 희생적으로 사랑하라고 명한다. 그러면서 결혼이란 바로 그리스도와 교회 사이에 이루어진 친밀한 연합을 보여 준다고 밝히며 복음의 비밀을 결론적으로 설명한다.

6:1-9

가정과 직장에서 그리스도를 섬기는 삶을 살라고 요구한다. 곧 자녀를 향해서는 부모를 공경하라고 명하고, 부모를 향해서는 자녀를 노엽게 하지 말고 주님이 주신 교훈과 훈계로 양육하라고 명한다. 이어서 종을 향해서는 주님께 하듯이 전심으로 섬기라고 명하고, 상전을 향해서는 하늘에 계신 동일한 상전을 생각하며 종을 대하라고 명한다.

6:10-23

하나님 및 다른 이들과의 관계에서 분열을 일으키는 사탄의 공격에 대항해 굳게 서라고 요구하며 본 서신의 대미를 장식한다. 특히 영적 전쟁에서 승리하기 위해서는 십자가에서 사탄을 무찌르신 그리스도와 같이 하나님의 전신 갑주를 입어야 할 뿐 아니라, 복음에 대한 확신을 품고 모든 민족에게 그 복음이 전파되도록 기도해야 한다고 강조한다.

참고문헌

- Dietrich Bonhoeffer, *The Cost of Discipleship* (SCM, 1990). 디트리히 본회퍼, 《나를 따르라》(복있는사람 역간).

- John Bunyan, *Praying with the Spirit and with Understanding Too* (1662).

- Gary Chapman, *The Five Love Languages* (Northfield, 2004). 게리 채프먼, 《5가지 사랑의 언어》(생명의말씀사 역간).

- Richard Dawkins, *The God Delusion* (Black Swan, 2007). 리처드 도킨스, 《만들어진 신》(김영사 역간).

- H. A. Ironside, *In the Heavenlies: Practical Expository Addresses on the Epistle to the Ephesians* (Loizeaux Brothers, 1937).

- C. S. Lewis, *Mere Christianity* (MacMillan, 1960). C. S. 루이스, 《순전한 기독교》(홍성사 역간).

- J. I. Packer, *Knowing God* (Hodder & Stoughton, 1975). 제임스 패커, 《하나님을 아는 지식》(IVP 역간).

- J. C. Ryle, *Heaven* (Christian Focus, 1991).

- C. H. Spurgeon, "The Immutability of God" (spurgeon.org/sermons.0001.htm).

- David F. *Wells, Losing Our Virtue: Why the Church Must Recover Its Moral Vision* (Eerdmans, 1999). 데이비드 웰스, 《윤리 실종》(부흥과개혁사 역간).

주

Chapter 1

1. J. I. Packer, *Knowing God* (Hodder & Stoughton, 1975), 224. 제임스 패커, 《하나님을 아는 지식》(IVP 역간).

2. H. A. Ironside, *In the Heavenlies: Practical Expository Addresses on the Epistle to the Ephesians* (Loizeaux Brothers, 1937), 27-28.

Chapter 2

3. John Bunyan, *Praying with the Spirit and with Understanding Too* (1663).

4. C. H. Spurgeon, "The Immutability of God" (spurgeon.org/sermons.0001.htm).

5. Packer, *Knowing God,* 17, 21.

Chapter 3

6. David F. Wells, *Losing Our Virtue: Why the Church Must Recover Its Moral Vision* (Eerdmans, 1999), 4. 데이비드 웰스, 《윤리 실종》(부흥과개혁사 역간).

7. J. C. Ryle, *Heaven* (Christian Focus, 1991), 48.

Chapter 7

8. C. S. Lewis, *Mere Christianity* (MacMillan, 1960). C. S. 루이스, 《순전한 기독교》(홍성사 역간).

Chapter 8

9. Richard Dawkins, *The God Delusion* (Black Swan, 2007), 253. 리처드 도킨스, 《만들어진 신》(김영사 역간).

Chapter 10

10. Gary Chapman, *The Five Love Languages* (Northfield, 2004). 게리 채프먼, 《5가지 사랑의 언어》(생명의말씀사 역간).

Chapter 12

11. Dietrich Bonhoeffer, *The Cost of Discipleship* (SCM, 1990), 80. 디트리히 본회퍼, 《나를 따르라》(복있는사람 역간).

그들 스스로는 가늠하지 못할
커다란 기쁨을 안겨다 주는
세 딸 샬럿, 리안, 애나벨에게

66

여호와로 인하여
기뻐하는 것이
너희의 힘이니라

(느 8:10) 99